Der Tag an dem ich mein Paradies fand

Der Tag an dem ich mein Paradies fand

Reiseerlebnisse
aus Lust an der Erkundung entlegener Länder

von

Peter Heinz

Bibliografische Information der Deutschen
Nationalbibliothek: Die Deutsche Nationalbibliothek
verzeichnet diese Publikation in der Deutschen
Nationalbibliografie; detaillierte bibliografische Daten sind
im Internet über dnb.dnb.de abrufbar.

Umschlaggestaltung: Jennifer Lang; jenniferlangart.com
Herstellung und Verlag: BoD – Books on Demand,
Norderstedt
ISBN **9783758322037**

Inhaltsverzeichnis

Prolog

Der etwas seltsam wirkende Untertitel meines Buches stammt nicht etwa von mir, mit diesen Lorbeeren kann ich mich nicht schmücken, er ist einem der großen Reisenden vergangener Jahrhunderte, mit kleinen Abweichungen, entliehen.

Kitab nuzhat al-mushtaq fi`khtiraq al-afaq (Buch einer Reise aus Lust an der Erkundung entlegener Länder) wurde von Al-Idrisis geschrieben und bezieht sich auf eine Entdeckungsfahrt auf dem Atlantik vor dem Jahr 1147.

Ich fand diesen Buchtitel sehr passend, denn Lust an der Erkundung „entlegener" Länder hatte ich schon seit ich denken kann.

Das Fremdartige musste dazu nicht am anderen Ende der Welt liegen, manchmal reichte dazu auch eine Fahrradtour „um die Ecke" oder eine Wanderung durch eine unerwartet unbekannte Heimat. Nicht die Entfernung in realen Kilometern macht die Qualität des Reisens aus, entscheidend ist für mich die Fantasie und der Wille Schönheit, Spannendes und Fremdartiges hinter jeder Biegung des Weges zu vermuten und wahrzunehmen.

Zunächst waren auch der Wald und die Wiesen der Umgebung meine „entlegenen Länder", und eine Busfahrt in das Gorxheimertal nach Trösel war eine Weltreise mit mehrmaligem Umsteigen. Das alte Bauernhaus unserer Verwandtschaft am Hang ebenso exotisch wie die Unterkunft eines tibetanischen Mönches oder der Pontok eines namibischen Hirten. Selbst die Kleidung meiner Verwanden wirkten für mich wie von einem anderen Stern in der so eigenartig riechenden, dunklen, niedrigen, hölzernen Stube, in der nur am kleinen Fenster zur Straße hinaus genügend Licht einfiel, um mit Tante Gretel Mühle oder Dame zu spielen.

Es folgten zwei Urlaube im Nordschwarzwald, wo wir bei Verwanden eines Nachbarn wohnen durften und wohin wir mit dessen Auto chauffiert wurden. Alles war dort anders als zuhause und der schnell fließende Bach hinter unserem Zimmer mit den großen Forellen unterstrich dieses Gefühl losgelöst von der bekannten Heimat zu sein. Ich übernachtete zum ersten Mal in der

Fremde und habe das Glucksen und Gluckern des Baches noch heute in den Ohren.

Ein Busurlaub in Österreich bildete einen Meilenstein in meinem Leben. Ich hatte zum ersten Mal mein Heimatland verlassen und traf am Großglockner auf eine großartige wilde Natur.

Danach dauerte es noch einige Jahre bis ich mit dem Geld, das ich in der Lehre verdiente, mir eine erste selbstständige Flugreise leisten konnte.

Meine erste Flugreise ging aber nicht etwa zum Pauschalurlaub in das europäische Ausland, wie man vielleicht annehmen konnte, sie führte mich sehr viel weiter. Ich reiste nach Südafrika. Ab dann gab es kein Halten mehr und meine Sehnsucht nach der „Entdeckung entlegener Länder" war nicht mehr zu bremsen.

Inzwischen schaue ich auf einen Reisezeitraum von mehr als 60 Jahren zurück, wenn man meine Reisen in Wiesen, Wälder und Gorxheimertal dazu addiert.

In diesem Zeitraum sammelten sich einige Erfahrungen und Erlebnissen an.

Da ich nun genügend Zeit habe ein paar dieser Geschichten aufzuschreiben, bin ich dieser Tätigkeit nachgegangen, bevor die Erinnerungen einer Vergesslichkeit anheimfallen, die das Alter so mit sich bringt.

Ich behaupte in meinen Geschichten nicht, dass früher alles besser war.

Gerade diesbezüglich habe ich im letzten Jahr in Laos wieder den Gegenbeweis gefunden.

Verallgemeinerungen möchte ich nicht nur deshalb, egal zu welchem Thema, tunlichst vermeiden.

Trotzdem weiß ich aber, dass vieles für mich persönlich besser war, vieles was ich unterwegs angetroffen habe.

Wo heute ein Hotel neben dem anderen steht, wo sich eine Stadt gebildet hat, am Karon und Kata Beach auf Phuket in Thailand zum Beispiel, habe ich noch Reisfelder und Sandwege vorgefunden.

Nur ein paar erste kleine Bungalows mit Bambus-Wänden und Palmblätter bedeckt fanden sich zwischen den hohen Kokospalmen für eine sehr überschaubare Zahl an ersten Backpackern.

In Südafrika fuhren wir in einem alten DKW Junior Sprint, einem

Zweitakter, über unasphaltierte, Schlagloch-übersäte Wege entlang eines plötzlich vor uns auftauchenden Wasserfalls durch den Golden Gate Nationalpark in Natal.

Orientiert haben wir uns im Land mithilfe einer kostenlosen kleinen Broschüre, in der sich einige grobe Übersichts- Karten befanden.

Ich kann die Beispiele beliebig fortsetzen.

Ich habe das Glück noch einer Generation anzugehören, die ohne „Handy", GPS- Geräten und sozialen Medien auskommen musste oder durfte.

Selbstredend benutze ich heute diese Dinge, auch wenn mein Blick darauf differenziert ist. Der Komfort ist größer, das Abenteuer und die Entdeckerfreude dagegen oftmals kleiner geworden.

Was ich damit sagen will, ist, dass sich die Welt sehr verändert hat.

Dies ist nun mal der Lauf der Dinge.

Für diejenigen, die diese alte Welt nicht kennen, kann der Strand voller Hotels trotzdem noch „traumhaft" sein, da es am Vergleich mangelt oder sich die persönliche Wertung der „Jetzt-Zeit", vielleicht auch verbunden mit einem zunehmenden Wunsch nach Luxus, verändert hat

Die Möglichkeit eines Vergleichs und langjährige Erfahrung in einer sich immer weiter entwickelnden Welt verhindern aber, dass ich den Strand von Karon in Phuket, den ich 1978 kennenlernte, vierzig Jahre später, immer noch als „traumhaft" ansehen kann.

Deshalb passt für mich auch der Satz „The first cut is the deepest" perfekt zum Reisen.

Der erste Besuch einer Gegend oder eines Ortes wird immer der wichtigste Vergleichsparameter sein, an dem sich zukünftige Besuche messen lassen müssen.

Fällt die alte Kneipe am Hafen weg, verschwindet auch das altbekannte Gesicht des Wirtes, mit dem man sich so gut unterhalten hat und lässt mich, ob des Verlustes, mit etwas Wehmut an das Gestern denken, in dem Alles noch in Ordnung war.

Das neue Lokal, das objektiv gesehen vielleicht schöner und besser ist, kann subjektiv für mich eine Verschlechterung sein, da alte Weggefährten verschwunden sind und das Neue mich altern lässt.

Vielleicht sollten deshalb junge Leute den Älteren nachsehen, wenn sie zu sehr von „Früher" schwärmen. Früher waren wir Alten die

Jungen und ich verspreche Allen, ihr werdet irgendwann ebenfalls immer mehr von „Früher" reden je älter ihr werdet.

Das bringt das Altern so mit sich.

Der Zunahme an Erfahrung und Wissen steht einer abnehmenden Perspektive und schwindenden Kräften gegenüber.

Als junger Mann bin ich einmal vor der paradiesischen Insel Koh Phi Phi zusammen mit dem damals noch sehr bekannten Reiseschriftsteller Heinz Roux-Schulz geschnorchelt.

In einer Tiefe von etwa vier Metern entdeckte ich eine Muräne, die ich ihm zeigen wollte.

Dass er mit Achtzig Jahren nicht mehr so tief hinab tauchen konnte, habe ich damals nicht wirklich verstanden.

Heute dagegen umso mehr.

Wahrscheinlich ist das ein Grund warum früher subjektiv gesehen doch einiges besser war.

Aber ich bin abgeschweift.

Dieses Buch beinhaltet kleine Geschichten, einige Momentaufnahmen, sowie Erlebnisse, die ich aus Reisen, die bis zu Fünfzig Jahre zurückliegen, zusammengestellt habe. Ich habe sie in allererster Linie für mich selbst aufgeschrieben, weil es mir Spaß bereitet hat, obwohl es zu Ende hin doch wieder in Arbeit ausgeartet ist.

Selbstverständlich lade ich aber gerne auch alle „geneigten Leser" dazu ein, mich auf diesen Reisen zu begleiten und hoffe, dass die eine oder andere Geschichte gefällt. Damit wäre ich mehr als zufrieden.

Abendessen mit Überraschungsgästen

Moremi Delta, Botswana, August 2008 und 2009

Safari ist ein Kisuaheli Wort und bedeutet einfach nur Reise. Es wurde aber zum Synonym für Tierbeobachtung und dem Erleben der afrikanischen Wildnis.

Was wäre für viele Besucher eine Reise auf den afrikanischen Kontinent ohne seine Tiere?

Sie sind einzigartig, großartig und mit nichts zu vergleichen. Allerdings wäre es ein katastrophaler Fehler, Afrika nur darauf zu reduzieren.

Dies würde diesem großartigen Kontinent in keiner Weise gerecht werden.

Als in einem Reiseforum einmal Johannesburg, Kampala und Daressalam nicht als authentisches Afrika akzeptiert wurde und der Fragesteller nur Wildreservate und Nationalparks als dieses ansah, schrieb ich, dass der Vogelpark Walsrode nun auch nicht unbedingt das authentische Deutschland abbildet.

Zumindest bei etlichen Mitlesern hat diese Bemerkung große Heiterkeit ausgelöst.

Nicht nur einmal habe ich gehört: „Was will man in Afrika sonst machen außer Safari. Kultur, so wie in Asien, gibt es ja nicht."

Afrikas reichhaltige, faszinierende Kultur scheint für den oberflächlich Reisenden schwerer zu entdecken zu sein als die bekannten Tempel Kambodschas oder Thailands.

Das alles ändert aber nichts daran, dass natürlich auch Afrikas Tierwelt, die berühmten Nationalparks und Wildreservate heute den Mythos Afrika darstellen.

Und wer auch nur ein wenig Begeisterung für Wildnis und Natur aufbringen kann, der hat in Afrika ein Paradies gefunden.

Deshalb dürfen in meinem Reisebuch Begegnungen mit den wilden Tieren Afrikas nicht fehlen, auch wenn ich damit ein Klischee bediene.

Und damit bin ich endlich bei meiner Geschichte.

Wir waren meist allein mit einem Mietwagen und Zelt unterwegs. Egal wo wir bisher in Afrikas Wildnis waren, ob in Uganda, Tansania, Zimbabwe, Botswana usw., jeder Tag war ein Erlebnis und ein Abenteuer. Es wäre aber zu viel des Guten über alles zu schreiben, was unvergessen bleibt, was begeistert, berührt und erschreckt hat, und manchmal auch fürchten ließ. Deshalb habe ich nur ein paar wenige Geschichten, die von Begegnungen mit Afrikas Tieren handeln, hier niedergeschrieben. Die meisten anderen bleiben mir zwar unvergessen, aber zumindest hier und jetzt nicht erzählt.

Khumaga Camp am Boteti River im Makgadikgadi Nationalpark Botswana, August 2009

Wir kamen aus der weiten, einsamen Zentral Kalahari, einem der größten Tierreservate der Welt, und waren auf dem Weg nach Zimbabwe.

Unsere Reise unterbrachen wir für einige Tage im Makgadikgadi Pans National Park in Botswana und schlugen unser Zelt im Khumaga Camp auf, oberhalb des Boteti Flusses.

Zu jener Zeit war der Boteti Fluss quasi ausgetrocknet, mit ganz wenigen, verschlammten Pools, in denen ein Krokodil und eine kleine Gruppe Flusspferde ausgeharrt hatten. Ein paar Jahre später zeigte die Weigerung dieser bemitleidenswerten Tiere das unwirtliche Gebiet zu verlassen Erfolg, als das Wasser zurückkam und den Fluss wieder füllte.

Im August führte dennoch die jährliche Migration der Zebras und Gnus aus nördlicheren Gebieten zu einer großen Ansammlung dieser Huftiere, die täglich zunahm. Ständig trafen neue Tiere ein. Mit ihnen kamen auch ihre Jäger: Hyänen und Löwen.

Nach einer letzten nachmittäglichen Pirschfahrt an diesem Tag, mit vielen Giraffen, Zebras, Gnus und Elefanten im staubigen Flussbett, hatten wir es uns im ansonsten leeren Camp gemütlich gemacht.

Unsere Hängematte war zwischen einem Gebüsch und dem Auto gespannt, das Dachzelt war aufgeklappt und Holz lag am „Braaiplatz" bereit, als die Sonne kitschig und blutrot hinter den Bäumen verschwand.

Die grünen Meerkatzen, die tagsüber unsere Begleiter waren, und die „Flying Bananas", wie mancher die Tokos auch nennt, sowie etliche andere Vogelarten machten Platz für die Tiere und Geräusche der Nacht.

Die Zeit des afrikanischen Sundowner war angebrochen.

Vor uns brannte schon bald ein Feuer, während sich die Nacht in üblicher, fast übergangsloser, Geschwindigkeit über den Boteti und unser Camp senkte. Es schien, als ob jemand einen Schalter umgelegt und das Licht ausgeschaltet hätte.

Nach dem „Braai" (dem Grillen) standen und saßen wir am wärmenden Feuer und lauschten in die Wildnis um uns herum.

Geräusche gibt es viele in der afrikanischen Nacht. Sie faszinieren und begeistern, lassen uns aber auch durch Ungewissheit, bedingt durch die Dunkelheit, eine Menge Adrenalin ausschütten
In der Nähe, am Ende des Campingplatzes, bemerkten wir, eher erahnten wir, Bewegungen und Schatten, auf die wir uns immer mehr konzentrierten.
Unscharfe Schemen von Tieren waren zu erkennen, unzureichend beleuchtet von unsere drei kleinen Stirnleuchten, unsere einzigen Lichtquellen für Beobachtungen in nächtlicher Ferne zu jener Zeit. Zwar nahm die Sternen Zahl mit fortschreitender Nacht ständig zu, aber kurz nach Dunkelheit reichte deren Licht nicht aus, um mehr als nur diese undefinierbaren Schatten auszumachen.
Gebannt starrten wir drei hinüber zu den sich bewegenden Schatten. „Sind die Tiere groß oder klein?", fragt mein Sohn etwas beunruhigt. Ich konnte Elefanten, Giraffen, Gnus und Zebras ausschließen. Es war aber schlichtweg zu weit entfernt, um genaueres zu sagen. Es waren nur immer wieder Bewegungen, von unscharfen und undefinierbaren Schatten.
Plötzlich, wir waren ganz abgelenkt von den Schemen in weiter Ferne, huschte ein weiteres Tier durch unsere Wahrnehmung. Nicht weit von uns entfernt schien ein Honigdachs im nahen Gebüsch verschwunden zu sein, auf den wir uns nun alle drei konzentrieren. Etwa vier bis fünf Schritte vom Auto entfernt starrten wir mit unseren Stirnleuchten in der Hand zum Gebüsch hinüber. Wir versuchten das Tier, dass sich dort versteckt hatte, im Licht unserer unzureichenden Lichtquellen zu sehen. Näher an das Gebüsch heran, weiter weg vom Auto, trauten wir uns nicht zu gehen. Dazu hatten wir Zuviel Respekt vor den Gefahren der Nacht im Busch.
Manchmal nimmt man mit dem Gefühl wahr.
Ich wendete mein Gesicht nach links und schaute in die Augen einer Löwin, die zwei Meter von uns entfernt, wohl aufgrund unseres gegenseitigen Erkennens, stehen geblieben war, und mir in die Augen blickte
Eine zweite Löwin betrat aus der Dunkelheit meine Wahrnehmung, gefolgt von zwei halbwüchsigen Jungtieren.
Ich sagte nur leise „Auto", wohl wissend, dass es nicht mehr in unserer Hand lag, ob wir dieses Ziel erreichen würden. Die Löwen

hatten die Situation in der Hand. Sie waren die Akteure und konnten entscheiden was weiterhin geschehen sollte.

Meine Frau und mein Sohn kannten das Codewort „Auto" und ohne Verzögerung und unnötiger Worte traten sie rückwärtsgehend, den Löwen nicht den Rücken zukehrend, den Rückzug an.

Die erste Löwin schien inzwischen die Situation genügend analysiert zu haben und setzt ihren Weg, wenige Schritte von uns entfernt, in ihren und allen Katzen so eigenen, lässig und majestätisch zugleich anmutenden Bewegungen fort. Auch die zweite Löwin setzte sich wieder in Bewegung und beachtete uns nicht. Anders dagegen die zwei Halbwüchsigen, die uns, den Löwinnen folgend, mit großer Neugier beäugten.

Ich war der letzte der ins Auto einstieg und die Tür zuschlug.

Die Löwen hatten sich nicht sehr weit von uns wegbewegt und kamen nun gemächlich zurück, um unser Camp gründlich zu inspizieren.

Ihre Inspektion bezog sich auf die Stühle, den Tisch und das Auto, die alle beschnüffelt und anscheinend für uninteressant und ungefährlich eingestuft wurden.

Unser Feuer und das Grillgut schienen die Königinnen der Tiere nicht zu interessieren.

Löwen, die wenige Zentimeter von dir entfernt, wenn auch von einer Glasscheibe getrennt, direkt in deine Augen blicken, bleiben ein unvergessliches Erlebnis, lassen dein Herz stocken und die Luft anhalten. Mehr noch als das, sie lassen die Zeit stillstehen.

Als die Zeit wieder weiterzulaufen begann, gingen die Erwachsenen auf Jagd. Anscheinend hatten wir richtig gesehen, dass sich ein Tier in dem Gebüsch versteckt hatte. Denn genau auf dieses Gebüsch konzentrierte sich das Interesse der Jägerinnen.

Die zwei halbwüchsigen Junglöwenmänner lies das Rudel, dass zudem noch aus den Schatten vom anderen Ende des Camping Areals bestand, zum Spielen bei uns zurück.

Aus der nahen Dunkelheit drangen kurz nach dem Verschwinden der erwachsenen Tiere Jagdgeräusche und Löwenrufe zu uns herüber, während immer wieder unterschiedlich große, sich von uns fortbewegende Schatten durch die Nacht rannten, huschten und sprangen.

Nachdem uns ins Bewusstsein gedrungen war, dass wir hier im Auto in Sicherheit waren und eigentlich nun nichts mehr Lebensbedrohliches zu befürchten hatten, versuchen wir unbeholfen, ein paar Bilder der, um uns herumtollenden Junglöwen zu machen. Diese Unternehmung scheiterte aber aufgrund mangelnder Kenntnisse des Fotoapparates und immer noch großer anhaltender Aufgeregtheit kläglich. Ob meine Hände zitterten, kann ich nicht mehr mit absoluter Sicherheit sagen.

Die erwachsenen Löwinnen, weiter von uns entfernt und nur erahnbar, sowie die heranwachsenden Junglöwen, die direkt am Auto, gut sichtbar, herumspazierten, besaßen nun die Oberhoheit über den Campingplatz. Wir hingegen saßen mit pochendem Herzen im Käfig des Autos und unserer Gefühle.

Als die Katzen irgendwann dann in der dunklen Nacht verschwunden waren und Ruhe eingekehrt zu sein schien, trauten wir uns langsam, nach allen Seiten mit Lichtstrahlen in die Dunkelheit absichernd, wieder heraus in die kühle Nachtluft unter den glitzernden Sternen.

Ich habe die Zeit nach Ankunft der Löwen nicht wirklich mehr im Gedächtnis, gefühlt war es mindestens eine Ewigkeit. Ich sehe immer wieder nur die Löwin vor mir, die mich mustert, während ich keine Chance gehabt hätte. Und ich sehe ihre Augen, die in meine blicken.

Auge in Auge mit Afrikas Königinnen der Tiere

Diese Begegnung mit den Löwinnen, die bei der Jagd in der Nacht zwei Schritte entfernt vor uns standen, während wir ungeschützt und wehrlos ihnen ausgeliefert waren, kann ich im ganzen Leben nicht mehr vergessen.

Und zum Glück können wir drei das im weiteren Leben nicht vergessen, denn sie haben es gut mit uns gemeint.

Xakanaxa Camp im Okavango Delta im Moremi National Park Botswana August 2007

Etliche Kilometer nördlich des Makgadikgadi Nationalparks erreicht man den Moremi Nationalpark im Delta des Okavango.

Wir waren nach einer Übernachtung im Kazikinii Camp, vor den Toren des Parks, die meiste Zeit des Tages in Sand, Matsch und Wasser unterwegs gewesen.

Die marode, einsturzgefährdete First Bridge überquerten wir mit angehaltenem Atem, bevor wir eine längere Rast an der damals einsamen Third Bridge Camp Site einlegten.

Nachdem wir die gleichnamige Knüppelholzbrücke, an der ein angerostetes, geknicktes Metallschild, auf dem Boden liegend, vor Krokodilen warnte, überquert hatten, fuhren wir nordwärts Richtung Dead Tree Island, dass wir allerdings nie erreichten.

Das Wasser des Okavango versperrte uns immer wieder die Zufahrt, welchen schmalen Weg, welche Piste oder Schneise, wir auch nehmen wollten.

Kurze matschige Stellen, Querungen durch flacheres Wasser und vereinzelte dickere Äste, die wir wegtragen mussten, konnten uns nicht aufhalten.

Aber immer wieder endeten die Pfade, die teilweise durch lange Passagen von meterhohem Elefantengras führten, vor langen, tiefen und nicht enden wollenden Wegstrecken voller Morast, sowie tiefen Wasserlöchern, die uns zur Umkehr zwangen.

Irgendwann hatte ich in dem Gewirr der Pisten etwas die Orientierung verloren und eine beginnende Unsicherheit begann sich breit zu machen. Aber ein Zurück zur Third Bridge hätte einen langen Weg in die falsche Richtung bedeutet, der unseren knappen Benzinvorrat, den wir nirgends in den nächsten Tagen in der Wildnis auffüllen konnten, mehr als nötig reduziert hätte. Zudem wurde die Zeit bis zum Sonnenuntergang und damit zur danach schnell beginnenden Dunkelheit langsam aber sicher knapp. Gleichzeitig erschienen auch immer mehr Elefanten auf der Bildfläche, die uns den Weg versperrten oder zu längeren Stopps zwangen, wenn sie direkt an der schmalen „Pad", wie die Straßen und Wege im südlichen Afrika genannt werden, plötzlich aus dem nach ihnen benannten Gras auftauchten und uns nicht aus den Augen ließen.

Wir standen wieder einmal grübelnd im Elefantengras vor dem Auto. Vor uns erstreckte sich eine lange Passage voller Wasser und Matsch, gesäumt von undurchdringlichem Elefantengras, deren Ende wir bedingt durch eine lange Biegung nicht einsehen konnten. Welchen Weg sollten wir nehmen? Anhaltspunkte gab die Karte nicht her, zumal wir schon längere Zeit nicht mehr wussten, wo genau wir uns überhaupt befanden.

Aber wenn die Nacht am dunkelsten ist, kommt von irgendwo ein Licht daher.

In diesem Fall in Form eines grünen Land Rovers mit zwei Rangern. Nachdem wir den ganzen Tag kein anderes Fahrzeug gesehen hatten, begegnete uns zur richtigen Zeit am richtigen Ort dieses Rangerfahrzeug mit den Nationalpark Mitarbeitern.

Im Gespräch stellte sich heraus, dass wir nicht allzu weit von Xakanaxa entfernt waren, und diese Information zauberte mir und meinen Mitfahrern ein Lächeln ins Gesicht, während gleichzeitig ein dicker schwerer Stein vom Herzen in den Matsch fiel. Dazu kam, das Xakanaka auch ihr Ziel war und wir ihnen dahin folgen konnten.

Was mich weniger erfreut hätte, wenn ich denn gewusst hätte, dass vor uns etliche Wasserdurchfahrten lagen, von deren Existenz ich zum Glück aber erst erfuhr, als wir derselben jeweils ansichtig wurden, und das Rangerfahrzeug, das höher war als unser Hillux, ziemlich zügig, die oftmals breite, tiefe Furt durchquerte.

Die beiden Ranger hatten es eilig, ihr Feierabend war in Sicht.

Ein langsames Schleichen durch den Busch mit der Suche nach tierischen Aktivitäten war nicht vorgesehen.

Gelegentlichen Antilopen oder Giraffen wurden mit keinem Blick gewürdigt, nur die immer wieder auftauchenden Elefanten konnten und durften nicht ganz ignoriert werden.

Aber auch die mächtigen Elefanten ließen das Auto der Ranger kaum langsamer werden.

Ich wollte und konnte nicht zurückbleiben. Ein wortwörtliches „Augen zu und durch" ging aber auch nicht, da äußerste Konzentration gefordert war.

Mir standen schon bald Schweißperlen auf der Stirn, mein Hemd war nass und ich wirklich und im wahrsten Sinne schweißgebadet. Mir taten auch die Hände weh, so sehr hatte ich sie um das Lenkrad geballt.

Als wir an einem sehr breiten Wasserlauf ankamen, der sogar das Rangerfahrzeug tief eintauchen ließ, waren meine Nerven aufs äußerste gespannt. Der Puls erreichte ungeahnte Höhen und ich hörte mein Herz schlagen.

Ich legte den zweiten Gang ein, der 4x4 Modus war schon aktiviert, als ich langsam und nicht zu hektisch in das Wasser hineinfuhr, das bald schon über die Windschutzscheibe schwappte und mir die Sicht nahm. Nur nicht panisch werden sagte ich mir in Gedanken immer wieder. Das Drehmoment nicht abfallen lassen und auf das Geräusch des immer langsamer werdenden Motors hören, waren weitere Gedanken.

Ob ich noch atmete, weiß ich nicht, aber man hätte es grundsätzlich machen können.

Auspuff und Motor waren tief im Wasser und das Motorgeräusch veränderte sich.

Sollten wir gleich stehen bleiben und im Wasserloch feststecken, könnten wir den Motor abschreiben. Tiefe Wasserdurchfahrten, welche grundsätzlich schon keine gute Idee sind, waren es hier in der Wildnis schon gar nicht.

Wasser begann ins Innere des Wagens zu dringen. Jeden Moment musste der Motor ausgehen, jeden Moment wartete ich auf das letzte Stottern des Motors, der immer weniger Leistung brachte. Bewegten wir uns eigentlich noch weiter? Wasser überall und das Herz pochte. Nach einer gefühlten Ewigkeit spürte ich endlich, dass wir etwas mehr Bodenhaftung bekamen und der Boden unter den Rädern führte uns in die gewünschte Richtung, nach oben.

Langsam zog sich der Toyota aus dem Wasser empor. Die Windschutzscheibe war sauber wie selten zuvor und allmählich tauchte auch der Auspuff wieder aus den Fluten.

Ich bemerkte jetzt, dass meine Hände vom krampfhaften Halten des Lenkrates ganz rot und die Knöchel ganz weiß waren. Ich nahm wahr, dass ich bewusst wieder atmete und mir der Schweiß aus jeder Pore des Körpers schoss.

Geschafft, wieder einmal geschafft bis zur nächsten Durchfahrt, jubilierte ich innerlich.

Ich glaube solch eine Autofahrt verbraucht mehr meiner Energie als lange Fahrradtouren oder lange Läufe durch den heimischen Wald. Und auch die nicht anstrengenden Passagen solch einer Fahrt sind doch anstrengend in Erwartung der Hindernisse.

Erst an der Buschlandebahn für die Gäste der luxuriösen Xakanaxa Lodge, die in das Delta eingeflogen werden, begann sich die Spannung der Fahrt zu lösen.

Elefanten, Antilopen, Affen und andere tierische Zeitgenossen konnte ich wieder bewusster wahrnehmen und trugen zur Entspannung bei.

Wir fanden kurz vor Sonnenuntergang unseren Zeltplatz am Ende des Campinggeländes und bereiteten uns für die Nacht vor. Der Platz beinhaltete einen Steintisch mit vier steinernen Hockern um den Tisch herum.

Unser Auto richteten wir mit der Nase zum nahen Wasser des Okavango Deltas aus und entpacken das Dachzelt für die Nacht.

Als alle Arbeiten am Zelt und Auto abgeschlossen waren, widmete ich mich dem Abendessen.

Unser Braaiplatz befand sich zwischen zwei riesigen Bäumen, genau neun Schritte von der Beifahrertür entfernt. Woher ich das so genau weiß, erzähle ich gleich.

Wir hatten Kartoffeln dabei, die ich eingepackt in die Glut legte und dazu lagen leckere afrikanische Bratwürste auf dem Grill.

Da die Sonne bereits untergegangen war, hatten wir uns auch schon unseren üblichen, afrikanischen Sundowner, einen Gin Tonic, sowie ein Cola für meinen Sohn genehmigt.

Die fast volle Gin Flasche, die leere Cola Dose und eine frisch geöffnete Dose Bier standen auf dem Steintisch, an dem meine Frau und mein Sohn saßen.

Inzwischen waren erste Sterne am Himmel zu sehen, die später in der Nacht dieses einzigartige Sternenzelt über den afrikanischen Busch ausbreiten würden.

Der nahende Vollmond war etwas höher gestiegen und erhellte die Nacht im Busch.

Allerdings lenkte mich der Schein des rotglühenden Holzes stark von der Umgebung ab, als ich versuchte, mit einer langen Zange die Kartoffeln, zur Begutachtung ihres Gargrades, aus der Glut zu heben und zu testen.

In diesem Moment wurde es urplötzlich viel dunkler um mich herum.

Der Mond, soeben noch zwischen den Bäumen hängend, war verschwunden. Bei etwas längerer Betrachtung erkannte ich zwei riesige Ohren mit einem Kopf dazwischen, der einen langen Rüssel und ebenso lange Stoßzähne trug. Ich sah auf ein Grau mit Falten, auf kleine Äuglein, die mich ansahen und mein Herz schien auszusetzen.

Trotz allem Schreck bewahrte ich zunächst Contenance. Ich richtete mich aus der Hocke auf und mache langsame, aber bestimmte Schritte rückwärts und sagte dabei im ruhigen, doch bestimmten Ton die bedeutenden Worte: „Sofort ins Auto!".

Erst jetzt bemerkte auch der Rest der Familie, was da aus dem Busch bedrohlich auf sie zukam. Wie abgesprochen, nachdem das Codewort Auto im richtigen Tonfall gefallen war, machten sie sich, zügig rückwärtsgehend, auf den Weg zum Auto.

Meine Frau nahm ihren Platz auf der Rückbank ein, mein Sohn auf seinen angestammten Platz auf der Beifahrerseite und ich wollte nun auch da hinein.

Genau neun Schritte hatte ich gemacht, um vor diesem Platz zu stehen auf dem mein Sohn saß.

Nun verlor ich doch etwas die Beherrschung und presste: „Schnell auf die andere Seite" hervor, während ich den Elefantenbullen, der sich auf mich zubewegte, nicht aus den Augen ließ.

Mein Sohn konnte aufgrund seines jugendlichen Alters diesen Befehl blitzartig ausführen, so dass ich endlich auch ins Auto gelangte, während der große Bulle mit langen, kräftigen Schritten immer näherkam.

Eine kleine Irritation ergab sich kurz darauf im Auto als Daniels Stirnleuchte anging und blinkte und meine Frau und ich unisono: „Licht aus" zischten, was allerdings nicht unbedingt nötig gewesen wäre. Daniel fummelte bereits hektisch an der Leuchte herum, aber der Angst im Auto wurde damit mehr Ausdruck verliehen.

Dann war das Licht endlich aus und niemand rührte sich mehr, auch atmen schien unausgesprochen verboten.

Der Elefant kam direkt an mein Seitenfenster heran.

Ein Stoßzahn berührte das Fenster, machte ein unheilverheißendes Geräusch, und ein kleines rotes Äuglein beobachtete uns.

Wir bewegten uns nicht, atmeten wohl auch nicht und waren wie paralysiert.

Dem Bullen schien zu gefallen, was er im Auto sah (ängstliche homo sapiens, die er unter Kontrolle hatte) und vor allem das, was da auf dem Tisch stand, und dem er sich nun zu wandte.

Die leere Dose Cola von Daniel nahm er mit dem Rüssel und steckte

sie in sein Maul, schüttelte sie und stellte sie wieder auf den Tisch.
Meine Dose Bier, von der ich noch keinen Schluck getrunken hatte,
die ich allerdings dummerweise bereits geöffnet hatte, wurde als
nächstes mit dem Rüssel umschlungen und ins Maul geführt. Wir
hörten das Krachen als die Dose zu einem flachen Stück Blech
verarbeitet wurde und konnten uns vorstellen, wie deren Inhalt zum
Wohle des alten Bullen in seinen Magen lief.
Die flache Blechdose wurde ordentlich auf den Tisch zurückgelegt
und befindet sich heute bei uns zuhause als Trophäe in unserem
Afrika Zimmer.
Als letztes griff er alsdann zur Gin Flasche und da blieb mir fast das
Herz stehen.
Ich malte mir aus, dass er sie ebenso zerquetscht wie die Bierdose
zuvor, und dann, vor Scherzen über die Schnitte des zerbrochenen
Glases, unser Auto angreift.
Elegant umfing der Rüssel die Flasche und schüttelte sie mehrmals in
seinem Maul. Der Gin, allen Heiligen sei Dank, war glücklicherweise,
nach unserem Gebrauch vorher, wieder ordentlich verschlossen
worden.
An der Prozedur der versuchten Flaschenentleerung des Elefanten
erkannte man im Nachhinein den erfahrenen Trinker, der wie ein
solcher versuchte, den letzten Tropfen der hochprozentigen
Flüssigkeit in den Hals zu bekommen.
Nach mehreren Versuchen, ich traute meinen Augen nicht, stellte er
die Glasflasche wieder vorsichtig auf den Tisch zurück und kam
noch einmal zur Wagenscheibe, um einen Blick auf drei verängstigte
Touristen zu werfen. Dabei kratzte noch einmal Elfenbein gegen
Glas.
Ich sehe noch einmal seinen forschenden Blick, wenige Zentimeter
von mir entfernt, der wohl eher, so denke ich heute im nach hinein,
möglicherweise weiteren potentiellen Spirituosen im Auto gegolten
hatte, als uns bereits eingeschüchterte Menschen weiter zu
erschrecken.
Langsam wendete er sich danach ab und so lautlos wie er gekommen
war, so bestimmt und ruhig er in der Szene aufgetreten war, genauso
trat er auch wieder ab, als er zwischen Bäumen und Okavango in der
Magie der afrikanischen Nacht verschwand.

Wir konnten uns erst aus unserer Schockstarre lösen als eine aufgelöste italienische Dame auf der Bildfläche erschien und mit einem „Porca Miseria" den Verlust mehrerer Getränke vom Tisch ihres in einiger Entfernung liegenden Zeltplatzes beklagte.

Die Schockstarre in der wir uns gefühlt die letzten Stunden befunden hatten, löste sich dadurch mit einem breiten Grinsen auf, und machte diesem Gefühl Platz, das Abenteurer befällt, nachdem sie höchste Not und Todesgefahr überstanden hatten.

Eine Leichtigkeit des Seins breitete sich aus, und ein ungläubiges „Ist das eben wirklich passiert "- Gefühl flutete den Körper. Der Mond leuchtete plötzlich intensiver, die Sterne bildeten eine phantastische Milchstraße über uns, Glasfrösche im Okavango Schilf ließen akustisch Eis in Gläser fallen und etwas entfernt lachte eine Hyäne. Wir saßen inmitten dieser grandiosen wilden Freiheit mit einem langanhaltendem Lächeln.

Das war das jetzt unser Afrika.

Träume unter Palmen in Daressalam

Tansania, November 2015

Wer viel in Afrika unterwegs ist, kommt an Tansania eigentlich gar nicht vorbei. Das Land war für mich in meiner Jugend, aufgrund der Fernsehabende mit Prof. Grzimek, zusammen mit Kenia, das Synonym für Afrika.

Die Luft war schwül als sich die automatische Tür öffnete und ich mit meiner Frau aus der wohltemperierten Ankunftshalle des Internationalen Flughafens von Daressalam hinaus in die afrikanische Nacht ging. Vor uns standen wie eine unüberwindliche Wand „Abholer", die mit großen Namensschildern, die sie mir entgegenhielten, unser Interesse wecken wollen. Wie gerne hätte ich mich jetzt einem der Abholer als sein zugehöriger Auftrag zu erkennen gegeben.

Ich konnte unseren Namen allerdings nicht entdecken. Nirgendwo auf den Pappschildern, die vor mein Gesicht gehalten wurden, war auch nur entfernt etwas zu lesen, was unseren Namen auch nur ähnlichsah.

Es war zwei Uhr nachts, wir waren müde, und langsam stieg eine gewisse Panik in mir auf.

Ich kannte nicht einmal den Namen unserer Unterkunft, in der wir den Rest der heutigen Nacht, und die darauffolgende, nächtigen wollten. Zu sehr hatte ich mich auf unseren Abholer verlassen und zudem den Zettel mit dem Namen der Unterkunft zuhause vergessen. Nur eine afrikanische Telefonnummer hatte ich mir in meinem Notizbuch notiert.

Natürlich waren in Afrika, dem Kontinent, auf dem die Uhren anders gehen, da wir Europäer zwar die Uhren haben, die Afrikaner aber die Zeit, wie ein Sprichwort sagt.

Aber warum musste gerade bei unserem Abholer die Uhr so extrem afrikanisch gehen?

Nach einer geraumen Zeit hatte sich der Flughafen fast geleert. Nur noch zwei oder drei Abholer blickten verschlafen und leicht frustriert immer noch auf die Tür, als könnten sie ihren Fahrgast herbei starren. Meine Zuversicht auf die Ankunft unseres Abholers war dagegen inzwischen unter den Nullpunkt gesunken.

Ob es mein verzweifelter Blick war, oder einfach nur meine ungeplante Präsenz, ist nicht von Bedeutung. Die unerwartete Hilfe sprach mich in Form eines schmächtigen schwarzen Mannes an.

Ob er mir helfen könnte, fragte er mich.

Ja er konnte, und ob er konnte.

Ich hatte noch keine tansanische Sim-Karte in meinem Mobiltelefon. Woher denn auch mitten in der Nacht auf einem nahezu verwaisten Flughafen?

Voller Hoffnung kramte ich die zuhause, glücklicherweise, notierte Telefonnummer der tansanischen Kontaktperson heraus, die von unserem Fahrer und Guide Mr. Armani.

Mein erster neuer Freund auf dieser Reise wählte und es klingelte. Es klingelte und klingelte und klingelte. Mein Kumpel (so schnell kann man einen hilfreichen Fremden in sein Herz schließen) wollte gerade achselzuckend aufgeben, als wir eine Stimme in seinem Telefon hörten.

Ein kurzer Moment des Glücks durchdrang mich in dieser dunklen afrikanischen Nacht.

Mein guter Freund reichte mir sein Telefon und ich wurde, fast schon etwas beleidigt ob der späten Störung, verschlafen begrüßt.

Im Gespräch erfuhr ich, dass Mr Armani es nicht für dringend notwendig und sinnvoll befunden hatte, extra wegen der einzigen zwei Teilnehmer seiner bald beginnenden Safari Tour durch den Süden Tansanias zu so später Stunde noch den weiten Weg zum außerhalb der Stadt liegendem Flughafen anzutreten. Er wäre lieber zeitig zu Bett gegangen, um uns am übernächsten Tag, frisch und ausgeschlafen durch den Verkehr Tansanias zu bringen, erklärte er mir im Ton der Überzeugung, alles richtig gemacht zu haben.

Wir sollten doch einfach ein Taxi nehmen und uns zum Mikadi Beach Camp bringen lassen.

Ach ja, so hieß unsere Unterkunft, ich erinnerte mich wieder.

Ich war nicht empört, nein, auch nicht wütend. Ich war nur glücklich, zumindest zu wissen, wie es weitergehen sollte.

Im Überschwang seiner Fürsorge gab mir Mr. Armani noch den Tipp nicht mehr als 45 US$ für das Taxi zu bezahlen, die er es mir bei unserem Treffen am späten Vormittag wieder geben würde.

Mein kleiner, schmächtiger Flughafenkumpel wollte kein Geld für das Telefonat und, als letzte Hilfe, die er uns angedeihen ließ, gab er uns noch in die Hände eines herbeigerufenen Taxi Fahrers seines Vertrauens. Ich glaube, er konnte anhand meines Blickes und des langen festen Händedrucks erahnen, wie dankbar ich ihm war, als sich unsere Wege dann für immer trennten.

Durch wenig beleuchtete Straßen, die von der ursprünglichen Autobahn ähnlichen Schnellstraße mit zügigem Vorankommen, zu schmaler und dunkler werdenden, Schlagloch übersäten Feldwegen mutierten, fuhren wir müde unserem Ziel entgegen.

Von der Fahrt bleiben nur dumpfe Erinnerungen und vorbeifliegende Ahnungen, die mangelnder Erinnerung ungesagt bleiben.

An unserer Unterkunft angekommen passierte beim ersten Hupen nichts am verschlossenen Tor. Ein zweites längeres Hupen brachte das gleiche Ergebnis. Uns beiden Fahrgästen fielen derweil fast schon die Augen zu. Erst nach längerem Warten öffnete sich dann doch langsam und quietschend das große metallene Tor und ein verschlafener Sicherheitsfachmann fragte nach unserem Begehr.

Die nächste Hürde war gemeistert und jetzt konnte eigentlich nichts mehr schief gehen.

Wir freuten uns auf ein Bett, einfach nur auf einen Platz zum Schlafen. Es war unser einziger Wunsch, ansonsten waren wir wunschlos zufrieden.

Der Sicherheitsfachmann brachte uns zum Restaurant, das gleichzeitig als Rezeption und Bar fungierte, alles, unisono, das gleiche luftige Palmblatt bedeckte Holzgebäude. Er übergab uns an eine herbeigerufene, überfordere und verschlafene junge Frau, die angab, nicht über die Kompetenz zu verfügen, uns den gewünschten Schlafplatz zuweisen zu dürfen und zu können.

Um nicht ganz ohne Hilfe einfach wieder zu verschwinden, gab sie uns, nach langem Nachdenken den Rat, doch einfach auf die Chefin zu warten, die am Morgen hier erscheinen würde

Dann waren wir allein.

Denn auch der Sicherheitsfachmann trabte dem Eingangstor und seinem unterbrochenen Schlaf entgegen und entschwand in dem Dunkel der Nacht.

Einzig ein patrouillierender Massai in stolzer Tracht mit dicker Armbanduhr am muskulösen Arm sah gelegentlich bei seinen Rundgängen zu uns herüber. So saßen wir nun mit unserem Gepäck, übermüdet, im leeren Restaurant und warteten auf den Morgen. Wer nun meint, dass wir sauer waren, wütend, deprimiert, oder gar enttäuscht, der irrt.

Wir hatten es geschafft hier anzukommen. Wir warnen sicher hinter den Mauern unserer Unterkunft im neuen fremden Land, wurden geschützt von einem tapferen Massai, und blickten auf einen indischen Ozean, der noch im Dunkeln, hinter Palmen verborgen, hörbar und gegenwärtig, seine Wellen an den nahen Strand schlug. TIA. This is Africa. Wenn einem nichts mehr einfällt, sagt oder denkt man TIA und hat Recht.

Diese englisch ausgesprochenen drei Buchstaben drücken oft mehr aus, als man in langen Essays und Abhandlungen erklären kann. Sie sind ein Gefühl und eine Tatsache zugleich.

Dann irgendwann kam der Tag aus der Nacht gestiegen und mit ihm andere Menschen von irgendwo her. Die Müdigkeit blieb und wurde sogar noch größer.

Das Restaurant wurde geöffnet. Der Duft nach Eiern und Kaffee zog durch die tropische Luft und wir konnten mit den am Flughafen erworbenen Schilling Hunger und Durst stillen.

Schritt für Schritt, oder pole pole (langsam langsam, wie es auf Suaheli heißt), ging es voran.

Eine Toilette hatten wir noch in der Nacht gefunden und damit ein weiteres Problem grandios gemeistert. Der oder die Verantwortliche für die Zimmer, besser gesagt der kleinen Hütten, war aber leider noch immer nicht erschienen.

Aber man kann nicht alles und auch noch sofort haben.

Die Zeit verging und die Sonne war schon höher am Himmel emporgestiegen als dann die verantwortliche Mitarbeiterin erschien und nun auch dieses Problem löste, obwohl, wie sie sagte, keine Reservierung vorlag.

Ob Mr. Armani eine Reservierung vielleicht auch nicht für unbedingt nötig erachtet hatte? Es war uns in diesem Moment egal.

Unser einfacher, sauberer Holz Bungalow stand zwischen hohen Kokospalmen, im ruhigen hinteren Teil des großen Gartens, und hatte ein großes Bett und eine schöne Veranda mit Blick zum Meer. Nun endlich schlafen war das erklärte Ziel, nachdem wir das wenige Gepäck in unser Domizil auf Zeit gebracht hatten.

Aber dem stand der angekündigte Besuch Mr. Armanis gegenüber, der für den Vormittag angekündigt war, um mit uns, warum auch immer, den Ablauf der eigentlich feststehenden Tour zu besprechen. Eine Zeitlang saßen wir unschlüssig auf der Terrasse herum, eine gewisse Zeit brauchte ich um zwei Getränke aus der Bar zu holen, relativ lange brauchten zwei immer schläfriger werdende Menschen, um die Getränke zu konsumieren, und fast schon mit geschlossenen Augen brauchten wir nur noch kurze Zeit, um zu entscheiden, auf das große Bett im Zimmer hinter uns zu sinken. Dann kam Mr Armani.

Mr. Armani kam mit einem Land Rover Defender, der alt genug aussah, um bereits Dr. Livingstone bei seiner Reise durch den Süden Tansanias chauffiert zu haben. Er fuhr neben unsere Veranda und begrüßte uns entspannt und ausgeruht, mit einem Lächeln.

Ich weiß gar nicht mehr, was wir an diesem Morgen zu besprechen hatten, schließlich stand der Ablauf der Tour schon fest, und was unterwegs Unvorhergesehenes passieren würde, lag außerhalb der Macht unserer Planung. Und sollten wir doch etwas Wichtiges besprochen haben, so ist es mir aufgrund meines damaligen Dämmerzustandes entfallen.

So dauerte der Besuch Mr Armanis auch nicht allzu lange und wir verblieben, dass er am folgenden Tag am frühen Morgen mit vollem Camping Equipment und allem weiteren benötigen Utensilien erscheinen würde.

Von dem Geld für das Taxi war, nebenbei bemerkt, keine Rede mehr und Mr. Armani verabschiedete sich.

Keine fünf Minuten später lagen wir, bei schönstem Sonnenschein und einer angenehmen kräftigen Brise, schlafend im Bett.

Was dann genau geschah weiß ich nicht mehr!

Wie im Traum, wie in der Phase zwischen Schlaf und wachwerden habe ich dumpfe Erinnerungen an einen großen Schlag, an ein unschönes Knirschen, seltsame Geräusche und an Rufe, die von fern in mein Bewusstsein drangen.

Die Decke des Zimmers war zum Greifen nahe, wenige Zentimeter über mir befand sich ein schwerer Querbalken, der doch eigentlich weit nach oben an die Decke gehörte. Und dazu auch noch das ganze Gebälk, ja das Gebälk war auch neben mir

Und was machten die Palmblätter hier, was der dicke mächtige Stamm der hohen Palme?

Svenja hatte neben mir die Augen geöffnet, mit Unverständnis und Müdigkeit darin.

Da waren Menschen, die sprachen, ohne dass ich sie verstand oder gar hörte. Ich war müde, immer noch so müde und kroch aus dem heraus, was anscheinend nicht mehr existierte, während Svenja mir folgte.

Ich verstand nichts mehr, schaute in aufgeregte Gesichter, deren Münder sich bewegten.

Es war, als hätte der Knall einer Bombe mein Gehör in Mitleidenschaft gezogen und mich paralysiert.

Langsam, wirklich ganz langsam, begriff ich, dass anscheinend eine der schönen großen Palmen auf unseren Bungalow gestürzt war und Decke, Bad und eine Seitenwand komplett zerstört hatte.

Aber warum waren alle um uns herum so aufgeregt und hektisch? Warum meinte einer der schwarzen Männer um uns herum, wir hätten heute einen neuen Geburtstag?

Warum sagte ein anderer, dass Gott uns lieben würde?

Ich habe keine Erinnerung an alles, was weiter geschah. Ich wollte schlafen.

Irgendwie, und irgendwer brachte uns zu einer der ganz kleinen Hütten am Strand, irgendjemand brachte unser Gepäck hinein und wir legten uns wieder schlafen. Ich weiß das ich es toll fand, dass man von hier die Brandung des Meeres viel besser hören konnte und dass unsere Hütte so schön bunt war. Dann schlief ich auch schon ein. Wir erwachten fast zur gleichen Zeit am Nachmittag und gingen die paar Schritte zum Meer hinunter, das von unzähligen Palmen oberhalb des weißen Strandes begrenzt wurde.

Die Sonne schien aus einem strahlend blauen Himmel auf ein türkisblaues Meer, dessen weiße Brandung immer und immer wieder auf den Strand schlug. Wir spazierten in der auslaufenden Brandung entlang und genossen die wohltuende Wärme und die Brise des Meeres.

Als wir landeinwärts liefen, sahen wir, weiter hinten in der großen Gartenanlage, einen Bungalow, auf den eine große Palme gefallen war. Er war zertrümmert und nahezu komplett zerstört.

Wortlos, und ohne große Emotionen wanden wir uns ab von diesem unangenehmen Bild, bestellten zwei Bier in dem Restaurant am Meer unter Palmen, und schauten auf das Meer hinaus.

Morgen würden wir in dem alten Land Rover Defender von Mr. Armani unsere Reise durch den Süden Tansanias beginnen.

Wir nippten von unserem Bier, freuten uns endlich angekommen zu sein, und schauten wieder entspannt auf das Meer hinaus.

Das Reisen, und besonders das Leben, kann so schön sein unter Palmen im Süden von Daressalam.

Der Tod fuhr mit

Insel Hispaniola, Februar 1989

Während sich die Dominikanische Republik heute für viele Menschen als ein All-inklusive Hotel mit warmem Winterwetter darstellt, reisten wir damals, ohne jede Buchung, aber mit großer Neugier auf eine für uns unbekannte Insel in der neuen Welt.

Während unserer Fahrt wurde die Gegend immer trockener und karger.
Große Kakteen formten das Landschaftsbild je näher wir Barahona kamen.
Eigentlich sollten wir auf der Fahrt nach Norden, zu den Bars und Girls von Puerto Plata sein, würde es nach meinem Freund Mr. C gehen.
Deswegen war ich aber nicht in die Dominikanische Republik geflogen, wollte diesbezüglich aber auch keinen Streit vom Zaun brechen.
Von uns drei Reisenden, Paula, Mr. C und ich, war ich der Einzige, der ein Jahr lang einen Spanischkurs in der Abendakademie belegt hatte.
Meine beiden Mitreisenden waren zu bequem dafür gewesen.
Das war sowohl ein Vorteil als auch ein Nachteil für mich, nachdem wir in der spanisch sprechenden Dominikanischen Republik gelandet waren.
Der Nachteil war, dass ich mich um Unterkunft, Essen und alles Mögliche kümmern musste. Der Vorteil dagegen, dass ich mich auch um den Transport von A nach B kümmern musste bzw. konnte.
Am Busbahnhof in Santo Domingo führte ich deshalb wie immer die Verhandlungen und ich wusste, dass ich nicht jetzt schon nach Puerto Plata fahren wollte. Ich wollte nicht an den Strand, dahin wo sich das touristische Leben der Insel abspielt, zumindest jetzt noch nicht.
Es gab einen See in der Nähe zu Haiti, den Lago Enriquillo, der mich

aufgrund seiner Krokodile reizte.

Dort gab es zwar, meines bescheidenen Informationen nach, absolut keine touristische Infrastruktur, und ich hatte keine Ahnung wo und wie wir dort übernachten konnten, aber interessanter als Puerto Plata klang es für mich allemal.

Also besorgte ich uns Tickets für drei Plätze im Bus nach Neiba.

Ich wusste, dass es etwas unfair war, und so ganz wohl fühlte ich mich deshalb nicht in meiner Haut, aber der Zweck heiligte die Mittel.

Wir stiegen in den Bus ein.

Zwei Leute in dem Glauben direkt nach Puerto Plata gefahren zu werden, der Rest der Businsassen wohl wissend, dass unsere Reise in Neiba endete.

Wir drei waren die einzigen Europäer und wurden von allen anderen Businsassen genauestens unter die Lupe genommen.

Wir stachen mit unserer winterlichen blassen Hautfarbe aber auch extrem aus dem Pulk der Mitreisenden heraus.

Der Rest des Busses war fast ausnahmslos dunkelster Hautfarbe, man kann auch sagen, ganz viele Mitreisende waren schwarz.

Hätte man sich als Tourist etwas informiert, hätte man ahnen können, dass wir Richtung Süden und Haiti unterwegs waren.

Auch die vielen Hühner und Hähne, die unter den Sitzen verstaut wurden, waren eigentlich ein Indiz, wohin die Reise ging.

Aber so fuhr ein vollgepackter Bus mit Menschen in Santo Domingo ab, die alle wussten, wohin sie fuhren, außer zwei Touristen, die im Irrglauben waren, die nördliche Küste zu erreichen.

Ich glaube, man merkt mir schon an, dass ich über das fehlende Interesse meiner Mitreisenden im Vorfeld unserer Reise „not amused" war.

Merenque in voller Lautstärke, angereichert mit dem Gegacker des Federviehs unter den Sitzen, sowie der Flasche Barcelo Rum meines Freundes Mr. C, die er unseren in Reichweite befindenden männlichen Mitreisenden anbot, prägten die Fahrt nach Barahona. Die Stimmung im Bus war bestens und viele unserer Mitreisenden hatten sich viel zu erzählen, was die Lautstärke im Bus mehr als nur leicht erhöhte. Die Kakophonie einer beginnenden Busfahrt stülpte sich über das in die Hitze eines karibischen Tages hinein rollende

Gefährt mit seiner vollen Ladung an Menschen und Tieren.
Im Laufe des Dahinrollen aber stieg außerhalb des Busses die Sonne
immer höher und es wurde ständig heißer. Eine allgemeine
Schläfrigkeit machte sich im vollgestopften Kleinbus breit. Die
Gespräche begannen zu verstummten, Augen fielen zu und nur noch
der Merenque flutete in die Köpfe der ermüdeten Reisenden.
Die Trockenheit der Landschaft schien mit jedem Kilometer größer
zu werden je näher wir dem kleinen bunten Ort Barahona auf der
karibischen Seite der Insel kamen
Einige Leute stiegen in Barahona aus, viele andere wiederum ein.
Der Platz im kleinen Bus reichte nun wirklich nicht mehr für alle
Reisenden, so dass einige Männer auf das Dach des Busses zum dort
verstauten Gepäck klettern mussten.
Nach einer gefühlten Ewigkeit des Wartens, ohne Fahrtwind in der
Hitze von „High Noon", fuhren wir schließlich weiter.
Von Barahona führte uns die Fahrt nun nach Norden, nach Neiba am
Lago Enriquillo.
Hinter Barahona wurde die Fahrt eintönig. Wir fuhren durch
Zuckerrohrfelder. Links und rechts der Straße breiteten sich
Zuckerrohrfelder aus. Wenn man nach vorne durch die
Windschutzscheibe sah, schien das Zuckerohr kein Ende zu nehmen.
Kein Berg oder Dorf erfreute das ermüdende Auge, das sich nach
etwas Abwechslung sehnte.
Solch eine Landschaft ermüdet selbst den interessierten Reisenden
und lässt ihn gelegentlich, gerade jetzt zur heißen Mittagszeit, immer
wieder einmal kurz ein-nicken.
Plötzlich hörte ich ein seltsames Gerumpel auf dem Dach. Ich
schreckte aus meinem Halb- Dreiviertelschlaf auf und blickte nach
hinten, warum auch immer. Ich sah ein Bild, dass ich nie mehr in
meinem Leben vergesse und das jeden Schlaf in Bruchteilen von
einer Sekunde vertrieb.
Ein Mensch fiel wie ein Stein vom Dach unseres Busses auf die
Straße. Er schlug mit einem aus meinen Erinnerungen
unauslöschlichen Geräusch auf dem Band der Straße zwischen den
Zuckerrohrfeldern auf und blieb regungslos liegen.
Der Bus fuhr weiter, und erst das Geschrei vieler Mitreisender ließ
ihn anhalten.

Für mich geschah dieser Sturz des Mannes in Zeitlupe und ich habe diese Bilder und Geräusche selbst heute noch unvergesslich im Kopf. Viele stürzten sofort aus dem Bus. Wir stiegen zuletzt aus. Wir wussten doch nicht wie wir uns verhalten sollten.

Ich sah den Mann auf der Straße aus dem Kopf bluten. Einen Mann, der sich nicht mehr bewegte.

Wir wussten nicht, was mit diesem Mann war, und wir waren zu fremd, um in die Situation hineinzufinden.

Niemand sprach mit uns.

Die Lage war auch für uns drei Touristen mehr als bedrückend. Nach kurzen Gesprächen zwischen den Einheimischen wurde der inzwischen menschenleere Bus leergeräumt, das Gepäck der Reisenden und die Hühner wurden entladen. Dann drehte er und verschwand mit dem verletzten Mann sowie einer Frau und zwei Helfern in die Richtung, aus der wir gekommen waren. Möglicherweise gab es in Barahona einen Arzt oder gar ein kleines Krankenhaus.

Die Situation war schon seltsam. Wir standen nun mit einigen Einheimischen an einer Straße zwischen Zuckerrohrfeldern und wussten nichts.

Nachdem sich die Einheimischen besprochen hatten, begannen sie alle langsam in eine Richtung zu gehen. Uns gaben etliche Leute das Signal ihnen zu folgen.

Und so liefen auch wir mit unserem Gepäck diese eintönigen Straße entlang.

Es war eine Straße, die vom Nirgendwo ins Nirgendwo führte. Sie schien kein Anfang und kein Ende zu kennen und die Hitze war beeindruckend.

Wir erreichten eine Stelle, auf der sich inmitten dieser Eintönigkeit ein kleiner Laden befand, der auch als Kneipe oder Bar genutzt wurde. Wir befanden uns an einer Wegkreuzung in der Unendlichkeit des Zuckerrohrs und waren inmitten der Hitze des Mittags gestrandet.

Alle vier Straßen der Kreuzung zogen sich schnurgerade bis zum Horizont und führten durch Zuckerrohrfelder.

Die Welt bestand nur noch aus Zuckerrohrfelder.

In Gedanken höre ich die Mundharmonika von Charles Bronson und sehe Geier auf dem Gemischtwarenladen landen.

Mr. C konnte mit meiner sprachlichen Hilfe eine neue Flasche Barcelo Rum erwerben und machte sich keine weiteren Gedanken.

Meine Freundin Paula sagte Nichts.

Für mich war die Situation skurril und surrealistisch.

Wir saßen im Nirgendwo und die Zeit klebte in der Uhr fest.

Menschen, die uns fremd und denen wir fremd waren, stierten mit schläfrigen Blicken in ihre Gedankenwelt. Ich beobachtete den alten Mann mit den vielen Falten im Gesicht und der Zigarillo im Mundwinkel, wie er etwas verächtlich, leicht den Kopf schüttelnd, zu den Männern um Mr. C hinüberschaute, die die Flasche Rum kreisen ließen.

Schatten gab es keinen.

Meine größte Sorge war, ob wir in Neiba ankommen würden und ob es dort überhaupt ein Hotel gab.

Paula saß schwitzend auf ihrer Reisetasche.

Ich stand unschlüssig in der Hitze herum.

Da sprach mich eine ältere, sehr kräftige, richtiger gesagt, dicke Frau an.

Sie steckte in einem bunten Kleid und war etliches kleiner als ich.

Wohin wir wollten, fragte sie vorsichtig. Ich nahm an, sie wollte mit dieser Frage einfach nur das Gespräch beginnen. Es gab nur ein Ziel.

Nach Neiba wollen wir, antwortete ich erleichtert. Endlich hatte sich jemand an uns gewandt.

Ich erzählte ihr, dass wir zum See wollten und ein Hotel suchten.

Ihr schlaft in meinem Haus beschied sie mir sofort mit der natürlichen Autorität und dem umsorgenden Lächeln einer stattlichen karibischen Mama.

Etliche Sorgen fielen von mir ab, als Mama Maria, so stellte sie sich vor, mir ihre Entscheidung auf bestimmende und keine Widerrede akzeptierende Weise auf der staubigen Landstraße mit einem unwiderstehlichen Lachen verkündete.

Mama Maria erschien mir als die karibische Mama par excellence und ich sollte Recht behalten.

Wir hatten für die folgende Nacht nun ein Dach über dem Kopf und ein großer Druck fiel von mir ab.

Nun brauchten wir nur noch einen Bus, der uns nach Neiba bringen musste.

Zeit kann sich dehnen und strecken.

Zeit kann so langsam vergehen. Minuten, die sich zähflüssig aus einem langsam tropfenden Wasserhahn heraus quälen. Tropfen für Tropfen, während die Luft um uns herum ohne Windhauch im Zuckerrohr stand.

Nichts aber auch gar nichts geschah. Es fehlte nur das Ticken eines Sekundenzeigers in einer Wanduhr, das hier doch so treffen gepasst hätte.

Aber eine gefühlte Ewigkeit später, mit der erzwungenen Geduld und dem Wissen, das es immer irgendwann weitergeht, geschah genau dieses.

Irgendwann näherte sich von Süden, aus Barahona kommend ein Bus und hielt bei uns an.

Wir stiegen, dankbar der Hitze zu entkommen, endlich wieder in einen Bus ein.

Der alte Bus war nicht leer. Auf der hinteren, durchgehenden, Bank, hatte es sich jemand gemütlich gemacht und die komplette Rücksitzbank in Beschlag genommen. Eine Frau hatte dessen Kopf im Schoss und sah uns ernst an.

Unsere gestrandete Truppe strömte in den Bus und quetschte sich auf die verbliebenen Sitze.

Paula saß neben zwei weiteren Frauen hinter mir auf einer Bank mit zwei Sitzen und kochte vor Wut.

Die Hitze im Bus war zwar umwerfend, aber sie kochte eher aufgrund des Platzbedarfs der beiden Personen auf der Rückbank.

Mir fiel auf, dass zum ersten Mal kein Merenque im Bus gespielt wurde. Es wurde auch nicht geplappert.

Und war dieser Bus nicht so ähnlich wie unser vorheriger Bus, war er sogar derselbe?

Es war still im Bus.

Zuerst schien es mir an den Strapazen der Stunden zuvor gelegen zu haben. Aber irgendwie zweifelte ich auch daran.

Mein Kopf war wie ausgedörrt und die Hitze ließ klare Gedanken nicht aufkommen.

Diese Busreise wurde immer seltsamer.

Mama Maria, unsere liebe dicke zukünftige Wirtin, saß ganz vorne im Bus, eingezwängt zwischen zwei weiteren kräftigen Frauen und konnte nicht mit mir reden.

Und so fuhren wir dichtgedrängt Neiba entgegen, währen auf der Rückbank die Frau mit ihrem schlafenden Begleiter die gesamte Bank für sich beanspruchte.

Es wurde unerträglich stickig in dem vollgestopften Bus.

Ich dachte immer mehr an die Rückbank, auf der diese Person lag und den Komfort und Platz des Liegens genoss, während in den Reihen davor dicht gedrängt der Schweiß floss.

Reisende sollten immer sehr geduldig und leidensfähig sein.

Man sollte sich dem Gastland durch die Akzeptanz dessen Gewohnheiten und Bräuchen annähern. Im Idealfall versucht man zu sein, zu handeln, und agieren wie die Einheimischen

Aber genug ist genug sagte sich Paula.

„Wir schwitzen hier zusammengedrängt wie die Schweine und der hinter uns schläft gemütlich auf der Rückbank", fluchte sie mir von hinten ins Ohr.

Bevor ich sie beschwichtigen konnte, drehte sie sich zu der Frau um, in deren Schoss der Schlafende lag.

Wütend sprach sie auf die Frau ein.

„Es kann doch nicht sein das er so viel Platz braucht, wir schwitzen, wir sitzen knapp auf knapp auf dem Sitz (übersetzt mit der halben Arschbacke)." Die Frau verstand sicher kein Deutsch, aber die Frau verstand das Anliegen.

Mit ihrem traurigen Blick zuckte sie nur die Schulter und sagte" El hombre esta muerto", was so viel heißt wie: „Der Mann ist tot."

Ich übersetzte und sah das Erschrecken in Paulas Augen.

Die fremde Umgebung, die ganze Situation, die uns etwas überforderte, hatte das naheliegende verdeckt.

Jetzt verstanden auch wir was passiert war.

Der Rest der Fahrt war Stille und Entsetzen.

Der Tod fuhr mit.

Dem Himmel so nahe

Schon immer war ich von buddhistischen und hinduistischen Religionsstätten, Tempel und Pagoden begeistert. Pagan, Angkor, Khajuraho oder Borobudur sind bekannte Beispiele dafür. Wahrscheinlich lag es an deren einfach zu erkennender Fremdartigkeit, ihren Baustielen, ihrer anfangs unbekannten Symbolik und mystischen Exotik, die mich diese Stein gewordene Frömmigkeit fremder Glaubensrichtungen mehr schätzen ließen als unsere christlichen Kirchen und Klöster.

Erst mit zunehmendem Alter lernte ich auch christlichen Stätten den gebührenden Wert zuzugestehen.

Vielleicht war es die Gewohnheit und das Selbstverständnis nur wenige hundert Meter von einem christlichen Weltkulturdenkmal entfernt zu wohnen, die mich zuerst das weit Entfernte suchen ließ. Unser heimisches Kloster war einfach schon immer da, ständig erreichbar und alltäglich.

Und irgendwie stand es für mich als Symbol für alle christlichen Baudenkmäler.

Nett, schön, aber nicht so wirklich aufregend und begeisternd.

Vielleicht fehlten mir auch die Anstrengungen des Entdeckens, die es mich nicht genug wertschätzen ließen.

Das Straßburger Münster, mehr noch als der ebenfalls beeindruckende Kölner Dom, war dann am Ende einer Tramper Tour durch Südfrankreich ein erstes Aha-Erlebnis.

Zum ersten Mal war ich begeistert und genoss es in dieser gewaltigen Halle zu sitzen, das Streben der Säulen nach oben zum Himmel wahrzunehmen und mit dem Staunen zu beginnen.

Seitdem besuchte ich bei jeder sich bietenden Möglichkeit Kirchen und Klöster, von der unscheinbaren Ruine und dem kleinen Gebetshaus am Wegesrand bis hin zu der alten Kirche und Dom in historischen Städten.

Und meine Suche, meine Neugier, bescherte mir immer wieder wunderschöne Begegnungen mit traumhaften Plätzen. Begeistert entdeckte ich Lichtstimmungen, verursacht durch die frühen

Strahlen der Sonne am Morgen, an bemalten Wänden, oder abendlicher Sonnenstrahlen in kunstvollen, farbenfrohen Kirchenfenstern. Hinter jeder Klostermauer und Kirchentür verbarg sich so viel Neues, Überraschendes und Mythisches wie ich es früher gar nicht glauben konnte oder zu hoffen wagte.

Und was ich am meisten zu schätzen gelernt habe ist etwas, das ich in jeder Kirche finde, wenn nicht gerade ein Gottesdienst stattfindet: Ruhe und Frieden.

Vielleicht auch deshalb gehören zu den schönsten Plätzen, die ich auf dieser Erde besuchen durfte, auch ein Kloster und eine Kirche, die ich persönlich nicht hinter den bereits erwähnten berühmten Tempeln der Buddhisten und Hindus einordnen würde, eher im Gegenteil.

Was diese beiden Stätten gemeinsam haben, auch wenn sie auf verschiedenen Kontinenten liegen, ist ihre Unzugänglichkeit und ihre exponierte Lage.

Ansonsten sind sie so unterschiedlich wie es nur sein kann.

Teil 1 Irland, Skellig Michael 2013

Die Fahrt zu meinem Ziel führt von einer Insel zu einer Anderen. Mit einem kleinen Boot schwankend im rauen Atlantik, versucht man oft vergebens das kleine Eiland zu erreichen.

Ich brauchte zwei Anläufe, um von der Kerry Halbinsel im Westen Irlands nach Skellig Michael überzusetzen.

Der erste Versuch im Juni scheiterte. Die Fahrt durch hohe Wellen, die das sich zu der Insel kämpfende kleine Fischerboot immer wieder mit Wasser übergossen, während uns ein kalter Wind um die Nasen wehte, war für die meisten Mitfahrer kein wirkliches Vergnügen.

Viele fütterten unfreiwillig die Fische in der tiefblauen See, andere saßen fahl und bleich im Boot und hofften schon nach kurzer Zeit auf ein Ende der Seereise.

Als wir endlich Skellig Michael erreichten, lies der hohe Wellengang und der stürmische Wind ein Anlanden unmöglich werden.

So sah ich die Insel und konnte die brütenden Papageitaucher im grünen Gras erahnen und die steile Treppe hinauf zu der unsichtbaren Klosterruine bruchstückhaft sehen. Aber die Insel betreten konnte ich nicht.

So geht es leider vielen potentiellen Besuchern von Skellig Michael. Obwohl wir noch eine Stunde vor der Insel herumdümpelten, was den Gesundheitszustand vieler Mitreisenden nicht verbesserte, blieb das wenige hundert Meter entfernte Ziel der Reise doch unerreichbar. Der Atlantik ist oft zu rau, zu windig und zu aufgewühlt, um die Insel betreten zu können. Die Bootsleute riskieren nicht ihre Boote beim Anlegemanöver zu verlieren und man muss ohne den Besuch der Insel den Rückweg antreten.

Die mehr als 20 000 brütenden Basstölpel Paaren (eine der größten Brutkolonien dieser Vögel auf der Welt) von Little Skellig, die wir vom Boot aus bewundern durften, entschädigten nicht wirklich. Die Enttäuschung blieb.

Einen zweiten Versuch, während dieser Irland Reise, ließ der Atlantik erst gar nicht mehr zu. An den meisten Tagen im Jahr fahren die Boote erst gar nicht hinaus zu der Insel.

Auf der Rückfahrt holten meine Frau und ich zwei Dosen Guinness aus dem Rucksack und stießen darauf an, es unbedingt, beim nächsten Irland Besuch, wieder zu versuchen, während aschbleiche Gesichter ungläubige zu uns herüberschauten und wieder Fische fütterten.

Den zweiten Versuch starteten wir zwei Jahre später im September. Im Hafen von Portmagee war noch kein Wind und keine Dünung zu spüren, als wir ablegten.

Das änderte sich dramatisch, als wir die Landspitze verlassen und das offene Meer erreicht hatten.

Ich ahnte schlimmes, während mir vorauseilende Gedanken ein Déjà-vu Erlebnis bescherten.

Nur zwei Boote hatten sich hinausgewagt und liefen Skellig Michael entgegen.

Unser Bootsführer wagte sich sogar zur "Blind Man`s Cove", der Anlegestelle der Insel. Aber wenige Meter vom Land entfernt hob und senkte sich unser Boot im Wellengang mehrere Meter, sodass wir wieder Reißaus nahmen und ich der Verzweiflung nahe war.

Der Hartnäckigkeit unseres Kapitäns verdankten wir dann aber eine wunderschöne, langsame Inselumrundung, die dem Meer Zeit bot, sich doch noch zu beruhigen. Ich sandte Stoßgebete zum Himmel. Während wir bei unserem ersten Versuch im Juni unter einem strahlend blauen Himmel und reichlich Sonnenschein zur Insel fuhren, war die Stimmung diesmal ganz anders.

Dieses Mal drückte ein grauer Himmel auf das Meer und Nebelwolken schwebten auf dem Wasser, was teils bedrückend, teil mystisch und verzaubernd auf mich wirkte.

Je näher wir Skellig Michael kamen, desto mehr hob sich dieser Nebel und die steil aus dem Meer herausragende Insel umgab eine Nebelwolke, während es ansonsten klar unter dem grauen Himmel wurde. Der Nebel verzauberte die Insel, machte sie noch geheimnisvoller als sie schon war. Abweisend, mit senkrechten aus dem Wasser aufsteigenden grünen Felsenwänden hüllte sie sich nun teilweise in Nebel.

Welch eine Szenerie bot sich mir vom Boot aus, so unwirklich und fast schaurig schön.

Die Anlandung gelang und ich sprang als erster auf die Insel.

Unter dem Geschrei der Möwen stieg ich auf den uralten steilen Mönchspfaden dem Himmel entgegen.

Per aspera ad astra!

Jetzt erst, schwer atmend, verstand ich diesen im Lateinunterricht oft gehörten Satz wirklich.

Ich erreichte einen Bergsattel, an dem ich vor Staunen nicht mehr weiterlaufen konnte.

Und nein, es war nicht mangelnder Kondition und Erschöpfung geschuldet, wie böse Zungen behaupteten, auch wenn ich danach etwas langsamer hinter meiner Frau und meinem Sohn die weiteren Stufen hinaufstieg.

Ich war absolut begeistert von meiner Umgebung, vom Grün, das ich niemals grüner sah, von den Felsen, die steil und spitz in den Himmel ragten, vom Wind, in dem die Möwen segelten und dem Meer, das rau und stetig weit unter mir gegen die Felsen schlug. Ich hätte vor Glück und Begeisterung schreien können.

Ich zog es aber vor diese Eindrücke in mich einzuatmen und mir in mein Gedächtnis zu brennen, als dass ich es niemals vergessen dürfte, dieses Bild von steilen Felstürmen und grünem Moos, mit seinem Meeresrauschen, den Wogen, dem Wind und den Schreien der Möwen.

Weiter ging es hinauf, bis ich fast den Himmel erreichte.

Wie Bienenwaben klumpten sich die Behausungen der Mönche auf der Spitze des Berges mit der winzigen Kirche. Vom wenigen Kreuzen großen Friedhof blickte man hinüber und hinunter auf das ein paar Kilometer entfernte Little Skellig. Ansonsten gab es unter mir nur das Meer, weiße, sich brechende Wellen und Meeresvögel, die im Wind dahinzogen.

Welch ein Platz, welch eine Ruhe, welch ein grandioses Spektakel im Sein, im einfachen Dasein.

Allein wenn ich daran denke, wieder oben zwischen den kleinen Rundhütten inmitten der Geistern der alten Mönche zu stehen, und auf das wogende Meer, die grünen senkrechten Felswände unter mir und dem fast greifbaren Himmel über mir zu schauen, erfasst mich Ruhe und ein überwältigendes Glücksgefühl zugleich.

Ich konnte freier atmen.

Ich war dem Himmel so nahe.

Teil 2 Äthiopien, Abuna Yemata Guh, November 2019

Der Blick am Abend über die trockene Ebene unter uns beruhigt. Eine rote Sonne setzt sich hinter den Gheralta-Bergen langsam zur Ruhe. Staub liegt in der Luft.

Esel, mit und ohne Reiter, kleine Ziegenherden und Menschen, die auf schmalen Sandwegen zwischen kleinen Feldern und vereinzelten, halbhohen Bäumen unterwegs sind, bevölkern das biblisch anmutende Bild.

Nirgends sonst fühlte ich jemals dem Alten Testament so nahe. Der Staub, die Hitze, diese Trockenheit und das Erahnen was morgen passiert, runden das Bild ab.

Es herrscht Friede und Ruhe.

Am nächsten Morgen fahren wir den Gheralta-Bergen entgegen. Wir sind sehr früh, ohne Frühstück, bei angenehmen Temperaturen unterwegs.

Wir fahren eine trockene, staubige Piste bis zu einem Punkt, an dem es für unser Fahrzeug nicht mehr weitergeht,

Dann laufen wir, zunächst über Stufen, später über Steine, nach oben bis wir am Fuß eines senkrechten Felsens stehen.

Spätestens jetzt müssen wir entscheiden, ob wir weiterwollen.

Wir müssen nicht lange überlegen. Meine Frau Svenja und ich wollen den senkrechten Fels emporklettern.

Unsere Hände nutzen winzige Felsvorsprünge und kleinste Aushöhlungen in der steilen Felswand. Langsam und stets sichernd, Tritt für Tritt, ziehen wir uns langsam immer höher bis wir irgendwann oberhalb der senkrechten Wand unter uns sind, wo wir eine kurze Pause nach der anstrengenden Kletterei einlegen.

Wir steigen höher und kommen zu einem Grad der uns links und rechts in die Tiefe sehen lässt.

Hier oben zwischen Himmel und Erde wird so vieles plötzlich unbedeutend, was vor kurzem noch so wichtig erschien. Jetzt zählt nur der nächste Schritt. Die Antwort auf die Frage wie tief wir fallen würden braucht nicht beantwortet zu werden, das Ergebnis bliebe gleich.

Wir klettern weiter während nur noch der Moment existiert. Die Erinnerung an Gestern ist weggeweht und ein Plan für morgen könnte so sinnlos sein, da alles nur einen Schritt vom Nichts entfernt ist. Wir sind einfach nur hier und wir sehen, hören, spüren nur uns selbst.

Wir streben nach oben. Greifvögel kreisen und schreien.

Wir erreichen eine kleine Höhle mit den Skeletten ehemaliger Mönche, in der wir einen Moment verweilen.

Wir schauen auf eine Unendlichkeit die sich unter, über und um uns herum ausgebreitet hat.

Sandfarbene, terracottafarbene senkrechte Felsberge ragen aus der weiten Ebene.

Ein leichter Wind bringt Kühlung und schürt gleichfalls die Angst in die Tiefe geweht zu werden.

Auf einem etwa 50 cm Meter breiten Sims, neben dem sich eine mehr als 200 Meter senkrechte Tiefe ausbreitet, arbeite ich mich Zentimeter um Zentimeter weiter der Kirche entgegen.

Unter mir herrscht Unendlichkeit und über mir ist der Himmel so nahe.

Im Moment ist mir der Himmel überall sehr nahe.

Ich bin konzentriert, ich schwitze und fühle den Wind. Mein Mund ist trocken.

Ich nehme jedes Sandkorn bewusst war, rieche feinste Nuancen von Düften in der Luft.

Greifvögel rufen. Ich bin über allem so hoch über der Welt.
So schmal ist der Weg, so tief ist das Fallen, so groß ist die Angst.
Erst hinter der Jahrhunderte alten, schweren dunklen Holztür der
Höhlenkirche bleibt jede Angst zurück und bringt eine unglaubliche
Ruhe und Faszination, die ihresgleichen sucht.
Bunte lebendige Farben und wunderschöne Bilder an den
Felswänden empfangen uns. Ich spreche mit dem Priester über das
Bildnis von Petrus, meinem Namenspatron, an der Decke.
Welch eine Farbenpracht, welch ein bunter Traum umfängt uns hier
oben in dieser Höhlenkirche.
Die Decken sind nicht hoch, abgerundet und komplett bemalt. Diese
Kirchenhöhle schirmt uns ab vor jeglicher Gefahr die uns draußen in
der sengenden Sonne, auf schmalen Simsen und steilen Felswänden
umgibt. Schon beim Betreten der Kirche hatte ich ein Gefühl von
Frieden und Ergriffenheit.
Svenja und ich sind allein im kühlen Halbdunkel der Höhlenkirche
mit dem Mönch, den Bildern und Farben und mit dem Gefühl einer
inneren Sicherheit, dass ich niemals zuvor und jemals danach hatte.
Wir sitzen auf dem Boden und staunen. Ich kann mich nicht
sattsehen. Ich nehme die Atmosphäre in diesem von der Außenwelt
abgeschiedenen Raum auf und werde ein Teil davon.
Ich bin jetzt gerade bei mir und im hier ankommen.
Welch ein Farbenpracht, was für ein Traum.
Und von draußen scheint durch die schmale offenstehende Tür ein
helles, warmes Licht in dieses Wunder.
Ich mag hierbleiben, ich mag nie wieder woanders sein.
Greifvögel rufen.
Die steilen Felswände sind überall.
Dem Himmel so nahe, will ich nie aus diesem Traum erwachen.
Ich sehe den Sims, den ich ging und lebe den Augenblick.
Ich bin. Mehr geht nicht. Schön ist die Welt.

Berlin, Berlin, wir fahren nach Berlin

Berlin, Juni 1986

Ich habe lange überlegt, ob ich diese Reise überhaupt zu diesem Buch dazu nehmen soll. Sie fällt so ganz aus dem Rahmen der anderen Geschichten.

Aber auch dieser Trip führte zu Unbekanntem, zu Faszinierendem und, wenn auch nur kurz, zu einem Land, das es nicht mehr gibt.

Wir machten uns mit zwei Autos auf den Weg nach Berlin.

Sofies „Ente" und mein BMW hatte leider das Los getroffen und man hatte uns als Fahrer auserkoren.

Mein Auto stank nach kurzer Zeit stark nach Bier, da es meinen Mitfahrern schon direkt nach der Abfahrt unbedingt und ohne Aufschub nach Gerstensaft gelüstete und die Begeisterung Bierdosen zischen ließ.

Der Geruch im Wagen störte meine Passagiere, Mr. C., Sonja und Erwin, allerdings nicht im Geringsten.

Wir flogen über die Autobahn Berlin entgegen.

150 PS ließen 200 km/h schnell zum Normalzustand werden.

Die Ente folgte uns in größerem Abstand.

Die Geschwindigkeit der Reise wurde dann aber an der DDR-Grenze relativiert.

Eine Erfahrung, wegen der ich bald nach der Berlin-Tour, meine Protz-karre verkaufte.

Die Grenzkontrolle war akribisch und humorlos.

Mit einem etwas mulmigen Gefühl schlichen wir zusammen durch die DDR.

Warum eigentlich? Kaum hatten wir unsere BRD-Komfortzone verlassen, reduzierte sich nicht nur Geschwindigkeit, sondern auch Aufmüpfigkeit und Mut.

Als wir endlich die Avus erreichten, endlich auf dem Ku'damm standen, stellte ich ein kollektives Aufatmen fest.

Wir trafen uns mit den Ente-Fahrern Günther, Paula Sofie und Tommel.

43

Es lief ab, wie es voraus-zu-sehen gewesen war: chaotisch wie immer. Günther wollte sich noch mit den Leuten treffen, bei denen er vor-hatte zu übernachten,
Mr. C. war müde und nervte, da er weiterwollte.
Günther rannte mit Bier auf dem Ku'damm umher und wirkte hektisch, da er seine Berliner Kumpels anscheinend nicht erreichen konnte.
Mir fielen fast die Augen zu.
Kurz vor Mitternacht, ich hatte mich auf eine Bank gesetzt und schaute dem Schauspiel zu, sprach Mr. C. ein Machtwort. Er wollte weiter. Gut so, das war ganz in meinem Sinn.
Trotzdem entstand wieder eine längere Diskussion. Aber die Fragen reduzierten sich schlussendlich auf: Wer fährt mit?
Paula, Sonja, Erwin, Mr. C. und ich fuhren weiter zu Renate.
Wir hatten allerdings keine Ahnung, wo das genau war, wo sich die Heidelberger Straße befand.
Stadtpläne wurden bemüht und ich wurde von Mr. C. in die Gegend gelotst
Nach langem Suchen parkte ich das Auto auf einem freien Parkplatz unter Bäumen und wir liefen zur Heidelberger Straße.
Wir waren total überrascht, als wir sie gefunden hatten. Die Straße war eine enge, schmale Gasse und keine richtige Straße mit Autoverkehr. Sie war eigentlich eher für Fußgänger geeignet.
Links befand sich die Mauer (ja, genau *die* Mauer), die grau und bedrohlich diesen schmalen Weg unwirklich erscheinen ließ. Rechts stand eine heruntergekommene Häuserfront, die sich der Mauerfarbe anpasste. Aus einer Eckkneipe drang Musik hinaus und versickerte im Grau. Wir suchten Namensschilder an Haustüren entlang der Gasse ab, bis wir an der richtigen Nummer klingeln konnten und uns schnell geöffnet wurde.
Renate grinste. Sie stand an der Tür im zweiten Stock, ihr Freund saß mit drei anderen Punks im ersten Zimmer links. Ein kurzes Kopfnicken nach flüchtigem Aufblicken reichte zur Kenntnisnahme unserer Ankunft. Mehr interessierten wir die Punks nicht
Sonja saß müde im Sessel und zog gelegentlich an dem Joint, den Renate zum Willkommen gedreht hatte.
David Bowie intonierte China Girl auf einer sich ständig drehenden

schwarzen Vinyl-LP.

Mr. C., Tommel und ich hatten Renate im Jahr zuvor auf Koh Samui kennengelernt.

Wir erzählten und tranken Bier, während Sonja eingeschlafen war.

Das Telefon klingelte.

Unsere Freunde von der Ente hatten ihre Bekannten nicht getroffen.

„Wo seid ihr?", fragte Günther.

„Irgendwo an der Mauer, direkt an der Mauer", antwortete Mr. C., der am nächsten zum Telefon saß. Dann legte er auf.

Irgendwann tauchte die C2-Besatzung doch auf. Ich habe keine Ahnung mehr, wie ihnen das gelang, das scheint mir im Lauf der Zeit entfallen zu sein.

Wir rauchten noch immer und der Himmel über Berlin begann schon heller zu werden, als wir schlafen gingen.

Doppelbetten wurden von drei oder vier Leuten okkupiert.

Renates Freund und die drei Punks hörte man immer noch vorne im ersten Raum. Sie spielten Karten und tranken Bier.

Warum noch schlafen? Heute Abend würde er spielen!

David Bowie...

Die unbekannte Band New Model Army sollte als Vorgruppe agieren.

Musik von Bowie lief nun ununterbrochen.

Renate legte sich neben mich auf das Bett, während ihr Freund mit seinen Kumpels im Nebenzimmer Bier trank.

Ich stand auf und rauche mit Mr. C., der noch immer im Wohnzimmer saß und sich nicht wegbewegt hatte, als Inkarnation des sitzenden Buddhas in Neukölln.

Dann ging ich in das andere Schlafzimmer und legte mich dort ins Bett. Space Oddity dröhnte durch die Wohnung,

„Punk forever" las ich als Erstes an der Wand, als ich am Morgen aufwachte.

Ich konnte mit Punk nicht viel anfangen. Die Leute waren mir irgendwie zu destruktiv und auch komplett null zukunftsorientiert.

Aber auf der anderen Seite waren sie immer noch besser als ihre Gegenspieler, die Popper, die liebsten Träume aller Schwiegermütter.

Ich selbst hing lieber weiterhin den Ideen und Träumen der Hippies hinterher.

Toleranz und Friede und bessere Musik waren Gründe dafür.

Ich trank in der Küche Kaffee mit den Punks, mit Erwin und Mr. C., die beide gar nicht geschlafen hatten. Erwin zeigte mir zum ersten Mal, was wir von unserem schmalen Balkon aus sehen konnten.

Er stand nur da mit einer Tasse in der Hand und grinste.

„Schau mal."

Der Blick auf den Todesstreifen, auf die Vopos und den Stacheldrahtzaun war gewöhnungsbedürftig.

Mitten in Berlin schaute ich plötzlich auf eine komplett andere Welt, auf ein ganz anderes Land. Allein dieser Anblick deprimierte. Gab es auf der Welt etwas, das wahnsinniger oder verrückter war als diese geteilte Stadt, in der die zwei großen unterschiedlichen Machtblöcke der Erde von einer Mauer getrennt waren?

Waren Freiheit und Knechtschaft irgendwo sonst so eng beieinander? Die beiden Koreas fielen mir noch ein, aber da verlief diese Grenze nicht durch eine Millionenmetropole.

Ich versuchte, die Gedanken dieser Menschen zu erahnen, die hinter dem Stacheldraht und den Minen mit ihren Gewehren und Hunden entlang-patrouillierten. Ich konnte es nicht.

Es überstieg meine Vorstellungskraft.

Ich hatte mich noch nie so intensiv damit beschäftigt, obwohl es doch im Fernsehen und in den Zeitungen allgegenwärtig war. Aber da zu sein, auf den Todesstreifen zu sehen und hier zu wohnen, war dann doch etwas ganz anderes.

Tommel, Mr. C. und ich machten einen ersten Morgenspaziergang durch Neukölln und Kreuzberg.

Überall fanden wir Asia-Läden, die wir bei uns zuhause so sehr vermissten. Mekhong Whisky und Thai-Essen gab es hier an jeder Straßenecke.

Staunend realisierten wir, dass man mehr oder weniger offen Drogen kaufen konnte. Ein buntes Gemisch aus Individuen war in den Cafés, Kneipen und Geschäften unterwegs.

Ein bisschen konnte es fast an einen Straßenmarkt in Asien erinnern, zumal auch hier gerade eine warme Sonne die Szenerie ins rechte Licht rückte.

Allerdings war es überall recht dreckig und schmuddelig und die Stimmung nicht annähernd so natürlich und heiter, um es wirklich mit Asiens Märkten vergleichen zu können.

Es schien mir, als würde das Thema Drogen alles andere
überschatten.

Wir tranken ein Bier und kauften eine Flasche Mekhong-Whisky, um
sie Renate mitzubringen. Wir waren beeindruckt von der Großstadt
Berlin und konnten gar nicht alle Eindrücke aufnehmen, die in dieser
kurzen Zeit auf den Straßen auf uns einprasselten.

Zurück bei Renate gammelten wir ein paar Stunden in der Wohnung,
bevor wir uns bereit machten für das Konzert am Abend.

Wir winkten den Vopos zu. Fast standen wir schon in der DDR, der
Balkon hätte grob geschätzt nur zwei Meter länger sein müssen.

Erwin rauchte und grinste hinunter. Er konnte seinen Blick nicht von
der DDR abwenden, während Tommel in einem Anfall von
Wahnsinn Annie Lennox auflegte, die aber erst am folgenden Tag am
Reichstag spielen würde.

Mr C. wies ihn sofort in die Schranken und wir hörten Bowies
Heroes.

Einer der Punks pinkelte in der Küche ins Spülbecken. Renate
quittierte es mit Schulterzucken.

Wir liefen alle zusammen zur U-Bahn und fuhren zum
Konzertgelände am Reichstag.

New Model Army war besser, als wir es von dieser unbekannten
Band erwarten hatten. Dann aber wurde die Spannung greifbar. Alle
warteten nur auf den einen, auf ihn.

Die Spider-Tour begann mit Rauch und Farben und als er China Girl
sang, hatten Mr. C. und ich uns bis in die vordersten Reihen
vorgearbeitet.

Dann verschwand Bowie nach Absolute Beginners zwischen
Feuerwerk und Lichtermeer in den Armen der Spinne, um kurz
darauf über dem Reichstag wieder aufzutauchen und auf Deutsch
einen Gruß zu den Freunden in Ost-Berlin, die zu hunderten Unter
den Linden standen, hinüberzurufen, die diese Ansprache zum Start
von Unruhen verstanden. Dazu sang er dann den Song, auf den wir
alle gewartet hatten.

Heroes, Helden.

Überall am Reichstag brachen Begeisterung und Glückseligkeit aus,
während sich Unter den Linden in Ost-Berlin Frust entlud. Wir aber

schauten nach oben und hörten begeistert Bowie singen, Wir standen inmitten der tanzenden und kreischenden Menschenmasse und bekamen von alldem, was auf der anderen Seite des Eisernen Vorhangs geschah, nichts mit.

Alle hatten alle anderen unserer Gruppe am Reichstag in der Masse verloren, im Jubel, in der Begeisterung und in der Fixierung auf Bowie.

Mr. C. und ich fuhren danach mit verschiedenen U-Bahnen und ohne Tickets zum Moabit-Gefängnis, vor dem wir einmal plötzlich standen, und über den Bahnhof Zoo nach Hause. Kontrolliert wurde niemals. Wir waren die Helden.

Die restliche Nacht hörten wir Bowie.

Wann hatte ich das letzte Mal richtig geschlafen?

Die Frage verlor sich schnell in der Morgenröte.

Erwin fand es nun cool, die Vopos am Morgen mit Songs der Eurythmics zu beschallen, während er wie fast immer rauchend mit seiner Tasse auf dem Balkon stand.

Wir tranken Kaffee mit Bier. Das Zimmer war voller Rauch.

Danach brachen wir auf, um nach Ost-Berlin zu fahren.

Am Check Point wurden unsere Pässe überprüft und wir zahlten unser Besuchergeld.

Im Osten waren wir dann plötzlich im seltsamsten Staat, den ich je besucht hatte.

Hier spürte ich etwas imaginäres Lauerndes, Angsteinflößendes, etwas das wie ein Tier zwischen den maroden Häuserzeilen kauerte und alles mit einem unguten Gefühl im Rücken überzog. Ich fühlte mich unter ständiger Beobachtung, als wir durch diese Gegend liefen, die wie die fehlenden Farben hart, grau und kalt auf mich wirkte, trotz objektiv warmer Junitemperaturen.

Überall sahen wir Polizei.

Bowie hatte gestern Abend alle in Alarmbereitschaft gesetzt. Der Zugang zu „Unter den Linden" wurde uns verwehrt. Wir wurden kompromisslos abgefangen und weitergeleitet.

Böse Blicke trafen uns und verfolgten jeden unserer Schritte.

Dieser Staat erschien mir so gruselig wie unwirklich. Ich dachte an die grauen Männer in Michael Endes Momo, die mir sofort in den Sinn kamen.

Wir liefen zum Café Moskau auf dem großen Platz und wechselten Geld bei der Garderobiere. Wessis wurden bevorzugt behandelt. Wir bekamen sofort einen Tisch, aßen Kaninchen und tranken Krim-Sekt. Wir waren hier die Könige, allein wegen unseres Westgeldes, anders als unsere Landsleute in Unfreiheit, deren Gedanken und Blicke ich im Café Moskau gar nicht lesen wollte, trotzdem aber schon verstanden hatte.

Alles wäre nur schrecklich gewesen, hätte ich hier nicht alles ausgeblendet und mich einfach nur auf Spaß programmiert. So ganz gelang es mir aber dann doch nicht, dazu war ich einfach zu nah an dem, das jedem ins Gesicht springen musste.

Die Welt war ungerecht, aber wir waren auf der glücklicheren Seite. Es war nicht unser Verdienst, aber auch nicht unsere Schuld.

Das Günther sagte: „Olga, jetzt kommt alles raus!", als Paula die innerdeutsche Kontrolle zurück in die Freiheit passieren wollte, dass sie deswegen ewig lange festgehalten wurde, daran war möglicherweise auch ich etwas schuld, aber das ist eine andere Geschichte

Am Abend fuhren wir wieder auf das Reichstagsgelände und Annie sang im roten BH. Ich war zusammen mit Mr. C. wieder ganz vorne an der Bühne und erlebte nach einem grandiosen Konzert Panik und Todesangst, als meine Füße den Boden nicht mehr berührten. Die Masse strömte durch einen viel zu engen Ausgang zwischen Bühne und Dixi-Toiletten nach draußen. Nur nicht fallen, sonst würde man in der Menge zertrampelt.

Wir fuhren wieder zum Bahnhof Zoo und gingen in die Diskothek Sounds. Christiane F. wurde lebendig und Bowie sang dazu, die U-Bahn rauschte an geschlossenen, vernagelten, toten Ost-Berlin Haltestellen vorbei. Alles war anders, alles war so sonderbar wie auf keiner anderen Reise danach auf diesem Planeten. In Deutschland hatte ich das absolute Gruselgefühlserlebnis.

Berlin, Berlin, wir fuhren nach Berlin.

Menam Queen

Nordthailand, Januar 1988

Aus einer Idee wurde ein Plan, aus dem Plan eine Umsetzung und aus der Umsetzung ein Abenteuer

Ich hatte diese Idee schon lange im Kopf. Etwas vage und diffus zwar, aber doch intensiv in den Gedanken verankert. Als ich meinem Freund Tommel davon erzählte, an einem kalten Februar Abend bei mir zuhause, konnte ich an seinen Augen bereits sehen, dass ich einen Mitstreiter gefunden hatte. Und das, bevor er überhaupt ein Wort gesagt hatte.

Die Idee war von Chiang Mai, im Norden Thailands, mit einem Boot zunächst den Ping und später dann den Mae Nam Chao Phraya, vielleicht besser bekannt als Menam, bis zur thailändischen Hauptstadt Bangkok hinunterzufahren.

Von der Idee war es dann auch nicht mehr weit bis zur Planung, in die wir uns voller Elan stürzten.

Was bei den ersten Überlegungen als eine einfache Sache erschienen war, entpuppte sich bei näherem Hinsehen als doch schwieriger als gedacht.

Und je weiter die Planung voranschritt, umso mehr Probleme tauchten auf.

Zunächst organisierte ich Landkarten. Was in Zeiten von Internet und Google Maps nur ein paar Klicks auf dem Smartphone ist, war in den 1980er Jahren noch ein ganz anderes Problem. Bei einer Spezial Buch- und Kartenhandlung wurde ich fündig und wir konnten uns, nach dem die detaillierten Landkarten vom Ping bis hin zu seiner Einmündung in den Mae Nam Chao Phraya in meinem Besitz waren, darin an manchen Abenden vertiefen.

Dazu konnte ich ein Buch des französischen Autors A. Clarac erwerben, der diese Gegend, auch ohne Bilder sehr gut beschrieb. Ein normaler Reiseführer wäre nutzlos gewesen, da die Gegend, die wir durchfahren wollten, nicht unbedingt eine touristische Hauptstraße war. Eher das Gegenteil war der Fall.

Das nächste Problem war größer. Nicht nur aufgrund seiner Ausmaße, nein, auch in Bezug auf seine Beschaffung und seines Transports. Ich meine das Boot.

Wir hatten uns nach langen Diskussionen für ein Schlauchboot mit Außenborder entschieden. Es sollte einigermaßen preiswert und hochwertig sein. Aufgrund der Vorgabe preisgünstig durfte es nur ein gebrauchtes, und aufgrund der zweiten Vorgabe hochwertig musste es ein Zodiac sein.

Diese Aufgabe sollte uns etliche Monate beschäftigen, bis wir zu unserer Zufriedenheit fündig wurden und eine Probefahrt auf dem Altrhein bei Lampertheim unternehmen konnten.

Nachdem das Boot in unseren Besitz gelangt war, standen wir vor der nächsten Herkulesaufgabe. Das Boot musste nach Thailand.

Über einen Bekannten von Tommel organisierten wir uns eine prächtige, äußerst stabile und deshalb auch schwere Holzkiste in die das Boot und der Außenborder, sowie noch einiges an Ausrüstung, gepackt wurden.

Eine Spedition brachte die Kiste dann per Containerschiff nach Khlong Toei, dem Hafen von Bangkok. Dies war der einfachste Teil des Transports.

Dort aber musste die Kiste abgeholt und durch den Zoll gebracht werden.

Dieses Problem lösten wir mithilfe meines Freundes Bunjang, dem thailändischen Koch im ersten und einzigen Thai Restaurant unserer Stadt.

Bunjang kam, bevor er seine Tätigkeit als Koch in Deutschland annahm, aus Thonburi. Dort besuchte ich ihn zwei Jahre später, nachdem das erste und einzige Thairestaurant unserer Stadt Geschichte, und er nach Hause zurückgekehrt war. Bunjang lebte mit seinen Eltern an einem Khlong, in dem wir uns auch, in Ermanglung fließenden Wassers auch wuschen. Ich genoss es die Enten der Familie zu füttern und lauschte abends im schwimmenden Restaurant auf einem der größeren Flussläufen der Gegend den Geschichten seines Bruders, der als Kapitän eines Fischerbootes im Golf von Siam spannende Geschichten über Piratenangriffe erzählen konnte und mich zu einer Mitfahrt bei einer der nächsten Ausfahrten einlud. Aber das ist eine andere Geschichte.

Bunjang hatte eine Schwester, die in Bangkok arbeitete und in der Sukhumvit Road wohnte. Natürlich kannte ich die Sukhumvit Road, da ich dort auch sehr oft wohnte, wenn ich in Bangkok war.

Dass die Sukhumvit eine lange Straße ist, war mir wohlbekannt. Das diese Straße aber erst nach 107 Nebenstraßen (Sois) und mehr als zehn Kilometern das Stadtgebiet verlässt und insgesamt 488 km lang ist, da sie bis an die kambodschanischen Grenze führt war mir nicht so ganz klar. Ob sie damit wohl zu den längsten Straßen der Welt gehört?

Ich schweife wieder ab. Bunjang beauftragte also seine Schwester unsere Kiste aus dem Hafen und durch den Zoll zu bringen und sie bei sich zuhause aufzubewahren bis wir selbst, Wochen später, in Bangkok eingetroffen wären. Auch das funktionierte und unserem Abenteuer stand nichts mehr im Wege.

Wer glaubt das sich unsere Probleme mit dieser für uns sehr befriedigenden Organisation gelöst hatten, der irrt gewaltig.

Bunjangs Schwester wohnte zwar in Bangkok, wie bereits erwähnt in der Sukhumvit Road, aber in einer Soi sehr weit außerhalb.

Als wir nach einer langen, nicht enden wollenden, Fahrt Bunjangs Schwester endlich gefunden hatten, konnten wir ihre Erleichterung förmlich spüren.

Die Schwester war überglücklich, die monströse, schwere Kiste, die fast den gesamten Hof einnahm, loszuwerden. Das lag aber wirklich nicht nur an der zugegebenermaßen nicht kleinen Kiste. Aber der Hof war nicht wirklich groß. In Bangkok ist Wohnraum teuer und man leistet sich nur mit sehr viel Geld ein größeres Grundstück.

Sicher auch aus Eigennutz organisierte sie uns einen Pickup und sechs starke Männer, die mithilfe von starken Holzbohlen die Kiste auf den Pickup hievten. Erleichtert winkte sie uns nach als wir das Grundstück verließen

Mit unserer Bootskiste fuhren wir nun nach Hua Lamphong, dem Hauptbahnhof von Bangkok.

Von hier wollten wir mit dem Zug nach Chiang Mai fahren, dem eigentlichen Ausgangspunkt unserer Flussreise.

Da schon sechs Mann geholfen hatten das schwere Monstrum aufzuladen, so mussten wir auch am Bahnhof etliche Leute zusammentrommeln, um die Kiste vom Pickup zu bekommen.

Der Fahrer, nachdem er seinen Transportlohn erhalten hatte, verschwand blitzschnell im höllischen Verkehr der Hauptstadt und wir standen da mit unserer Kiste, die nun zum und in den Zug musste.

Der Zug stand bereits im Bahnhof und es hieß die letzten Meter zu überbrücken und die Kiste in den Güterwagen des Zuges zu bringen. Der Gleis oder Bahnhofsvorsteher, so genau wurde mir nicht klar, wer er war, löste das Problem mit einigen Arbeitern und einem flachen stabilen Wagen sowie den schweren Holzbohlen, die bereits beim auf und ab laden des Pickup geholfen hatten.

Die schwitzenden Männer hatten sich ihr gutes Trinkgeld danach redlich verdient und wir belegten unsere beiden gebuchten Plätze im Schlafwagen zweiter Klasse, um kurz nach Abfahrt des Zuges zu einem Feierabendbier in das Zugrestaurant aufzubrechen.

Wir beglückwünschten uns zu der bisherigen erfolgreich verlaufenen Expedition und genossen die Fahrt hinein in den Sonnenuntergang bei einem kühlen Singha Bier. Jetzt hatten wir erst einmal Ruhe und eine entspannte zwölfstündige gemütliche Bahnfahrt nach Chiang Mai vor uns.

Habe ich schon erwähnt das ich Bahnfahren liebe? Meine erste Bahnfahrt in Thailand war in den siebziger Jahren genau diese Fahrt von Bangkok nach Chiang Mai mit meinem Freund Thilo, nachdem wir Monate zuvor in Südafrika unterwegs waren.

Eigentlich wollten wir nach Peru, da der Flug aber bereits ausgebucht war, wollten wir nach Mexiko, was leider auch nicht funktionierte. Also entschieden wir uns damals kurzerhand für Thailand. Ich bin danach etliche Jahre in Thailand und im restlichen Südostasien hängen geblieben. Vorlieben für eine bestimmte Region der Erde können vom Zufall bestimmt sein. Hätte es damals mit Peru geklappt, wer weiß, vielleicht würde ich dann heute noch in Brasiliens Dschungel oder den Anden mein Unwesen treiben und hätte Asien niemals kennengelernt. Somit wäre ich auch nie in diesem Zug gesessen, der mich nun zu einem Bootstrip in den Norden Thailands bringt. Nicht wenige nennen dieses Phänomen Schicksal.

Das ständige Schaukeln und Rütteln des Zuges, der über die Gleise Richtung Norden tanzte, ließen mich einschlafen, ohne auch nur einen Gedanken an den nächsten Morgen zu vergeuden.

Dieser nächste Morgen kam mit dem Aufgang der Sonne und dem gutgelaunten Zugbegleiter, der mit köstlichen heißen Milchkaffee durch die Schlafwagen jonglierte, ohne auch nur einen Tropfen seines Kaffees zu verschütten. Den Morgen hörte ich auch mit dem Pfeifen des Zuges und sah ihn, in den großflächigen, abgeernteten Reisfeldern, die dem ehemaligen Lan Na Reich, dessen Hauptstadt Chiang Mai war, seinen Namen gaben. Das Königreich der tausend Reisfelder.

Der Zug stoppte mit einem letzten Pfeifen und Ruck im gemütlichen Sackbahnhof von Chiang Mai.

Wir hatten es nicht eilig zu unserer Kiste zu kommen und ließen zuerst alle Reisenden aussteigen. Erst dann trollten wir uns gemütlich zum Güterwagen, wo schon ein Trupp hiesiger Bahnarbeiter die Kiste entladen hatten. Mehr wollten sie aber nicht für uns tun. Auch die Aussicht auf ein großzügiges Trinkgeld ließ sie nicht von ihrem Standpunkt abrücken.

So hieß es nun selbst Hand anzulegen. Auf Hilfe konnten wir anscheinend nicht hoffen.

Das bedeutete, sich von der stabilen Kiste zu verabschieden. Wir konnten sie unmöglich durch den Bahnhof schleppen.

Wir besorgten uns zwei Gepäckwagen und packten die Kiste aus. Das sie dabei zu Bruch ging war uns egal. Sie hatte ihren Zweck erfüllt.

Schweißgebadet rollten wir dann unsere beiden vollgepackten Gepäckwagen aus dem Bahnhof. Unser nächstes Ziel war ein Gästehaus direkt am Ping.

Ein Pickup, der uns mit unserer Last befördern wollte, war nicht in Sicht.

Aber Thailand wäre nicht Thailand, wenn es da nicht eine Lösung des Problems auf völlig unerwarteter Weise geben würde.

Ein Tuk-Tuk Fahrer, der sich unsere Misere angeschaut hatte, bot an, uns zu transportieren. Ja lieber Leser du hast richtig gelesen. Ein Tuk-Tuk sollte das Boot, den großen Außenborder, unsere Rucksäcke und diverse Zubehörteile zum Gästehaus befördern. Ah ja, und dazu natürlich noch den zwar schmächtigen Fahrer, aber auch die zwei schwitzende Farang. Unmöglich?

Im Falle von zwei Tuk-Tuks hätte ich jetzt noch, zwar zweifelnd, aber die Sache gerade doch ins Reich des Möglichen verortet.

Aber wer kennt nicht die Bilder mit Waren überquellenden Mopeds, Autos und Fahrräder, die man immer wieder einmal gesehen hat. Genau das ist Asien, in diesem speziellen Fall Thailand.

Langer Rede, kurzer Sinn, Der schmächtige Fahrer entpuppt sich als ein gestählter Thaiboxer, der mit unserer Hilfe alle Utensilien zügig in sein Tuk-Tuk bugsiert. Daraufhin konnte er den beiden Farang zwar keinen Sitzplatz mehr anbieten, einen Stehplatz links und rechts neben ihm, mit Oberkörper und Kopf aus dem Gefährt herausragend, aber schon.

Besser schlecht gefahren als überhaupt nicht angekommen war jetzt die Devise und in eiligem Tempo führte unsere Fahrt vom Bahnhof zu einem schönen kleinen Gästehaus direkt am Ping River.

Der nette Fahrer half noch beim Entladen seines Überraschungs-Tuk-Tuks (wer hätte diese Leistung von dem kleinen zierlichen Dreirad erwartet), strich seinen wohlverdienten Lohn ein und machte sich dann, aus seinem blauen Gefährt winkend, davon.

Wir dagegen hatten unser nächstes Etappenziel erreicht.

Wir hatten ein Schlauchboot, einen Außenborder, Zubehör und uns selbst nach Chiang Mai gebracht und damit eine logistische Meisterleistung mit geringen Mitteln vollbracht.

Mit zwei kalten Bieren, im kleinen Restaurant am Fluss sitzend, schauten wir auf den Ping hinaus und ließen das bisher geschehene erst einmal sacken.

Wir kamen zu dem Schluss, dass wir auf unsere Leistung und auf den bisherigen Verlauf der Expedition zufrieden sein konnten.

Die Probefahrt, das Aufblasen des Bootes und alles andere verschoben wir erst einmal auf später.

Ruhig fließt der braune Fluss an uns vorbei. Breit und tief scheint er zu sein und schon so mächtig hier oben, nicht weit von seiner Quelle entfernt.

Wir freuten uns auf das weitere Abenteuer, das jetzt direkt vor uns lag. Das Abenteuer Boot von Deutschland nach Chiang Mai zu bringen hatten wir gemeistert und das war wirklich ein Abenteuer, eigentlich eine eigene Reise mit Hindernissen.

Ab jetzt würden wir dem Fluss folgen, ab jetzt hatten wir eine entspannte Bootstour vor uns und ab jetzt würde der Außenborder die Arbeit für uns machen.

Das waren unsere Gedanken und Gespräche am Fluss, im offenen Restaurant, mit dem kalten Kloster Bier in der Hand.

Am nächsten Morgen pumpten wir zunächst unser Boot auf.

Auch mit der im Zubehör befindlichen Pumpe blieb es ein schweißtreibendes Unterfangen.

Nun erst bemerkten wir unser Missgeschick. Wir hatten die Paddel vergessen einzupacken oder irgendwo verloren. Nicht das wir unbedingt paddeln wollten, aber ganz ohne Paddel wollten wir dann doch nicht starten.

Wir brauchten Benzin für unseren Motor und schnappten unseren Benzintank und den großen Reservekanister und marschierten in die Stadt.

Jetzt hatten wir nicht nur Benzin zu kaufen, irgendwie mussten wir auch Paddel besorgen.

Benzin war recht zügig organisiert und dann hatten wir Glück an einer Schreinerei vorbeizukommen.

Tommel, Zimmermann von Beruf, erhielt die Erlaubnis vom Chef der Schreinerei uns zwei kräftige Paddel zurecht zu zimmern.

Mit dem Benzin und den neuen Paddeln trabten wir nun zügig zurück zum Gästehaus am Fluss.

Dort war dann endlich der große Moment gekommen und das Boot wurde zu Wasser gelassen Wir schipperten stolz unsere ersten Meter auf dem Ping hin und her. Die Menam Queen, wie wir sie großspurig benannt hatten, mit stolzem thailändischem Wimpel am Heck, zog einige Blicke vom Flussufer auf sich.

Danach brachen wir noch einmal auf, um in der Stadt Wasser und Nahrungsmittel einzukaufen.

Wir kauften nicht allzu viel Essen ein, da wir Angst hatten das es bei der herrschenden Hitze verderben könnte. Außerdem lagen zumindest am ersten und zweiten Tag noch kleine Dörfer am Ufer, wie uns die Karte anzeigte.

Dem Start unserer Flussfahrt stand nun nichts mehr im Wege und wir legten den Start auf den folgenden Morgen 7 Uhr fest.

Die letzte Nacht im Gästehaus schlief ich unruhig.

Was würde uns in den nächsten Tagen erwarten. Vor uns lag bald eine lange Strecke Wildnis ohne Dörfer am Ufer, da wir einen langen Stausee, der von einem Nationalpark umgeben war, durchqueren mussten. Erst an der Staumauer war wieder auf zivilisatorische Einrichtungen wie Shops und Restaurants zu hoffen.

Voller Tatendrang und bester Laune begann der nächste Tag. Es war noch angenehm kühl, als wir kurz nach sieben Uhr unsere Fahrt begannen.

Tommel saß an der Pinne und bediente den Außenborder, während ich am Bug meine Augen auf den Flussverlauf gerichtet hatte.

Die Sonne schien vom blauen Himmel und alles war perfekt.

Zumindest die ersten zwei Kilometer in etwa, also so lange bis diese Staustufe quer durch den Fluss auftauchte.

Damit hatten wir nicht gerechnet.

Aber wir nahmen es gelassen. „Mai pen arai" sagt man in Thailand mit einem Schulterzucken und erledigt seine Arbeit.

Für uns hieß das den Inhalt des Bootes, den schweren Außenborder und schließlich das schwere Boot selbst über die Steine des Stauwehrs zu tragen, auf der anderen Seite alles wieder zusammen zu setzen, einzupacken und weiterzufahren. Anstrengend, schweißtreibend, aber machbar.

Wir waren gerade wieder richtig im Fluss (welch passendes Wortspiel), als meine scharfen Augen das nächste Hindernis erblickten.

Wiederum eine Staustufe.

Diesmal stand die Sonne schon höher am Himmel, das ganze Prozedere kostete diesmal bedeutend mehr Schweiß und ging auch nicht mehr ganz so zügig vonstatten wie beim ersten Mal.

Nachdem wir nach getaner Arbeit noch eine kleine Pause zum Durchatmen eingelegt hatten, ging es weiter.

Wieder teilte unser Flussschiff das Wasser vorm Bug, wieder schien die Sonne auf das glitzernde Wasser um uns herum, wieder machten wir gute Fahrt und wieder tauchte ein Stauwehr auf.

So langsam ging es uns auf die Nerven.

Wir schleppten ein weiteres Mal unseren Krempel über die Steine.

Dieses Mal fluchten wir beim Schwitzen, dieses Mal ging es an die Kraft und an die Nerven.

Eine längere Pause mit großem Durst folgte, dann stachen wir wieder in See (oder müsste es in den Fluss heißen?)

Das Drama erreichte nach wenigen Kilometern seinen vorläufigen Höhepunkt.

Die nächste Staustufe und dahinter ein schmales Rinnsal. Wo war der Fluss geblieben?

Ja wo fließt er denn? Das kleine Bächlein kann doch nicht der ehemals breite tiefe Ping Fluss sein?

Die Erleuchtung kam sogleich. Wir hatten nur durch das Aufstauen des Flusses im Stadtgebiet und näheren Umland genug Wasser unter dem Kiel gehabt.

Prima, war damit die Expedition gescheitert?

So schnell gebe ich aber noch nicht auf. Auf dem Wasser ging es jetzt nicht weiter. Aber ich überlegte eine Alternative.

Tommel sollte beim Boot bleiben, während ich mich auf den Weg machte, um einen fahrbaren Untersatz für Männer und Boot aufzutreiben.

Irgendwie musste es weitergehen.

Widerstände und Probleme sind da, um gelöst zu werden, dachte ich mir, als ich auf der staubigen Straße entlanglief.

Ich war etwa zwanzig Minuten gelaufen als ich einen holzverarbeitenden Betrieb erreichte.

Höflich begrüßte ich die Anwesenden und machte ihnen mit meinem recht einfachen Thai mein Begehr begreiflich. Die Begeisterung der Herren hielt sich zunächst in Grenzen. Als ich dann einen Betrag zum Gegenwert von stolzen vierzig DM auslobte für eine Tour mit uns und unserem Equipment bis zur letzten Brücke über den Ping, wurde, zwar zögerlich, aber doch zugestimmt.

Frohen Mutes und bester Laune fuhren ein Fahrer und ich in einem roten Pickup zu Tommel und unserem Boot zurück.

Wir schleppten unsere Ausrüstung das Ufer empor und luden es auf den Pickup, eine Aktion die kräfteraubende und schweißtreibende vierzig Minuten in Anspruch nahm.

Man kann sich vorstellen, dass die Umtragungen der Stauwehre schon etliches an Kraft und Schweiß gekostet hatten.

Jetzt noch das Ufer hochzuklettern, über große Steine zu kommen und dabei schwere Last zu schleppen machte es nicht besser.

Aber auch diese Tortour erledigten wir im Stile großer Entdecker.

Ich setzte mich zu unserem Fahrer ins Führerhaus und riet auch
Tommel, als ich sah, wie er es sich auf der offenen Ladefläche des
Pickups gemütlich machte, er solle sich besser zu uns ins Führerhaus
gesellen, da er sich aufgrund schädlicher Einwirkung von
Sonnenstrahlen auf empfindliche europäische Haut möglicherweise
eine zu starke Rötung seines Körpers zuziehen könnte
Tommel schaute mich aber nur verwundert an, zog auch noch sein
Shirt aus, unter dem seine weiße Winterhaut aus dem kalten
Deutschland zum Vorschein kam, und sagte lapidar:" Ich bin
Zimmermann. Mir macht das nichts aus."
Damit war alles gesagt. Ich hatte auch keine Lust zu diskutieren und
wir machten uns auf den Weg.
Unterwegs bekam ich von unserem Fahrer die Information das die
letzte Regenzeit nicht sehr regenreich gewesen wäre und deshalb der
Fluss und auch der Stausee weniger Wasser führen würden als sonst.
Aber ab welcher Stelle wir tieferes Wasser erreichen würden, wusste
er nicht. Kann aber nicht mehr weit sein waren seine Vertröstungen,
die er wahrscheinlich einfach nur so daher sagte aufgrund des
fürstlichen Gehalts für die 50 km lange Strecke bis zur letzten Brücke.
Sehr zügig erreichten wir diese letzte Brücke der Zivilisation.
Das Boot wurde von uns abgeladen und zu Wasser gebracht und mit
unserem Gepäck und der Ausrüstung beladen.
Unser Fahrer hatte sich derweilen schon längst wieder auf den
Rückweg gemacht.
Das Wasser des Flusses floss hier in einem stark mäandernden
Verlauf in einem Bruchteil der Fläche des bei Hochwasser genutzten
Flussbettes dahin.
Um das Boot nicht tragen zu müssen, mussten wir in den langen
Schleifen der Mäander folgen.
Diese Kurven und Schleifen brachten uns natürlich nur langsam
voran, zumal sich der Sonnenbrand, den sich Tommel auf der Fahrt
mit freiem Oberkörper geholt hatte, schon langsam bemerkbar
machte.
In der Fahrrinne des Flusses hatten wir nur wenige Zentimeter
Wasser unter dem Kiel und ein Anlassen des Motors war damit
unmöglich.
Trotzdem kamen wir mit unseren Paddeln, zwar langsam, aber doch

stetig, unter Tommels Wehklagen voran.

Hinter jeder neuen Biegung des Flusses erhofften wir uns tieferes Wasser, bei jeder tieferen Wegstrecke glaubten wir nun endlich den Motor starten zu können. Immer wurden wir nach kürzester Wegstrecke wieder enttäuscht.

Wir paddelten und die Sonne brannte auf das schattenlose breite und steinige Flussbett, in dessen verbliebener Fahrrinne wir uns voran kämpften. Manchmal mussten wir auch das Boot verlassen. Wir zogen es und schoben es, wobei das Boot dabei immer noch leicht über den Flusskies scheuerte.

Schon hier bemerkten wir immer öfters Schlangen, die schwimmend den Wasserlauf kreuzten.

Die Schlangen konnten wir in kleinere, größere, grüne und braune, unterteilen.

Wir nahmen dieses Detail unserer Tour eigentlich nur am Rande zur Kenntnis, da wir durch das Paddeln zu angestrengt waren, um uns über schwimmende Schlangen irgendwelche Gedanken zu machen, solange sie nicht ins Boot kamen.

Selbst wenn wir außerhalb des Bootes waren, beim Ziehen und Schieben, schwammen sie einfach vorbei, ohne dass es bei uns oder ihnen eine größere Reaktion ausgelöst hätte. Im Nachhinein muss ich mich fragen, warum das so war. Waren wir zu müde, zu angestrengt, zu lethargisch oder was war da los? Ich kann es mir eigentlich bis heute nicht erklären.

Zudem schien die sengende Sonne am zwischenzeitlichen Nachmittagshimmel unser Gehirn immer mehr in Mitleidenschaft zu ziehen. Die Gedanken reduzierten sich hauptsächlich auf das Paddeln und das Hoffen auf den tieferen Fluss hinter der nächsten Biegung.

Wäre ich entspannt auf einem Ausflugsboot bei einem kühlen Getränk durch diese Natur gefahren worden, hätten mich die Unmengen an Vögeln in den Galeriewäldern und auf den steinigen Flächen im Fluss sehr zu begeistern gewusst. In unserem Fall nahm ich sie einfach gottgegeben zu Kenntnis.

Die Zeit kam, in der langsam die Sonne von den Bäumen am Ufer verdeckt wurde.

Ihre Farbe änderte sich ins rötliche und wir mussten daran denken uns bald einen Lagerplatz für die Nacht zu suchen.

Hinter einer der nächsten Flussbiegungen entdeckten wir einen scheinbar ausgetretenen Pfad, der das Steilufer hinaufführte und im Dickicht des üppigen Waldes verschwand.

Hier konnte möglicherweise ein Dorf im Hinterland liegen. Unsere Karten, das hatten wir schon bemerkt, waren uns hier nicht mehr von Nutzen, da wir nicht bestimmen konnten, wo genau wir uns befanden.

Wir landeten unser Boot unterhalb des steilen Ufers an und machten es mit unserem Seil an einem großen umgestürzten Baum fest.

Unser Nachtlager wollten wir oberhalb unseres Ankerplatzes aufschlagen. Von dort waren wir schnell am Boot und konnten auch die gesamte Umgebung gut überblicken.

Wir beschlossen das Tommel beim Boot blieb und sich um ein Feuer kümmern sollte, während ich dem Pfad in den Busch folgen wollte, um in einem möglichen Dorf etwas Nahrung für uns zu erwerben.

Diese Aufteilung unserer Aufgaben war alternativlos, da nur ich mich in der Landessprache verständigen konnte und hier in der Wildnis nicht mit Englisch Kenntnissen der Einheimischen zu rechnen war.

Also marschierte ich los ins Unbekannte. Ich musste mich beeilen da in den Tropen die Nacht schnell und ohne lange Dämmerung hereinbrach und die Sonne schon sehr tief stand.

Es war schon ein beunruhigendes Gefühl, einem schmalen Pfad folgend, durch Gestrüpp und Dschungel, in unbekanntem Terrain auf die untergehende Sonne zuzulaufen und nicht zu wissen was mich erwartete.

Da ich keine Uhr hatte, wusste ich auch nicht wie lange ich schon gelaufen war, als ich endlich bei ein paar Hütten ankam, von denen ich staunend und wachsam beobachtet wurde. Eine ältere Frau fragte ich nach einem Restaurant. Ihrem verwunderten Blick entnahm ich das es eine solche Einrichtung an diesem Ort wohl nicht gab. Wie blöd von mir, ging es mir durch den Kopf. Aber das Wort für Restaurant war mir als erstes in den Kopf gekommen.

Der zweite Versuch brachte mehr Erfolg und man zeigte mir den kleinen Dorfladen.

Die Auswahl war zwar nicht üppig, aber ich konnte eine größere

Menge an Nüssen, Chips und anderen Knabbereien kaufen. Dazu noch Wasser in Plastikflaschen und als Krönung des Einkaufs kaltes Singha Bier in großen Flaschen. Das alles verpackte ich in zwei großen, stabilen Papier Tüten und machte mich, unter den Blicken der inzwischen beim Dorfladen versammelten Dorfbevölkerung, auf den Rückweg.

Es wurde dunkel und mir folgte in einem kleinen Abstand die komplette männliche Dorfjugend. Ohne mit mir zu sprechen oder mich nicht aus den Augen zu lassen zogen wir nun zurück zu unserem Lagerplatz während Bäume zu Scherenschnitten mutierten und der Himmel sein Blau immer deutlicher in ein farbenfrohes Schwarz eintauschte.

Immer mehr machten sich nun unsere logistischen Fehlplanungen bemerkbar, die wir bislang nicht wirklich bedacht hatten.

Nur eine Taschenlampe ist in solch einer Gegend einfach zu wenig. Und dass sie bei Tommel im Lager geblieben war, machte es mir nicht einfacher.

Diesen Umstand müssen wir uns ebenso ankreiden wie das Weglassen einer Kochausrüstung, um zumindest die einfachen Instand Thaisuppen oder Kaffee machen zu können. Dass es keine besseren Karten von der Gegend gab, bzw. keine besseren zu finden waren, dafür konnten wir dagegen nichts. Zumal bessere oder andere Karten das Problem auch nicht gelöst hätten, da wir ja nicht wussten, wo genau wir uns befanden.

Die Bäume und das Gebüsch verschluckten nun das Licht fast vollständig und ich kam nur langsam voran. Meine Begleiter Truppe hinter mir war mir keine Hilfe. Im Gegenteil, sie nervten nur und machten mich etwas unsicher.

Endlich sah ich ein Licht vor mir.

Tommel hatte das Feuer angezündet.

Erleichtert und verschwitzt kam ich am Lagerplatz an.

Tommel hatte ganze Arbeit geleistet und etliches Holz gesammelt und aufgetürmt. Er hatte ganz vorne am Steilhang das Lagerfeuer entzündet, so dass auch das unter uns liegende Boot vom Feuerschein beleuchtete wurde.

Feuer machen ist eine Spezialität von Tommel. Da macht ihm so leicht keiner etwas vor.

Seinem erstaunten Blick entnahm ich, dass er über meine
Begleitmannschaft ebenso überrascht war, wie ich schon genervt.
Die Dorfjugend hatte nun nichts anderes zu tun, als mehrere Meter
hinter uns ebenfalls ein Feuer zu entfachen und uns zu beobachten
und zu schwatzen. Kontakt zu uns persönlich wollten sie nicht.
Wahrscheinlich waren wir so etwas für sie wie ein gemütlicher
Theaterabend bei uns zuhause. Titel der Vorführung Weiße Aliens
sind gestrandet oder so in etwa.
Wir machten uns erst einmal über meine Einkäufe her. Nüsse Chips
und Wasser füllten uns den Magen und zur Krönung des festlichen
Mahls wurde, das inzwischen nicht mehr kalte Bier kredenzt.
Welch ein Luxus.
Leider konnten wir das Ganze nicht so wirklich genießen. Uns
machte die Dorfjugend doch etwas Sorge. Zumal dort am anderen
Lagerfeuer immer mehr Stimmung aufkam und es lauter wurde.
Hier konnten wir uns unmöglich zur Ruhe legen. Ein Zelt hatten wir
auch nicht, nur unsere Schlafsäcke waren dabei.
Nachdem wir in aller Ruhe unser Bier getrunken hatten, war der
Beschluss gefasst unsere nicht vorhandenen Zelte hier abzubrechen
(schade um das gesammelte Holz und das schöne Feuer) und mit
dem Boot flussabwärts zu paddeln um dort, fern der Dorfjugend,
entweder im Boot oder auf einer Kiesbank im Fluss zu schlafen.
Wir packten alles, was wir bereits an Land hatten, schnell ins Boot
und verschwanden in der Nacht.
Der Mond war aufgegangen und die goldenen Sternlein prangten,
wie Matthias Claudius getextet hat.
So glitten wir bei angenehmen Temperaturen knapp unter dreißig
Grad und einem schönen silbernen Licht auf dem Fluss dahin.
Das Feuer am Ufer verschwand und auch das Gerede der Dorfjugend
verstummte mit größer werdender Entfernung zu unserer ehemals
angedachten Lagerstätte.
Als wir das Gefühl hatten uns weit genug entfernt zu haben, liefen
wir eine Kiesbank im Fluss an und zogen unser Boot hinauf. Dann
bastelten wir uns einen einigermaßen bequemen Liegeplatz und
rollten unsere Schlafsäcke aus.
Nun konnten wir schweigend den Geräuschen des Flusses und der
Wildnis lauschen, während wir langsam in den Schlaf glitten.

Ich habe viele Reisen unternommen. Aber selten habe ich es erlebt das ein Gestern und ein Morgen je so abstinent war wie an diesem Morgen.

Die Sonne ging noch nicht einmal auf als wir erwachten.

Der Fluss lag im grauen Nebel des frühen Tages.

Die Kiesel unter uns waren spürbar.

Erwachende Vogelstimmen hörten wir überall um uns herum.

Wir selbst brauchten nicht viel zu reden und hörten die Stille der Natur

Wir packten alles ein und begannen zu Paddeln.

Nebel, den frühe Sonnenstrahlen zu durchbrechen suchten, kroch noch immer über dem Fluss, inzwischen im grau verlorenen Weiß.

Vögel flogen über den Fluss, über die Kiesbänke hinauf zu den Galeriewäldern am Ufer. Die ersten kleinen, großen, grünen und braunen Schlangen glitten durch das Wasser.

Wir schleppten unser Boot über Kiesflächen.

Wir paddelten.

Vor uns lief plötzlich eine Herde Rinder durch den Fluss.

Deprimierend, da wir dabei erkennen mussten, wie flach er war.

Wir paddelten und schleppten immer wieder das Boot über Kiesbänke.

Vor uns erstreckten sich quer über den Fluss Bambuskonstruktionen, die zum Fischfang dienten.

Wir standen im Wasser und hoben unser Boot darüber.

Es folgten gelegentlich wieder querende Rinder, dann wieder diese Fischfangkonstruktionen aus Bambus, quer über das Flussbett.

Vögel waren omnipräsent, immer wieder sahen wir Schlangen.

Gegen Mittag waren wir ausgehungert und durstig.

Wir entdeckten wieder einmal einen Weg, der in den Dschungel führte.

Irgendwo musste hier ein Dorf sein.

Ich verstand Tommels Einwände. Er wollte nicht wieder allein beim Boot zurückbleiben.

Aber er sprach kein Thai.

Deswegen lief ich wieder auf einem schmalen Pfad zu einem unbekannten Ziel.

Die Sonne stach mit heißen Sonnenstrahlen auf mich ein.

Ich hatte keine Ahnung wie lange ich lief. Ich hatte Durst.
Dann erreichte ich endlich Hütten, dann entdecke ich endlich auch
einen kleinen Laden mit Nüssen und anderen Kleinigkeiten,
Ich sprach mit einer alten Frau, um abgekochtes Wasser zu
bekommen.
Dann schleppe ich unseren Kanister mit dem Wasser und unserem
Essen zurück zum Fluss, wo wir über die Vorräte herfielen
Tommel litt noch immer unter seinen Sonnenbrand und vor uns lag
ein Fluss, der einfach nicht tiefer werden wollte.
Nach dem Essen kämpften wir uns weiter.
Wir kämpften gegen den Fluss, die Hitze, die Sonne, den Durst und
gegen das aufkommende Gefühl des Aufgebens.
Wir zogen das Boot, wir paddelten, wir schoben es über den Kies.
Weiter, immer weiter bis hinter die nächste Flussbiegung, bis es dort
vielleicht doch tiefer wird?
Wir hatten zwar nicht viel zu essen, aber wir hatten auch keinen
Hunger.
Schlangen waren jetzt überall. Wo kamen die alle her, warum waren
sie alle im Fluss?
Ein breiter Uferstreifen lud uns bei Sonnenuntergang zum Campen
ein.
Nach einem kargen Mahl schliefen wir in unseren Schlafsäcken am
Ufer bei unserem Boot.
Zu erschöpft, um an irgendetwas zu denken, zu erschöpft, um
irgendetwas zu planen.
Tiere der Nacht riefen. Ich wollte schlafen.
Der Morgen erschien wieder wunderschön im Nebel des Flusses.
Wir konnten aber trotzdem nicht mehr.
Wir paddelten weiter und der Fluss wollte nicht tiefer werden.
Es wurde Mittag
Wir konnten jetzt wirklich nicht mehr.
Der Fluss hatte uns besiegt.
Der Fluss konnte mich mal.
Wir redeten und ich akzeptiere das Tommel definitiv nicht
weiterwollte.
Wir würden uns jetzt, unserer Schätzung nach, auch immer weiter
von der jetzt schon weit entfernten Zivilisation entfernen. Die Chance

auf Dörfer zu treffen, würde mit jedem weiteren Schritt, mit jedem weiteren Paddel Schlag sinken.

Wir nahmen unsere wichtigsten Dinge in unsere Rucksäcke und liefen los nach Osten.

Das Boot, den Motor, das Benzin, alles ließen wir hinter uns liegen.

Wir liefen durch den Dschungel und erreichten irgendwann so etwas wie ein Feldweg, Irgendwann lichtete sich der Wald und endete schließlich in Plantagen und Feldern

Wir trafen auf einen Pickup, der uns nach Lampang brachte und erreichten den Nachtzug nach Bangkok.

Im Zug nahmen wir endgültig Abschied von unserem Abenteuer.

Und Nein, es tut auch heute noch nicht weh, dass Boot mit seinem Motor irgendwo im Nirgendwo liegen gelassen zu haben.

Wir hatten uns an einem Abenteuer probiert. Wir hatten eine Idee und haben sie verfolgt, bis wir nicht mehr konnten.

Man kann sicherlich besser und stressfreier anders reisen.

Man kann, besser noch, man sollte, besser planen.

Aber trotz, oder gerade wegen, all der Fehler, die wir gemacht haben, haben wir diese Reise exklusiv für uns.

Eine Reise, die jeder Teilnehmer, solange wir leben, unter etwas anderen Umständen, für sich selbst zu Ende denken kann.

Wir haben vieles geplant und erreicht, aber wir sind auch gescheitert.

Ich finde aber immer noch, wir waren irgendwie auch Entdecker, die den Versuch unternommen haben, sich in unbekannte Gefilde zu begeben.

Und ich weiß auch, dass mich diese Erfahrung in vielerlei Hinsicht weitergebracht hat.

Ich habe aber niemals wieder etwas ähnliches geplant.

Impressionen aus dem südlichen Afrika

Namibia, Cape Cross Februar 2007

Nördlich von Swakopmund, bevor man in das Landesinnere Richtung Uis einbiegt, findet man, wenn man es sucht, ein kleines Naturreservat. Dieses Reservat beheimatet die weltweit größte Kolonie der südafrikanischen Seebären:

Wenn man von der Salzstraße, die entlang der Skelettküste führt, zum Cape abbog, konnte man noch nicht einmal erahnen, welch ein grandioses Spektakel auf den Besucher in wenigen Augenblicken wartete.

Vorbei an wenigen Flechten in einer scheinbar toten Landschaft stoppen wir an dem kleinen Park Office, um den Eintritt zu entrichten.

Der Weg führte danach hinauf zum Parkplatz, an dem sich das nachgebildete Padrão befindet, welches der Portugiese Diogo Cão im Jahre 1455, beim ersten Besuch eines Europäers an eben diesem Ort, dort aufstellen ließ.

Ein starker und böiger Wind wehte von einem gewaltigen Atlantik aus Südwest, der immer wieder große weiße Wellen an schroffen Felsen brechen ließ, als wolle er diese Felsen mit aller Macht erschlagen

Mit dem Wind kamen auch die Rufe und der Geruch der großen Robbenkolonie, die sich nur wenige Meter von uns entfernt erstreckte.

Man könnte diesen Geruch auch, ohne despektierlich zu klingen, Gestank nennen.

Zusammen aber mit der Wildheit des Ozeans, dem Geschrei und Rufen tausender Tiere und den Flugkünsten der Möwen über dem fischreichen Meer gehörte dieser animalische Geruch für mich einfach zu diesem einzigartigen Platz dazu, auch wenn er noch lange nach dem Besuch der Robbenkolonie in der Kleidung stecken blieb und uns begleitete.

Wie kleine, schwarze, wuselige Ameisen erschienen die in der Brandung und den Wellen schwimmenden und tauchenden Robben aus einiger Entfernung.

Direkt vor uns zeigten Robben-Bullen aber ihre wahre Größe und ließen uns ihre scharfen großen Raubtierzähne sehen.

Robben-Weibchen lagen im Sand, befanden sich gerade auf dem Weg zum Jagen im Meer oder kamen zurück zu den unzähligen Jungtieren.

Dazwischen streiften immer wieder Schakale umher und hofften auf Nachgeburten, sowie tote oder schwache, unbewachte Jungtiere.

All diese Szenen wurden eingebettet in das Wellengetose des

Atlantiks und dem ständigen Rufen der Jungtiere nach ihren Müttern und deren Antworten, das manchmal dem Geblöke einer Schafherde zu gleichen schien, die nur wenige Meter vor mir graste.
Ich konnte mich an dem Leben in der Kolonie nicht satt sehen.
Bei mehr als 10000 Tieren war es auch ein wirklich schwieriges Unterfangen. Ständig wurde meine Aufmerksamkeit auf eine andere Gruppe von Tieren in diesem Robben-Staat gelenkt.
Es war eine unglaublich intensive Erfahrung diesen Platz zu besuchen, der sich in seiner Andersartigkeit so extrem von vielen anderen Orten Namibias abhebt.
Das kalte, winddurchwehte, laute, und von mir aus auch stinkende, Cape Cross gehört für mich auf jeden Fall zu einem Namibia-Puzzle dazu, wenn man sich denn ein Gesamtbild des Landes machen möchte.
Ohren, Augen und Nase werden es bestimmt nicht mehr vergessen.

Namibia / Angola Grenze, Epupa August 2008

Im Nordwesten Namibias, wo es durch den Kunene von Angola getrennt wird, befindet sich ein Naturwunder, das ich in seiner wilden Schönheit den Victoriafällen vorziehe:
Wasser, Wasser, überall strömt Wasser über Felsen und vorbei an Baobab Bäumen.
Epupa ist nicht ein Wasserfall, Epupa sind Wasserfälle.
Überall bahnt sich der Kunene seinen Weg über die Felsen.
Da ist der mächtige, kraftvolle, wasserreiche Fall in der Enge der Schlucht.
Da sind viele schmale, hohe Fälle auf der angolanischen Seit des Flusses.
Es gibt Fälle, die mächtige Baobabs zu Inseln machen.
Epupa ist eine eigene Wasserfall Landschaft.
Auf der namibischen Seite gibt es kleine Naturpools mit reißender Strömung, deren Wasser hinunter in die Schlucht fällt, daneben aber auch kleine harmlose Wasserrinnsale, um Wäsche darin zu waschen.
Wasser ist zwischen Allem, zwischen den Baobabs, den Palmen, den Himba und mir.
Kühles, frisches Wasser macht die Luft freier von Staub und den blauen Himmel klarer.

Ein Weg führt hinauf auf einen Hügel.
Aber auch hier erfasst das Auge nicht alles auf einen Blick. Die Epupa Wasserfälle sind zu mächtig und zu zerstreut in der grünen, tropischen Landschaft, die von ihnen erschaffen wurde.
Ich steige herab vom Hügel und sehe den Regenbogen über der Schlucht. Wasserdunst ist in der Luft und es ist heiß.
Ich steige in einen der Pools zum Baden.
Die Gewalt des Wassers reist mir die Füße weg, drückt mich unter Wasser und nimmt mir die Luft zum Atmen.
Vierzig Meter unter mir befindet sich das Bett des Kunene.
Einen kurzen Moment scheint mir Epupa mein Leben zu nehmen um es mir aber dann intensiver als zuvor zurückzugeben.
Ich schaue senkrecht an Steinen hinunter und ich sehe das Wasser fallen.
Überall ist Wasser, überall ist mein Epupa.

Südafrika, Gharagab Februar 2009

Im Februar 2009 besuchten wir zum ersten Mal das "Wilderness Camp" Gharagab im südafrikanischen Teil des Kgalagadi Transfrontier Nationalparks:
Das Wasserloch liegt unter uns, umgeben mit einem natürlichen Ring aus rotem, von Hufen zerstampften, Sand.
Darum herum bilden frischen gelben Blüten des „Devil`s Thorn" und sattes Grün einen Teppich soweit das Auge schweift.
Einzelne Kameldornbäume, alt und knorrig, mit dunklem Stamm, wachsen aus diesem blühenden Teppich hervor.
Weiße Wolkentürme, segelnden Schiffen gleich, ziehen den blauen Himmel entlang, schattieren das Gelb, das Grün, das Rot und manchmal auch das Wasser im Wasserloch.
Webervögel zwitschern und Tauben gurren. Eine kleine schwarze Eidechse huscht über die Holzplanken der Veranda.
Der Schatten eines Falken zieht vorbei.
Fallenden Blättern gleich schweben kleinere Vögel aus Bäumen.
Schmetterlinge gaukeln scheinbar ziellos durch die Mittagssonne.
Es ist heiß und die Luft ist schwer.
Aus der Weite des gelb gesprenkelten grünen Teppichs erscheint eine Gruppe Oryx Antilopen.

Angezogen vom lebensnotwendigen Wasser, nähern sie sich langsam, sachte, vorsichtig, zögerlich, aber trotzdem unaufhaltsam. Jetzt darf ich mich, der Beobachter auf der Veranda, auf keinen Fall bewegen und ihre anstrengende Annäherung zunichtemachen, Sie brauchen dieses Wasser so dringend im Durstland.
Magisches Wasser im trockenen Märchenland der Kalahari.
Die Zeit steht still.
Die Wolkenschiffe ankern am Himmel.
Jeder Hauch von Wind lässt die gelben Blumentupfer atmen.
Als ich vorsichtig meinen Fuß ausstrecke, knarrt die Holzdiele.
Das einzige unpassende Geräusch in der Stille um Gharagab

Südnamibia, Lüderitz Februar 2008

An manchen Orten auf dieser Welt fragt man sich wirklich, wohin man da gekommen ist.
Und man merkt das dieser Platz irgendwie aus dem allgemeinen Rahmen fällt. Viele Fragen strömen plötzlich auf das überrumpelte Denken ein und mit jeder beantworteten Frage werden die Fragen mehr und das Erstaunen größer:
Es gibt Orte auf dieser Welt von denen man mit gutem Recht behaupten kann, dass sie am Ende der Welt liegen.
Solche Plätze scheinen sich am Ende einer Sackgasse vor dem Rest der Welt zu verstecken und von der Welt vergessen zu sein.
Manchmal liegen sie auch einfach gesagt nur zu weit abseits, um in normale Touristenrouten zu passen, oder sie bieten nicht wirklich etwas, das Touristenherz begeisterndes Spektakuläres, weswegen man eine lange Anfahrt ihretwegen in Kauf nimmt.
Aber haben nicht genau deswegen solche Plätze ihre Eigentümlichkeit bewahren können und wurden nicht von der Gleichmacherei des Tourismus überrannt?
Im Süden Afrikas liegt ein solcher Ort.
Nur eine lange schier endlose Straße, die sich durch eine staubtrockene Wüste zieht und gelegentlich vom Sand verweht wird, verbindet den kleinen Ort Lüderitz mit dem Rest Namibias.
Lüderitz erscheint beim ersten Blick etwas schmuddelig.
Lüderitz kann windig, kalt und ungemütlich sein.
Lüderitz ist aber auch bunt.

Als wir mit unserem Toyota in diesen Ort hineinfahren, ist er fremd und vertraut zugleich.

Vertraut, weil wir schon wochenlang in Afrika unterwegs waren und fremd, weil ich dieses Deutschland, den der Ort ausstrahlt, von zuhause nicht mehr kenne, weil ich urplötzlich hier in dieser Sackgasse auf eine Vergangenheit treffe, von der ich dachte, dass sie längst vergangen wäre.

Man reist in eine vergangene Zeit, an einen Ort wie es ihn so in Deutschland nicht mehr gibt.

Und trotzdem ist man gleichzeitig in Afrika.

Lüderitz beschreiben viele Namibia Reisende als langweilig und nicht sehenswert.

Der kleine Ort am Südatlantik bietet zum Abhaken auf der Touristikkarte nicht sehr viel, da erscheinen das Sossusvlei und die Etosha nicht nur auf den ersten Blick spektakulärer.

Welche Bilder will man auch von Lüderitz zuhause präsentieren?

Häuser aus wilhelminischer Zeit im Jugendstil, bunt wie der Regenbogen und vom Zerfall bedroht?

Alte ungenutzte Eisenbahnschienen und ein alter deutscher Bahnhof mitten im Ort?

Kahle, unwirtliche Felshügel an einer steinigen Küste, mit einer fast ständig wehenden „steifen Brise"?

Oder doch die beinahe Sehenswürdigkeit, die Felsenkirche mit den bunten, von Kaiser Wilhelm II gestifteten, Glasfenstern, die über dem Ort thront?

Der Ort scheint uraltes Deutschland zu sein.

Aber so kann man Lüderitz auch nicht definieren.

Die kleine Stadt kann man auch nicht auf einer kurzen Sightseeingtour Tour erfahren. Lüderitz muss man langsam erleben.

Lüderitz erklärt sich nicht in bestimmten Gebäuden oder Plätzen.

Für Lüderitz brauch es Zeit und Muße, weil man Lüderitz spüren muss.

Abends im Kaps Hotel, in der angeschlossenen Bar, treffe ich das Gestern und das heute von Lüderitz und je später der Abend wird umso mehr verschmelzen das alte Südwest, und die Visionen der jungen Leute in einem mehrsprachigen Klangbrei bei vielen Bieren, zum heutigen Namibia.

Auch bei meinem Spaziergang am nächsten Morgen entlang der bunten Jugendstilhäuser scheinen sich zumindest oberflächlich beide Welten wiederum zu vermischen, diesmal visuell.

Es scheint kein Entkommen aus der Sackgasse und den Fragen, die man sich über diesen Ort stellt, zu geben.

Man kann auch schnell wieder abreisen bevor überhaupt Fragen auftauchen oder sich erst gar keine Fragen stellen.

Wenn man aber bleibt, muss man sich Lüderitz stellen, seiner Vergangenheit und den Fragen zwischen den buntbemalten alten deutschen Gebäuden.

Und je länger man bleibt umso mehr taucht man ein in seine eigene Vergangenheit, eine Vergangenheit, die exotisch und irgendwie irreal erscheint, und doch ganz real ist.

Ich stehe mitten in Lüderitz und sehe die Schilder, die Jahreszahlen, die Architektur und versuche das alles zu verstehen.

Ich gehe in ein Geschäft und ein weißer Afrikaner redet mich auf Deutsch an.

Ist er wirklich aus Afrika?

Es werden nicht weniger Fragen, es werden immer mehr je länger ich mich in Lüderitz aufhalte.

Die Fragen müssen beantwortet werden.

Dafür braucht es Zeit.

Der Südwester-Wind bringt den kühlen Salzgeruch des Atlantiks in die Stadt.

Stirbt hier Geschichte und Stadt aufgrund der Abgeschiedenheit?

Oder leben beide, in welcher Form auch, weiter?

Lüderitz hört nicht auf Fragen zu Stellen.

Lüderitz fordert zum Nachdenken auf.

Man dreht sich im Kreis und kann diesen Gedanken nur entfliehen, indem man aufs Meer hinausfährt und sich diese Gedanken vom Wind verwehen lässt

Auf einer Tour mit der „Sturmvogel" könnte ich durch die Wellen und den Wind Abstand zur Stadt und seiner Geschichte bekommen, wenn nur der Name des Schiffes nicht wäre.

Draußen auf dem Meer zeigt Lüderitz seine raue und tierreiche Seite. Während die alten Walfänger Siedlung auf Backbord vorbei gleitet, Delfine um das Bug spielen und Seelöwen auf dem sturmumtosten

Felsen herumtollen, fährt das alte Segelboot hinaus auf den südlichen Atlantik

Als Höhepunkt gedacht sind die Pinguine, die nördlichsten nach denen auf den Galapagos Inseln.

Schwarzweiße Butler, die vom eiskalten Benguela Strom an die Insel Halifax vor Lüderitz geschwemmt wurden.

Aber längst hat mich diese Küste in ihrer Gesamtheit und Wildheit gefangen genommen.

Es bedarf keiner weiteren Höhepunkte mehr.

Lüderitz hat mich schon längst verzaubert.

Ein spröder kühler Zauber aus Fels, Wind, Vergangenheit und morbiden Charme vermischt sich mit Pinguinen und Delfinen, mit Möwen, salziger Meeresluft und einer etwas anderen erlebten Einsamkeit an einem der wenigen Enden der Welt.

Wollte ich nicht schon immer einmal dort sein, am Ende der Welt?

In Lüderitz finde ich dieses Ende der Welt, einem Platz von denen es nicht mehr sehr viele in unserer heutigen Zeit gibt.

Namibia, Namibwüste Februar 2007

Unterwegs in der Namib war ich oft. Leider oft auch als zügiger Durchreisender. Aber für die Wüste braucht man Zeit, muss man sich unbedingt Zeit lassen, damit man den Wind hört und die Farben des Sandes schmeckt:

Kein noch so kleiner Windhauch streicht über die gelbbraunen Gräser der Namib und die Hitze am frühen Nachmittag lähmt jeden Gedanken an Bewegung.

Schon der kleinste Schatten, wie ihn das aus leichten Rundhölzern gezimmerte Vordach bietet, schützt vor der unbarmherzigen, sengenden Sonne.

Der Blick streift über dieses gleichförmige Gras Meer, bis hin zu den entfernten schroffen und trockenen Felsbergen am Horizont.

Eine flimmernde Hitze liegt über dieser weiten stillen Landschaft wie ein Tuch, das jedes Geräusch verschluckt.

Es ist die Ruhe und unglaubliche Weite dieser Wüste, die sich im Herzen fest verankert wird und ein ständiges Heimweh Gefühl erzeugt, das den, der es erleben durfte, nie mehr loslässt und in seine Seele Ruhe einziehen lässt.

Man sollte sich einlassen auf diese Wüste und es geschehen lassen. Das Eintauchen in diese Landschaft erfordert nicht mehr als Zeit, Ruhe und Gelassenheit.

Der eilige Reisende wird sicherlich die klare Schönheit der Bilder sehen, vielleicht auch eine Ahnung von Zauber der Wüste bekommen, aber er wird sie nicht verinnerlichen können, weil er zu schnell reist.

Im lichten Schatten sitzend, auf diese ewige Weite in dem glühend heißen Sonnenlicht zu sehen, ist Nahrung für die Seele.

Die Zeit spielt keine Rolle mehr und nur das beginnende Schattenspiel der Gräser erinnert an ihre Vergänglichkeit.

Schatten und Sonne malen wechselnde Stimmungen, die sich in ihrem Ausdruck immer weiter steigern bis hin zu einer Orgie aus gelben und roten Farben und einem intensiven kraftvollem Licht, das sich immer wieder verändert.

Kurz bevor die Sonne hinter dem Horizont verschwindet, scheint das Gras Meer zu brennen und der Himmel in Flammen zu stehen.

In solchen Momenten denke ich an einen Satz von B. Baumann: "Wer aus der Wüste zurückkommt, ist reicher, aber auch einsamer. Denn die Zahl derer, die einen verstehen können, ist kleiner geworden."

Aber der Preis des nicht verstanden Werdens ist klein gegenüber dem unermesslichen Reichtum, den diese Sehnsucht Landschaft für die Seele bereithält.

Verstehe es wer will, aber man will dahin zurück, immer wieder zurück.

Caprivistreifen, Okavango Februar 2007

Es ist schon ein einschneidendes Erlebnis, wenn ein Traum sich erfüllt. Manchmal ist man enttäuscht, aber manchmal auch überwältigt:

Das Schauspiel über der anderen Uferseite des Okavango ist in seiner Kraft und Farbenpracht fantastisch und kaum zu überbieten.

Zwei klar abgegrenzte Säulen aus Wolken schrauben sich aus der Höhe hinab hinter die großen Bäume am Fluss. Darüber breitet sich eine Farbpalette von Rot und Gelbtönen aus, gemischt mit dem grauen Dunkel der plastischen Wolkenformationen vor einem immer noch blauen Himmel im Hintergrund. Gleichzeitig versinkt hinter mir eine große rote Sonne in der fernen Buschlandschaft des Westens.

Während ich keine zwei Meter vom Fluss entfernt auf einem Campingstuhl sitze, höre ich den Geräuschen der Flusspferde zu und nehme das sanfte Gluckern des gemächlich fließenden Flusses in mir auf.

Vogelstimmen aus dem riesigen Baum hinter mir komplettieren diesen Abend auf der Camp Site der Mahango Lodge.

Vielleicht ist es die Anstrengung des langen Anfahrtsweges, gepaart mit der Erfüllung eines Jugendtraums, die mich fast euphorisch in dieses sich minütlich verändernde Wolkenspektakel, staunen lässt. Der Geruch vom nahen Fluss, das gewaltige Wolken und Gewitterschauspiel im Blickfeld, das Wissen um Flusspferde und Krokodilen in meiner Nähe und die Geräuschen von Vögeln, Insekten und Fluss um mich herum, vermitteln nur einen Begriff, rufen nur einen Namen, schreien einfach eine ewige wiederkehrende Melodie: AFRIKA.

Wenn ich hier am Okavango nicht Afrika gefühlt hätte, hätte ich keine Gefühle mehr.

Namibia, Kaokoveld, Ongongo August 2008

Nach Tagen im trockenen Kaokoveld, im Nordwesten Namibias, wird jedem der dort unterwegs war, das Thema Wasser immer bewusster. Umso einprägsamer wird dann ein Platz, an dem das Fehlende gefunden wird:

Die Fahrt nach Ongongo war staubig und steinig.

Etlichen Kilometern zuvor waren wir von einem etwas breiterem, aber ebenso staubigen "Hauptpad" abgebogen.

Die Trockenheit der Landschaft mit der von uns produzierten langen Staubfahne hinter uns, ließ die Hitze realer und sichtbarer werden Auf einer kargen ebenen Fläche, die überall mit Steinen bedeckt ist, öffnete sich plötzlich eine Schlucht, in die wir langsam hinab fuhren. Am Grund der Schlucht floss ein kleines zu überquerendes Rinnsal, das aber genügt, um die Umgebung ergrünen zu lassen.

Wir bauten in der Nähe einer Felswand unser Lager auf und erkundeten die Umgebung

Am Ende der Schlucht fanden wir einen wenige Meter hohen Wasserfall in einer höhlenartigen Felsformation.
Davor hatte sich ein glasklarer Naturpool gebildet, der zum Schwimmen einlud.
Das Wasser, das sich in die kleine Schlucht herunterstürzte, war warm, ein Umstand, der diesem Ort auch den deutschen Namen "Warmquell" eingebracht hatte.
Es war eine kleine Oase inmitten der kargen Wildnis Namibias, die von Libellen, Echsen und Vögeln bevölkert wurde.
Es war sogar noch mehr. Es war ein kleiner versteckter Edelstein in der Weite und Einsamkeit des Kaokovelds.
Es war ein Rastplatz für die Seele und ein unerwartetes Geschenk der Natur. Es war nicht ein besonders spektakuläres Reisehighlight, das der eilige Tourist unbedingt gesehen haben muss.
Es war viel besser, Ongongo war einfach nur schön.

Namibia, Solitär Februar 2007

Manchmal ist ein kleiner Punkt auf der Landkarte eine große Überraschung. Manchmal entspricht er so gar nicht dem, was man sich erdacht hatte. Manch ein Platz ist nur eine Durchgangsstation, den man immer und immer wieder passiert, ohne dass irgendetwas wirklich haften bleibt. Es kommt aber auch vor, dass man dort unerwartet eine Nacht verbringt:
Jeder der schon einmal in Namibia unterwegs war kennt nicht nur Etosha und Sossusvlei, er kennt auch Solitär.
Solitär scheint auf den ersten Blick ein Autoschrotthaufen mit Tankstelle in der Wüste zu sein.
Auf den Landkarten ist es ein großer Punkt, für den Reisenden eine wichtige Tankstelle und Versorgungsstation.
Solitär ist auch der Ort, an dem es den besten Apfelkuchen im Umkreis von hunderten von Kilometern gibt, sagt man
Eigentlich eine nichtssagende Aussage in einer Gegend in der es keinen Ort im Umkreis mehrerer hundert Kilometer gibt.
Mir schmeckte er damals. Der Apfelkuchen war gut!
Den Bäcker des berühmten Apfelkuchens mit Spitznamen „Mousse", lernte ich in dem kleinen Laden kennen und führte ein längeres Gespräch mit ihm. Mr Mac Gregor, wie er eigentlich hieß, ist wirklich

ein „großes Tier". Er überragt mich bei doppelter Breite um mehr als Kopfeshöhe, und erinnerte mich mit seinem Bart und Masse an einen Wikinger Hünen.

Die Wüste liegt um Solitär herum und gibt dem Ort den Status einer Oase.

Ist Solitär eigentlich ein Ort frage ich mich.

Wenn man sich den Kreis auf der Landkarte ansieht, auf jeden Fall.

Wenn man schon dort war, hegt man da seine Zweifel. Ich kann selbst dem kleinsten Dorf mehr städtische Attribute zuschreiben als Solitär.

Was Solitär ausmacht, ist in erster Linie die Tankstelle, die der Fahrer des staubigen Autos nutzt, um den Tank desselben aufzufüllen, während der Beifahrer kurz in den urigen Shop verschwindet, um mit den ungeahnten Köstlichkeiten einer Oase wieder aufzutauchen.

Man macht noch einige Bilder von diesem einzigen Ort in der Umgebung, erinnert sich manchmal auch noch an die Kakteen und die liebevoll drapierten und verrostenden Oldtimer und ist auch schon wieder auf seinem Weg nach Swakopmund, Windhuk oder dem Sossusvlei.

Solitär ist eine funktionelle Schnittstelle dazwischen oder auch viel mehr.

Den angegliederten Campingplatz sehen nicht viele der eilig durchfahrenden Reisenden, ebenso wenig wie den Gemüsegarten daneben.

Und sie erleben natürlich auch nicht den Sonnenaufgang, der mit seiner Wärme eine klare und eiskalte Winternacht in der Wüste ins Reich der Erinnerungen zurückdrängt.

Als wir später, Monate nach unserem ersten Besuch, an einem Sommerabend entspannt im Campingstuhl sitzend auf dem ansonsten leeren großen Areal des Campingplatzes das grandiose Lichtermeer über uns betrachteten, wäre uns doch fast der große Skorpion entgangen, der mit seinen kleinen Scheren und seinem großem Giftstachel zwischen unseren Stühlen hindurch flanierte.

Und das ist meine persönlichste Erinnerung an diesen Ort.

Der kleine schwarze Ritter von Solitär im Schein der Sterne auf einem leeren Campingplatz mitten in der Wüste.

Burma, Traum und Wirklichkeit

Burma, Februar 1981 und Januar 1982

Burma hatte sich Anfang der Achtzigerjahre des letzten Jahrhunderts etwas geöffnet und erlaubte nach jahrzehntelanger Abschottung eine Einreise für maximal sieben Tage zu vier verschiedenen Orten: Mandalay und Umgebung, Inle Lake, Pagan und Ngapali Beach. Dazu kam Rangoon, über dessen Flughafen die Einreise erfolgen musste. Nur sehr wenige Reisende nutzten diese Möglichkeit, da die Flugkosten der beiden einzigen Abflughäfen Bangkok und Kalkutta, viele ebenso abschreckten wie die erlaubte, sehr kurze Aufenthaltszeit. Wer sich damals gegen einen Trip nach Burma entschieden hatte, hatte meiner Meinung nach die vielleicht schlechteste Entscheidung in seinem Reiseleben getroffen. Er hat nicht nur ein zauberhaftes, ursprüngliches Land nicht betreten, viel schlimmer noch, er hat auch die extrem seltene Möglichkeit einer Zeitreise nicht wahrgenommen. Damals war Burma ein Zauberland, das durch irgendein Schlupfloch aus der Zeit gefallen war.

„Und dann erhob sich ein goldenes Wunder am Horizont, ein leuchtendes, glänzendes Wunder, das in der Sonne erstrahlte. Es hatte weder die Halbkugelform moslemischer noch die Turmform hinduistischer Tempelbauten. Es stand auf einem grünen Hügel. 'Da ist die alte Shway Dagon', sagte mein Gefährte, 'dies ist Burma – und es wird wie kein anderes Land sein, das du kennst'."
In vielen Reiseführern und Texten über Burma findet man diese Zeilen, die Rudyard Kipling 1889 in seinen „Letters from the East" schrieb. Und obwohl man sie immer wieder lesen kann, gehören sie doch zu einem Bericht über Burma dazu. Besser kann man dieses Land nicht charakterisieren als „und es wird wie kein anderes Land sein, das du kennst".
Das Außergewöhnliche war für mich aber nicht nur die Shwedagon-Pagode, obwohl sie einfach umwerfend fantastisch war, die dieses Land so anders machte, als ich es 1982 das erste Mal besuchte.
Burma war im Gegensatz zu allen anderen Ländern dieser Erde nicht

nur mit sanftmütigen freundlichen Menschen gesegnet und besaß fantastische Sakralbauten, es war vor allem ein Sprung in eine andere Zeit und in ein Land, das es eigentlich gar nicht mehr geben konnte. Bekräftigt wurde diese Wahrnehmung durch das Fehlen jedweder westlicher Attribute und Lebensart wie Coca-Cola, Mc Donalds und allem anderen gewohnten globalisierten Einerlei.

Vom Betreten des Landes am Flughafen in Rangoon, der einzigen Einreisemöglichkeit zu jener Zeit, bis zu dem Moment, in dem ich es auf dem Rückflug nach Bangkok verließ, war ich in einer Welt, die verzaubert schien, einer Welt, die abseits oder parallel zu unserer bekannten Wahrnehmung und Realität existierte. In Burma gab es andere Gerüche, andere verblichene Farben, Reklametafeln fehlten. Unsere bekannte westliche Welt hatte aufgehört zu existieren.

Burma war ein Traum, nicht in Form von traumhaft schön oder wie der traumhafte Strand (obwohl es das doch auch war), es war vielmehr noch wie ein wirklicher Traum oder wie die wirkliche Realität.

Ich dachte beim ersten Rückflug aus Burma verwirrt an den chinesischen Philosoph und Dichter Zhuangzi und sein berühmtes Gleichnis vom Schmetterling:

Gestern Nacht träumte ich,
ich wär ein Schmetterling
und flog von Blume zu Blume.
Da erwachte ich und siehe:
Alles war nur ein Traum.
Jetzt weiß ich nicht:
Bin ich ein Mensch der träumte,
er sei ein Schmetterling,
oder bin ich ein Schmetterling,
der träumt, er sei ein Mensch?

Zhuangzi

Auch der Satz von John F. Cady (A History of Modern Burma), passt wunderbar zu diesem außergewöhnlichen Land:
„Das Land umfängt seine Freunde mit einer Art von Zauber, den sie nicht durchbrechen können, selbst wenn sie es wollten." (1958)

In Burma lief und fuhr ich durch diesen Zauber, den ich wirklich in keinem anderen Land der Erde jemals wieder so erlebt habe.
Ich musste mich immer wieder fragen, ob ich auch wirklich in dem alten, schaukelnden Nachtzug mit den Holzbänken zwischen Hühnern und anderen zweibeinigen Mitreisenden auf dem staubigen Holzboden lag und zu schlafen versuchte.
Bin ich wahrhaftig am nächsten Morgen in Mandalay (welch ein schöner Name für eine Stadt) ausgestiegen und habe mit einem ständig lachenden Trischaw-Bike Fahrer die Gegend erkundet?
Bin ich wirklich mit dem kleinen Schiff, „Cheroot" rauchend, den Irrawaddy hinauf in die alte Stadt Mingun geschippert, vorbei an archaischen Szenen am Fluss, mit Menschen, die aus einer anderen Zeit entsprungen zu sein schienen und mir freundlich mit von Betelnuss roten Zähnen zu-lächelten?
Bin ich tatsächlich mit dem klapprigen Bus, der angenagelte Holzlatten anstatt seitlicher Fensterglasscheiben hatte und einen freien Blick vom Fußboden beim Fahrer hinab auf die Straße bot, nach Amarapura (wieder solch ein schöner Name aus dem Zauberland) gefahren und zur U-Beins-Brücke gewandert?
Habe ich wirklich durstig in einer trockenen, stacheligen Landschaft aus einem jener Tongefäße getrunken, die am Wegesrand für den durstigen Feldarbeiter und Wanderer aufgestellt waren, während wieder einmal einer jener Ochsenkarren aus vergangenen Zeiten, Staub aufwirbelnd langsam an mir vorbei-fuhr?
Saß ich echt in dem Boot auf dem Inle-See und glitt inmitten des schwimmenden Marktes zwischen den Frauen in ihren mit Gemüse beladenen Booten dahin?
War ich wirklich in diesem Tempel mitten im See, in dem die Sonnenstrahlen staubige Bahnen aus Helligkeit auf und über das uralte Holz der Wände zauberten und die Stille mit der schlafenden Katze und den schweigenden Mönchen in ein beruhigendes, meditatives Licht verwandelten?

War ich wahrhaftig auf einem Schaufelraddampfer auf dem breiten Irrawaddy mit Mönchen, die darum beteten, nicht auf einer der vielen Sandbänke aufzulaufen?

Und dann, wenn ich es nicht erträumt hatte, stand ich irgendwann in Pagan.

Wie ein wahr gewordener Traum erstreckte sich dieses Wunderland über 40 Quadratkilometer. Mit einer jener Pferdedroschken, die man Tongas nennt, und später zu Fuß erkundete ich das weitläufige Pagodenfeld. Als mittelalterliche Burgen verkleidet, wie Gralsburgen einer Parzival-Vision, ragten große Sakralbauten aus der hitzeflimmernden Ebene empor.

Manche von hunderten kleinen Bauwerken wirkten dagegen verloren inmitten der wilden Baumwolle, der einzelnen Palmen und der verdorrten sandfarbenen Gräser, von der Zeit gezeichnet, vom Zerfall bedroht oder fast schon zerfallen.

Ziegenherden weideten auf Feldern zwischen den Tempel und Pagoden und streiften an zu Geröllhügel zerfallenen oder von Erdbeben niedergestreckten ehemaligen Meisterwerken der Baukunst entlang

Kaum ein Mensch durchkreuzte diesen Frieden. Die wenigen Touristen konnte man an zwei Händen abzählen.

Junge Buben hüteten die Ziegen, während alte Männer die Pferdedroschken dirigierten. Autos, die das Gesamtbild stören konnten, gab es fast keine.

Nur den uralten Bus aus Mandalay und die in die Jahre gekommenen Jeeps, die zum Bahnhof von Tazi fuhren, fand man gelegentlich entlang der staubigen Straße, an der die wenigen Holzhäuser Pagans standen.

Ich lief auf schmalen, dornenübersäten Trampelpfaden zu den imposanten Tempelbergen.

Ich tauchte ein in den Schatten am Eingang und in die Kühle im Inneren von Pagoden, in denen ich mich der Hitze der Sonnen-gefluteten Ebene entziehen konnte. Ich stand großen und kleinen Buddha-Statuen gegenüber, stieg enge, dunkle Treppenfluchten empor, um eine Etage höher wieder kurz in das gleißende Sonnenlicht zu treten und anschließend den Weg in der Kühle und im Schatten fortzusetzen bis hinauf auf das oberste Stockwerk dieses

Bauwerks, um von dort oben den Blick weit über die Ebene schweifen zu lassen, zu genießen, alles in mich aufzunehmen und zu rasten. Staubfahnen machten Pferdedroschken auf den staubigen Wegen weithin sichtbar, Raubvögel kreisten durch die Lüfte. Eine friedliche Stille lag über dem Land.

Einzig das heilige Klingen kleiner Glöckchen drang von Stupa Spitzen in mein Gehör, burmesischer Äolsharfen gleich bedeckte es die Szenerie mit einem leisen Klangteppich voller wohltuender Ruhe. Der Ananda-Tempel galt als einer der schönsten Heiligtümer, dessen Renovierungsarbeiten erst kurz vor meiner Reise fertiggestellt worden waren. Auch er wurde vom letzten Erdbeben 1975 stark in Mitleidenschaft gezogen.

Ich mochte den gewaltigen Gawdawpalin und den Htilominlo, besonders auch den Tahtbyinnyu. Aber die vielen, für mich namenlos gebliebenen, kleineren, oftmals vom Erdbeben schwer beschädigten, selten besuchten Tempel hatten ebenso ihre eigene geheime Schönheit.

Auf dem Tahtbyinnyu, dem höchsten Tempel in Pagan, traf sich am Abend die Gemeinschaft der Traveller zum Sonnenuntergang.

Auf der obersten Plattform der Pagode herrschte zu dieser Zeit eine unwirkliche, fast meditative Stimmung, während über den Hügeln, hinter dem Irrawaddy im Westen, die rote untergehende Sonne das Tempelareal von Pagan in ein schier unwirkliches Licht tauchte und Mythen die Realität verdrängten.

Jeder, der schweigsam auf dem Tempel saß, die Glöckchen hörte, die der Windhauch erklingen ließ, und in diesem grandiosen Schauspiel verfangen war, hing seinen Gedanken und Träumen nach. Eigentlich konnte man gar nichts anderes als glücklich sein und diesen wunderbaren Moment genießen.

Es war ein Augenblick der Stille und Einkehr, in dem es sich wieder lohnte, über Zhuangzi 's Schmetterling nachzudenken oder gar selbst ein Gedicht zu verfassen:

Glitzernde Pagoden auf Bergeshöhen stehn
umspielt, umfangen oft von kühlem Wind
im Fluss ins Bild des Spiegels sehn
wie Stein um Stein im Lauf der Zeit zerrinnt

Manch Floß, manch Boot hat dieser Fluss geschaut
manch Kahn und manche Fähre sind auf diesem Strom
geschwommen
Kein einzig für die Ewigkeit erbaut
die Zeit hat alle längst zu sich genommen

An deinen Ufern sitzend
versuch auch ich dein Fließen zu verstehn
seh goldne Sterne in deinem Bette funkeln
muss ohne deine Antwort zurück zur Erde gehen

Am Morgen meiner Abreise aus Pagan war es kühl, in jedem Haus
brannten kleine Holzfeuer, nach denen die Luft roch.
Gelegentlich krähten frühe Hähne und Ziegen meckerten.
Gemächlich erwachte das Leben von Mensch und Tier, als ich mit
vier weiteren Reisenden auf der Ladefläche eines Jeeps zum Bahnhof
gefahren wurde.
Wir froren in der morgendlichen Kälte und waren froh über die alten
Decken, die uns der freundliche Fahrer mit einem von Betelnuss
roten Lächeln anbot.
Der Fahrtwind trug uns verschiedenste Gerüche zu und erzählte von
dem, was vor uns lag.
Im Dunkeln noch hatten wir Pagan verlassen. Erst nach der kalten
und staubigen Fahrt erreichten uns auf dem Bahnsteig von Tazi die
ersten Strahlen der morgendlichen Sonne, die noch etwas Zeit
benötigte, die Kühle des Morgens zu vertreiben.

Umsteigebahnhof oder die Taiflinger

Frischer Morgen nach eiskalter Fahrt
mit übergeschwapptem Tee in bunten, schmuddeligen Plastiktassen
und den ersten Strahlen der Sonne auf müden Gesichtern

Frischer Morgen nach der Enge des Jeeps
mit krümelndem Gebäck auf verstaubten Hosen
und dem Lachen über Geschichten aus Madras und Goa

Frischer Morgen nach frühem Aufbruch
mit dem einfahrendem Zug auf den Gleisen von Tazi
und mit geschulterten Taschen warten die namenlosen Taiflinger
und ich

Am Abend zogen die beiden Taiflinger und ich im obersten
Stockwerk des YMCA von Rangoon ein.
Wir hatten auch noch genügend Geld übrig, um das Strand-Hotel zu
besuchen und ungewohntem Luxus zu frönen. Daran änderte auch
nicht, dass ich einmal irgendwo gelesen hatte, zu jener Zeit soll es im
ehrwürdigen, alten Kolonialhotel „The Strand" mehr Ratten als Gäste
gegeben haben. Ein Bier genehmigten wir uns an der großen,
beeindruckender Bar, wo wir die einzigen Gäste waren.
Anschließend genossen wir noch den berühmten „Lobster
Thermidor" im riesigen Speisesaal, in dem nur ganz wenige Tische
besetzt waren.
Für uns war der Flair dieses einstigen Tophotels der Kolonialzeit
beeindruckend und grandios, gerade, wenn man wie wir zuvor in
einfachsten Restaurants gegessen, und schlichten Gästehäusern
genächtigt hatte.
Ob es der uralte Aufzug war oder die „Lost & Found"-Box mit ihrem
Inhalt aus dem 19. Jahrhundert, alles atmete hier den Geist der
Vergangenheit.
Für uns waren der Drink und das Abendessen in diesem Hotel die
Obergrenze dessen, was wir uns leisten konnten, und ein Blick in die
vergangene koloniale burmesische Welt.
Am nächsten Morgen stand ich dann nochmals inmitten des

Frühnebels auf der Plattform der Shwedagon-Pagode und war in einem ähnlichen Traum verfangen wie am Abend zuvor.

Hier komprimierte sich beim Klang kleiner Glöckchen, beim Anblick der Stupas und Chedis, bei den Farben um mich herum und der Andacht der Gläubigen noch einmal der ganze Zauber dieses Landes in diesem prachtvollen Wunder. Anders als die Stimmungen am Abend beim warmen Ton der untergehenden Sonne, die mit einem sanften Licht die goldenen Spitzen der Stupas glänzen ließ und einen heiteren Frieden schaffte, präsentierte sich die Shwedagon am Morgen.

Geprägt vom Nebel, der die Plattform mit den Stupas in eine mystisches Helligkeit hüllte, und Töne dumpfer, wie aus einer anderen Welt klingen ließ, ruhte ich noch einmal als stiller Betrachter dieser unwirklichen Szenerie bei, die mit der restlichen Welt, wie ich sie anderswo kannte, nichts, aber auch gar nichts mehr zu tun hatte.

Ich schrieb schon am Anfang, dass es nicht nur die Shwedagon Pagode war, die Burma zu diesem einzigartigen Land machte, aber ohne die Shwedagon fehlt doch etwas ganz Wichtiges, da liegt Rudyard Kipling natürlich absolut richtig.

Deshalb wiederhole ich gerne noch einmal:

„Und dann erhob sich ein goldenes Wunder am Horizont, ein leuchtendes, glänzendes Wunder, das in der Sonne erstrahlte. Es hatte weder die Halbkugelform moslemischer noch die Turmform hinduistischer Tempelbauten. Es stand auf einem grünen Hügel. 'Da ist die alte Shway Dagon', sagte mein Gefährte, 'dies ist Burma – und es wird wie kein anderes Land sein, das du kennst'."

Und wenn ich mich wieder einmal ganz arg nach diesem alten verlorenen Burma sehne, dann rezitiere ich in Gedanken ein Gedicht von Kipling (das witzigerweise zwei eklatante geographische Fehler enthält) und bin zumindest in meiner Vorstellung wieder in diesem Zauberland:

By the old Moulmein Pagoda, lookin' eastward to the sea,
There's a Burma girl a-settin', and I know she thinks o' me;
For the wind is in the palm-trees, and the temple-bells they say:

"Come you back, you British soldier; come you back to Mandalay! "
Come you back to Mandalay,
Where the old Flotilla lay:
Can't you 'ear their paddles chunkin' from Rangoon to Mandalay?
On the road to Mandalay,
Where the flyin'-fishes play,
An' the dawn comes up like thunder outer China 'crost the Bay!

Nachwort
Vielleicht konnte man den Zauber erahnen, den dieses Land auf mich
ausstrahlte und immer noch ausstrahlt.
Gerade aber weil ich dieser Magie so verfangen war und es bis heute
noch bin, bin ich nach meinen beiden kurz hintereinander folgenden
Reisen nie wieder in dieses Land gereist.
Ich werde es auch in Zukunft nicht tun.
Es ist auch gar nicht mehr möglich.
Aus Burma wurde Myanmar und Rangoon ist heute Yangon. So hat
es die Militärdiktatur des Landes beschlossen.
Rangoon war immer der Anfang und das Ende einer Reise nach
Burma. An keinem anderen Ort war es erlaubt, die Grenze zu
überqueren.
Wenige Jahre vor meinen Besuchen war es komplett verboten, dieses
Land zu bereisen. Ich schätze mich sehr glücklich, dass ich 1982 und
1984 jeweils sieben Tage diesen abgeschotteten Staat besuchen
konnte, in dem fast keine Touristen unterwegs waren.
Für den Gegenwert einer Flasche „Red Label"-Whiskey und einer
Stange „555"-Zigaretten, gekauft im Duty-Free Shop des Don
Mueang Airports in Bangkok, konnte man zu dieser Zeit eine Woche
durch das Land reisen. Wem dieses Geld nicht reichte, tauschte
notfalls auf dem Schwarzmarkt noch ein paar Dollars zusätzlich ein.
Es waren wirklich andere Zeiten, auch für mich damals.

Pirschfahrt in der Kalahari

Südafrika, Februar 2010

Ungezählt sind die zahlreichen „Game Drives" in ungezählten Nationalparks. Jeder war für sich auf seine Weise einzigartig und begeisternd. Einen davon möchte ich hier erzählen:
Schon seit ein paar Tagen hatten wir wieder einmal Probleme mit der Autobatterie (dass es in Wirklichkeit die Lichtmaschine war, wussten wir zu diesem Zeitpunkt noch nicht).
Über Funk hatte Eric vor einigen Tagen mit dem hunderte Kilometer entfernten Twee Rivieren Camp Kontakt hergestellt und die dortigen Ranger hatten unseren Autovermieter in Windhoek davon unterrichtet, dass wir eine neue Batterie benötigten.
Die Batterie wurde daraufhin auch aus der südafrikanischen Stadt Upington bis nach Twee Rivieren am Südende des Kgalagadi Nationalparks geliefert.
Angestellte des Nossob Camps brachten die Batterie dann von Twee Rivieren bis nach Nossob, auf ungefähr halben Weg nach Grootkolk, wo wir uns befanden. Da kein Auto in Nossob für den Transport nach Grootkolk vorhanden war, mussten wir uns selbst auf die zweieinhalbstündige Fahrt begeben.
Den Feuerlöscher aus unserem Chalet nahmen wir zur Sicherheit mit, falls die heiße Batterie einen Brand verursachen sollte. Zudem vereinbarten wir mit Eric, dass wir uns bei Ankunft in Nossob, sofort per Funk bei ihm melden würden.
Mit einem etwas komischen Gefühl im Magen machten wir uns kurz vor Sonnenaufgang auf den Weg nach Süden.
Wir waren noch nicht lange unterwegs. Zwischen Lijersdraai und Polentswa ging vor uns die Sonne auf und führte die Pad (wie man im südlichen Afrika einen Weg oder Straße nennt) in eine dunstige goldgelbe Landschaft.
Trotz Sonnenbrille blendete die tiefstehende Sonne und nur schwer konnte ich die Piste vor uns ausmachen, als plötzlich dunkle, sich bewegende, Schatten vor uns auftauchten.

Wir stoppten das Auto und versuchten die Gestalten zu identifizieren, die sich aus der Sonne heraus auf uns zubewegten. Erst als sie sehr nahe am Auto waren, konnten wir sie als eine halbstarke vierköpfige Hyänengruppe erkennen.

Die neugierigen Tiere kamen an unser Fahrzeug, um sich das seltsame Ding, mit dem für sie sicher exotischen Geruch, genauer anzusehen.

Nach kurzer Zeit entdeckten zwei von ihnen unseren Kühlerschutz. Mehrfach mussten wir nun kurz anfahren, um die verspielten Hyänen davor abzuhalten, den Schutz zu zerfetzten.

Glücklicherweise ließ das Interesse daran nach. Immer wieder tobten sie nun um das Auto herum, indem wir staunend und begeistert saßen und unser Glück kaum fassen konnten.

Erst nach längerer Zeit konnten wir uns von dieser Szenerie losreißen und verließen die sich nun auch langsam davon trollende Hyänen.

Wir waren uns einig, dass dies die Belohnung für all die Probleme mit der Batterie war, und fuhren äußerst zufrieden weiter.

Es waren ungefähr 25 Kilometer bis zum Wasserloch Langklaas. Wie schon so oft während der Fahrt stand auch hier ein Stück der Pad unter Wasser.

Angestrengt, die optimale Fahrspur zu finden, achteten wir kaum auf die rechte Seite des Weges, bis wir fast auf gleicher Höhe mit ihnen waren.

Neben uns saßen, teils lagen sie auch, direkt neben der tieferliegenden Pad, exakt auf gegenseitiger Augenhöhe, vier junge männliche Löwen am Wasser und beobachteten den langsam vorbeifahrenden Toyota überrascht, aber aufmerksam.

Als wir langsam durch das Wasser fuhren, standen sie auf und folgten uns ebenso langsam.

Hinter der Wasserstrecke blieben wir stehen und ließen sie herankommen.

Zwei von ihnen untersuchten den Wagen an der linken Seite, während sich die anderen beiden die rechte Seite vornahmen.

Schnell schlossen wir die Fensterscheiben, an denen eines der Tiere kurze Zeit später auch schon schnüffelte.

Näher waren wir einem großen wilden Löwen noch nie gekommen, näher ging auch nicht, vorausgesetzt man hat ihn nicht auf dem

Schoß sitzen.

Nachdem das stinkende Auto und deren Insassen uninteressant geworden waren, erregten die Kuhantilopen auf der rechten Seite im "Veld" mehr Interesse.

Möglicherweise stand die Sonne aber schon zu hoch, um irgendwelche Jagdaktivitäten zu unternehmen.

So schritten die Tiere dann gemächlich davon in die Weite des Tals, scharf beobachtet von einer Herde Kuhantilopen und zwei Menschen.

Als wir unsere Fahrt fortsetzten, konnten wir unser Glück kaum fassen und waren gedanklich immer noch bei den Löwen, als neben uns ein großer Greifvogel mit einer Schlange entlang flog und sich auf einen nahegelegenen Baum setzte und dieselbe zu verzehren begann.

Der Schlangenadler, als den ich ihn identifizierte, ließ sich in keiner Weise von unserer Anwesenheit stören und verzehrte seine Beute mit aller Ruhe

Diese Fahrt war einfach unglaublich. Es gibt Tage da scheint die Gegend komplett leer von Tieren zu sein und dann gibt es solche Sternstunden wie diese Fahrt nach Nossob.

Aber gerade das macht die Schönheit der Kalahari aus. Das plötzliche und unerwartete, die Spannung und die Überraschung.

Wir erreichten Cubitje Quap und bald waren wir in Nossob.

Da kam uns auf der linken Seite langsam eine Gepardin entgegen. Wir konnten kaum unseren Augen trauen und unser Herz schlug schneller als drei halbwüchsige Junge folgten.

Vier! Zum dritten Mal an diesem Tag vier Raubtiere!

Lange beobachteten wir die Geparde, bevor wir die letzten Kilometer nach Nossob bewältigten.

Schnell war dort die neue Batterie eingebaut, ein Bad im Pool genommen und die Einkäufe im kleinen Shop erledigt.

Und schon bald machten wir uns auf den Rückweg. Nach den Tagen in absoluter Einsamkeit waren uns selbst die wenigen Menschen im Nossob Camp zu viel.

Mehr als glücklich und zufrieden fuhren wir entspannt in der Mittagshitze zurück nach Grootkolk, dass wir drei Stunden später auch wieder erreichten.

Zu erwähnen bliebe noch, dass unter einem Baum bei Kwang
Löwinnen lagen.
Wie viele?
Das brauche ich an diesem Tag aber nicht mehr zu erwähnen.

Das Candacraig
oder die Kunst in Gedanken zu reisen

Lorsch, März 1999

Manch ein angedachtes Reiseziel habe ich nie wirklich erreicht. Das
Reiseziel war manchmal nur ein Gedanke, dem die reale Zeit fehlte,
die Idee, die verworfen wurde, oder es waren widrige Umstände, die
den Besuch verhinderten.
Die Kleinstadt Maymyo ist solch ein Ziel, das geplant war, aber
niemals Realität wurde.
Manchmal gelingt es mir aber, dass eine Beschreibung in einem Buch
oder ein Bericht in einem Magazin das verpasste Ziel scheinbare
Realität werden lässt. Solch eine Beschreibung ersetzt mir manchmal
das „körperliche anwesend gewesen zu sein", wenn mich die
Beschreibung berührt und den Ort für mich bildlich werden lässt. Im
Idealfall wird er dreidimensional und nimmt mich mit hinein in
diese Szenerie, so dass ich sogar schmecken und riechen kann.
Vor kurzem habe ich beim Stöbern in meinen uralten Reiseführern
von 1979/80 einen Abschnitt gefunden, bei dem mir genau dieses
passiert ist und ich zurück durch Zeit und Raum wieder nach Burma
gereist bin, in ein Land, dass heute Myanmar von der Militärdiktatur
genannt wird und das aus Maymyo Pyin U Lwin gemacht hat. Ich
kann mich nicht ohne eine gewisse Distanz in einen Reisebericht
hineinversetzen, der über das heutige Myanmar berichtet, dazu ist
mein persönlicher Abstand einfach zu groß und damit habe ich
nichts zu tun.
Aber ich kann wunderbar zurückkreisen in eine Zeit, die ich selbst
erlebt habe, die mich begeistert hat und die ein paar wenige Zeilen
wieder zu neuem Leben erwecken haben und mich fast real zu neuen

und verpassten Zielen reisen lässt.

In diesem Fall nach Maymyo.

TRAVEL AIDS FÜR ABENTEURER von Tony Wheeler, 1.Auflage Herbst 1980:

„Vergesst die billigeren Möglichkeiten. Eine der Gründe, um nach Maymyo zu kommen, ist der, im „Candacraig" zu übernachten. Offiziell heißt es nun das „Maymyo Goverment Rest House", doch ist es praktisch, was es schon immer war, „Candacraig", das frühere „Hummer" der Bombay Burma Trading Company. Ein „Hummer" war das Junggasellenquartier für die britischen Angestellten der Handelsfirmen. Das in Maymyo, das im Zuge der Teakholzgewinnung im oberen Burma 1906 in Form eines englischen Landhauses erbaut worden war, besteht natürlich aus feinstem Teakholz(...)

Eine beeindruckende Treppe führt in die obere Etage, wo ihr riesige altmodische Zimmer vorfinden werdet – jedes mit eigenem Bad und mit durch Vorhang abgegrenzten Umkleideraum. Sollte es während der Nacht zu kühl werden, so zünden sie sogar ein Feuer im Kamin an.

Der Reiz des „Candacraig" liegt darin, dass es weitergeführt wird, als ob es die Briten nie verlassen hätten. Das hängt nicht nur mit Mr. Bernhard, dem Koch, zusammen, der mit seinen 87 Jahren (so wird gesagt) noch immer in der Küche steht. Während ihr euer Bier vor dem prasselnden Feuer des Aufenthaltsraumes schlürft, werdet ihr in das Esszimmer gebeten, wo ihr eure Suppe, das Hauptgericht (Roast Beef und Yorkshire-Pudding) sowie ein Dessert (Erdbeeren mit Sahne am Abend, als wir da waren) … aufgetragen bekommt. Natürlich mit einem Tafelbesteck aus Silber, und als Höhepunkt der Unwirklichkeit ist an einem späten Dezemberabend, den wir in „Candacraig" verbrachten, eine Gruppe von burmesischen Weihnachtssängern aufgetreten."

Ich sehe sie vor mir die Weihnachtssänger, ich rieche das Bohnerwachs auf den Möbeln und schmecke die frischen Erdbeeren. Manchmal ist es auch nur ein Satz, ein kleiner Abschnitt, zufällig gefunden in einem alten vergilbten Buch, der mich intensiv reisen lässt, ohne auch nur einen Schritt zu gehen.

Ich fliege in Gedanken zu meinem Ziel.

Der Tag an dem ich mein Paradies fand

Südthailand, Phuket, Dezember 1979

„Nein, nein, ich will weder nach Kata noch nach Karon oder wie auch immer diese Strände heißen mögen. Wir wollen nach Patong", entgegnete ich den Tuk-Tuk Fahrern, als wir in Phuket aus dem Bus stiegen.

Mann, war ich genervt und kaputt.

Die Nacht zuvor in Trang hatte ich fast kein Auge zugemacht, obwohl ich doch so müde war.

Und warum?

Der Typ im Zimmer neben mir wäre auf Manns Zauberberg besser aufgehoben gewesen oder zumindest in einem anderen Stockwerk. Denke ich an Trang zu jener Zeit, denke ich zuerst an den für mich unpassenden Uhrenturm. Nach der Uhr leben und Südthailand... Genauso könnte man sagen „Eisbären fangen auf Tahiti" oder „Kokosnüsse sammeln am Nordpol", einfach ein Widerspruch. Vielleicht wirkte deswegen das Trang jener Tage auch äußerst suspekt auf mich.

Den drei „Farang" im Bus wurde in Trang unmissverständlich vermittelt, dass hier und jetzt Endstadion war.

Unvermutet und plötzlich fanden wir uns mit unseren Rucksäcken auf einer schmutzigen Straße in einem uns unbekannten Ort wieder. Während sich die anderen Reisenden schon in alle Winde zerstreut hatten, standen wir noch immer da wie bestellt und nicht abgeholt. Also genau so, wie es auch wirklich war.

„Dem Uhrenturm nach ist es schon fünf und anscheinend fahren die Busse nachts nicht mehr", meinte Beate. „Bleibt uns nichts anderes übrig, als ein Hotel für die Nacht zu suchen."

„Und außerdem habe ich Hunger", warf Dieter ein, der seinen Rucksack schon wieder aufgesetzt hatte.

„Na los, Herumstehen bringt uns nicht weiter!"

Ich fragte gleich den nächstbesten Mann nach einem Hotel. „Mai kautchai", meinte er, die nächsten, die ich ansprach, genauso. Einer deutete dann die Straße hinunter, ein anderer zeigte auf ein altes, stark heruntergekommenes Haus, sein Nebenmann ließ sogar englische Sprachkenntnisse durchblicken.

Der mit Zahnlücken durchsetzte Mund öffnete sich und mit dem ersten Lächeln von Trang wies auch er auf das ehemals blaue Haus: „Hotel, Chinese hotel."

Der Eingang lag etwas von der Straße zurückversetzt. Darüber hing ein Schild mit thailändischer Schrift und chinesischen Zeichen, recht unscheinbar, aus Holz und verwittert wie das ganze Haus.

Ich wunderte mich, warum man immer wieder in solch einem muffigen Geruch stand, wenn man eines dieser einfachen, alten chinesischen Hotels betrat. Möglicherweise dachte ich weiter, war dieser Geruch eine Mischung aus Holzreinigungsmittel, chinesischem Essen und dem Nachtgeruch Tausender von Hotelgästen, garniert mit dem Eigengeruch der Tropen.

Wie ein Virtuose hangelte sich der Fahrscheinverkäufer am nächsten Morgen durch den Bus.

Ohne es eines Blickes zu würdigen und ohne einen Kommentar abzugeben, umkletterte er das Erbrochene der jungen Frau auf dem Sitz vor mir. Er klapperte mit seiner Metallröhre, in der sich Fahrscheine und Wechselgeld befanden.

Beate zahlte für jeden von uns dreien die fünfzig Bath und bewahrte die Fahrscheine für den Kontrolleur, der in unregelmäßigen Abständen vorbei gehangelt kam, in ihrem Brustbeutel auf.

Wir erreichten um die Mittagszeit ein Städtchen namens Krabi, in dem es zu einem längeren Halt kam, den Dieter gleich zum Kauf diverser Nahrungsmittel nutzte.

Beate und ich konnten dagegen, wie meistens in den letzten Tagen, nichts essen.

Mir war speiübel aufgrund der Herumkurverei und des Geruchs des Erbrochenen auf dem Boden vor mir, dass inzwischen, Gott oder Buddha sei Dank, eingetrocknet war.

Fliegende Händler umkreisten den Bus wie Geier und einige stiegen ein, um ihre Waren jedem Reisenden unter die Nase zu halten.

Dieter kaufte sich ein platt gedrücktes, in zwei Holzleisten eingespanntes halbes Hühnchen und einen Plastikbeutel, in den Cola und Eiswürfel geschüttet wurden. Dann wurde ein Strohhalm hineingesteckt und mit einem Gummi zugeknotet.

„Dir geht es gut", sagte ich zu ihm und litt vor mich hin.

Während er kaute, begutachtete er weiterhin die Waren der anderen Händler.

Als wir weiterfuhren, hatte er noch ein paar Enteneier, Nüsse und Krabbenchips erworben.

„Wenn jemand von euch probieren will, meldet er sich einfach", bot er an.

Wir schüttelten beide nur den Kopf.

Die Hitze hatte inzwischen stark zugenommen und die Luft im Bus war aufgrund der vielen Passagiere stickig geworden.

Da half es auch nicht viel, dass die Tür und einige Fenster offenstanden. Wenn man das Glück hatte auf der Sonnenseite des Busses zu sitzen meinte man, im eigenen Saft zu garen.

Die Landschaft, durch die wir nun fuhren, hatte sich zu einem dramatisch schönen Szenario der Natur aufgebaut.

„Schaut euch das an. Ist das nicht fantastisch?", schwärmte Dieter mampfend.

„So etwas gibt es nur in Guilin in China, im vietnamesischen Golf von Tongking und hier", antwortete ich ihm.

Es war wahnsinnig schön, durch diese Landschaft zu fahren.

Die senkrecht aufragenden Karstformationen waren grün bewachsen und dschungelbedeckt. Dazwischen lagen Reisfelder auf der einen Seite der Straße und Mangroven mit den fächerartigen Wedeln der Nipapalmen an gemächlich dahinströmenden Urwaldflüssen auf der anderen Seite.

Reiher und Ibisse kreisten über den zahlreichen Grüntönen und anstelle von dahintreibenden Holzstücken schienen Krokodile durch das braune Wasser zu gleiten.

Es war, als würde man durch einen Traum fahren, durch ein Märchenland der Fantasie, einen Garten Eden auf Erden. Bilder von chinesischen Pastellzeichnungen gingen mir durch den Kopf, zu schön, einfach zu schön, um wahr zu sein.

Aber das war alles Realität, das war die Wirklichkeit.

„Juchhu!", jubelte ich vor mich hin. Die beiden anderen drehten sich zu mir und lachten. Ich glaube, sie verstanden mich.

Die Fahrt durch diese Landschaft ließ alle Übelkeit zeitweise vergessen, entschädigte für alle Strapazen dieser Reise, ließ den Geist fliegen und träumen.

Wir stoppten noch einmal für kürzere Zeit in dem kleinen Ort Phang Nga an einer Straßenkreuzung. Dann bogen wir gen Süden ab und näherten uns der Insel Phuket.

Obwohl wir, nachdem wir von den malaysischen Cameron Highlands mit dem Zug nach Butterworth gereist waren, anschließend während der Fährüberfahrt schon einmal auf dem Meer gewesen waren, als wir nach George Town auf der Insel Penang übersetzten, war das hier damit absolut nicht zu vergleichen. Während dort das Wasser schmutzig grau war, brandete hier auf einmal ein strahlend hellblauer Indischer Ozean mit weißen Fangarmen an einen bilderbuchartigen weißen Strand. Die Sonne blinkte und glitzerte auf den Wellen, als wollte sie uns sagen: Hier und dort und da müsst ihr hineinspringen und mich fangen.

„Das Meer, endlich das Meer!", rief Beate und wie gebannt starrten wir hinaus aufs Wasser.

„Wahrlich, wahrlich, ich sage euch, noch heute werden wir im Meer baden", meldete sich Dieter zu Wort und lächelte versonnen

„Ich wollte, es wäre schon so weit", stöhnte Beate. „Ich bin komplett durchs Wasser gezogen."

Auch wir klebten im eigenen Schweiß fast an den Plastikbezügen fest.

Ein paar Mal verschwand das Meer noch hinter Mangroven, bevor wir die Sarasin-Brücke erreichten, die Phuket mit dem Festland verbindet.

Vor der Brücke fand noch ein letzter Polizeicheck statt, bei denen zwei Beamte mit Gewehren durch den Bus liefen und einige Reisende sowie deren Taschen und Kisten kontrollierten.

Dann endlich rollte der Bus langsam über die Brücke und wir waren auf der Insel Phuket.

Zunächst fuhren wir am Mai Khao Beach entlang, um dann landeinwärts durch Kautschukplantagen der Inselhauptstadt entgegenzufahren.

Lange nach Mittag erreichten wir die Inselhauptstadt, die genauso heißt wie die Insel: Phuket.

Etwas außerhalb auf einem freien Platz befand sich eine Art Busbahnhof.

„Endstadion!", rief Dieter und sprang aus dem Bus. Sofort war er umringt von Tuk-Tuk-Fahrern, die ihn lautstark, sich gegenseitig zur Seite drückend, umringten.

Wir kamen mit den Rucksäcken hinzu und wurden auch sofort in Beschlag genommen.

„Kata Beach, Kata Beach, go Kata Beach! Quiet and clean bungalows!", schrie der eine mir ins Ohr.

„Rawai better, go Rawai!", rief ein anderer.

„Karon, Karon Beach!", brüllte ein dritter.

Alle hatten sie irgendwelche zerknickten Fotos von Stränden und Bungalows dabei, mit denen sie unter unseren Nasen herumfuchtelten.

Mir war das alles zu viel, zumal mir sehr übel war, und ich bestand darauf, nach Patong gebracht zu werden. Das war der einzige Strand, der auf den zwei Seiten über Phuket im Südostasien-Reiseführer von Stefan Loose erwähnt wurde.

„Patong bungalows full", schrien sie.

„Was meint ihr?", fragte ich Beate und Dieter. „Ich glaub, die wollen uns nur an irgendeinen doofen Strand bringen, um ihre Provision zu kassieren. Wir lassen uns nach Patong fahren, oder?"

Die beiden stimmten meiner Suggestivfrage zu.

„We go to Patong", bestimmte ich einem der Fahrer. „How much?"

„But Patong full. Go Kata, much nicer", versuchte er es noch einmal zaghaft mit flehendem Blick.

„We go to Patong", sagte ich wieder, diesmal eindringlich.

Er zuckte mit den Schultern und wir handelten einen für uns annehmbaren Preis aus, obwohl man meistens, wenn man an einem neuen Ziel angekommen war, aus Unkenntnis zuerst viel zu viel bezahlte.

Dann warfen wir unsere Rucksäcke auf das Auto und stiegen ein.

Unser Fahrer jagte seinen kleinen japanischen Daihatsu durch die Stadt und dann die steilen Berge hinauf, um auf der anderen Seite wieder hinunterzuschießen.

Wir klammerten uns an den Seitenwänden des Wagens fest.

Mir war jetzt sehr übel.

In Patong fuhren wir fünf Bungalowanlagen ab. Überall hieß es: Ausgebucht!

„Okay, die nächste Anlage", sagte ich zu unserem Fahrer. „Es gibt keine mehr. Das war alles", antwortete er, nicht ohne ein gewisses „Na, habe ich es nicht gleich gesagt" in seinem Blick.

Mir war es jetzt völlig egal, wohin wir fuhren. Ich hatte absolut genug und nahm seinen ersten Vorschlag an.

„Okay, wir fahren nach Kata."

Ein neuer Preis wurde festgesetzt und über die bereits bekannten Berge zurück zur Stadt und dann in einer anderen Richtung die Berge wieder hinauf kurvten wir Richtung Kata Beach.

Als unterwegs das Tuk-Tuk an einer steilen Strecke beinahe stehen blieb, sprang ich heraus und übergab mich.

„Das ist alles zu viel", stöhnte ich, als Beate neben mir auftauchte. „Ich kann nicht mehr..."

Nach einer kurzen Pause fuhren wir weiter über den Kamm des Berges, und als der Asphalt kurz darauf aufhörte, rumpelten wir auf einer staubigen und holprigen Piste wieder hinunter.

Irgendwann, nach einer Zeit, die mir unendlich vorkam, bogen wir auf einen mit Schlaglöcher übersäten kleinen Feldweg ab. Auf der einen Seite befand sich ein Reisfeld, auf der anderen standen Kautschukbäume, die sich einen Hügel hinaufzogen.

„Wo der uns wohl hinbringt... Was wird das wohl sein", jammerte ich vor mich hin. Beate und Dieter blickten auch nicht gerade freudestrahlend aus unserem Gefährt.

Aufgrund der großen Schlaglöcher konnten wir nur noch Schritttempo fahren und wurden kräftig hin und her geschüttelt.

Mit letzter Kraft für Motor und Passagiere, wie mir schien, quälten wir uns einen kleinen Hügel empor und dann ...

„Willkommen im Paradies!", schrien alle meine Sinne. Willkommen am Ziel... Wenn ich geträumt hatte, dann hatte ich genau so etwas vor mir gesehen, was sich jetzt in aller Wirklichkeit vor mir auftat.

Wir fuhren zwischen Kokospalmen und Blumen in allen Farben, vor uns schimmerte das Meer in einzigartigen Blautönen, der Strand war weiß, lang und fast menschenleer.

Drei Fischerhütten inmitten eines Rasens aus Blumen rundeten dieses überirdische Szenario ab.

Mir war, als ob ich tagträumte, als ob mein Traum vom einsamen Südseestrand hier und jetzt Gestalt angenommen hatte. Auf der

Stelle verliebte ich mich in Kata. Ich hätte alles und jeden umarmen können, so froh war ich in diesem Moment. Es war ein Glücksgefühl, das ich an keinem anderen Platz der Welt, weder zuvor noch später, jemals so intensiv gespürt habe. Es war, als wäre ich nach Hause gekommen.

Das genau war der Tag, an dem ich mein Paradies gefunden hatte.

Wir stiegen an dem kleinen Restaurant mit dahinter liegenden Bungalows aus dem Tuk-Tuk.

Eine junge Frau kam uns lächelnd entgegen und führte uns zu den nagelneuen Behausungen, komplett aus Bambus und Kokospalmenteilen errichtet.

Jeder bezog dort sein eigenes Domizil, das aus einem Bett in einem kleinen Raum mit einem Fensterchen bestand und durch eine dahinter liegende, von einer dünnen Bambuswand getrennte Dusche und ein Stehklo komplettiert wurde. Das war alles, was man brauchte im Paradies.

Und das war das Paradies, da war und bin ich mir auch heute noch sicher.

Das Tuk-Tuk verschwand und wir saßen in dem kleinen, nach drei Seiten hin offenen Restaurant.

Jetzt war für mich auch diese Ruhe, dieser Friede, der über diesem Strand lag, körperlich spürbar.

Die Brandung des Meeres und das Gezwitscher der Beos, die vor uns auf dem Boden und in den Palmen herumhüpften, waren die einzigen wahrnehmbaren Geräusche. Manchmal komponierte noch das Rauschen eines Luftzugs in den Wipfeln der Palmen eine weitere Symphonie der Natur.

Hahnenschrei weckte mich am nächsten Morgen. Noch verschlafen setzte ich mich auf die kleine Bank meiner Miniveranda, um mich von den ersten Sonnenstrahlen wärmen und die Ruhe des Morgens auf mich einwirken zu lassen.

Die Beos waren schon unterwegs, versammelten sich auf dem Boden, um sich zu zanken und wieder auf nahestehende Kokospalmen zu verschwinden und um dieses Spiel endlos zu wiederholen.

Die ständige Brandung des Meeres war die Melodie, die in regelmäßigen Abständen die Stille durchbrach, als mit Gehupe, einer der bunten Busse über den Hügel holperte, mit denen man aus dem

Paradies in die ferne laute Stadt fahren konnte.

Der Bus fuhr an den Bungalows von Kata Villa vorbei bis hinunter zu dem Platz unter dem großen Baum, an dem die staubige Straße endete und die Reisfelder hinter dem Strand begannen.

Dort drehte er, keuchte die Anhöhe zum Villa-Restaurant empor, nahm zwei ältere Thai-Frauen und einen Farang auf und verschwand, als wäre er nie dagewesen, wieder in die Richtung, aus der er eben erst gekommen war.

Zurück blieb das stille und ruhige Märchenland von Kata in seinem Dornröschenschlaf, indem ich überglücklich mit meiner nach nur kurzen Zeit erworbenen thailändischen Gelassenheit zum türkisfarbenen Meer hinunterblickte.

Ich sehe auch heute immer noch die Wellen an den Strand schlagen, ich höre immer noch den Blumen am Meeressaum beim Blühen zu und träume im wachsten Zustand eine einzigartige unvergängliche Realität, die kein Traum je übertreffen könnte und aus der nichts und niemand mich jemals vertreiben kann.

Diesen Text habe ich vor mehr als vierzig Jahren geschrieben. Wenn ich ihn heute lese kommt immer noch jenes Glücksgefühl zurück, welches ich damals empfand, als wir Kata erreichten.

Zugleich fallen mir auch immer wieder viele Details ein, die ich innerhalb einiger Jahrzehnte fast schon vergessen hatte.

Das Thailand von damals hatte so wenig mit dem Thailand von heute zu tun wie zwei verschiedene Kontinente.

Ich versuchte noch lange meinen Traum von Kata festzuhalten. Doch die Veränderungen wurden im Laufe der Jahre, auch wenn ich sie nicht sehen oder wahrhaben wollte, doch unübersehbar.

Aber erst 1990 beugte ich mich der Realität und sah ein, dass ich in ein anderes Thailand zurückkam, wenn ich aus dem Flugzeug stieg. Danach konnte ich das Land ein Jahrzehntelang lang nicht mehr besuchen. Ich weiß heute, dass ich den Abstand benötigte, um mich wieder auf etwas neues einzulassen.

Das Thailand nach dieser Unterbrechung war dann folglich ein anderes. Die Veränderungen wurden mir durch diese Pause nun bewusster sichtbar.

Aber auch ich hatte mich verändert in Bezug zu meinem Gefühlen, die ich zu diesem Land hatte.

Ich konnte Thailand bedeutend nüchterner bereisen. Ich konnte, ohne zu werten, die Veränderungen anerkennen und wurde zum Beobachter und Tourist. Ich hatte den Abstand bekommen, um Thailand wieder unvoreingenommen zu bereisen.

Das Paradies hatte ich verloren, aber ein weiterhin sehr schönes und angenehm zu bereisendes Land gewonnen.

Geblieben sind die Erinnerungen und geblieben ist das Paradies weiterhin in meinen Gedanken.

Alle diese Erinnerungen und Erlebnisse, die heute aus einer vergangenen, exotischen, aufregenden und unvergleichbaren Zeit in einer ruhigen Stunde aus den Abstellecken des Gedächtnisses hervorquellen, alle diese Erinnerung bleiben und aus diesem Paradies kann ich nicht verjagt werden.

Eine kurze Anmerkung zum verorten meines Paradieses.

Die ersten Backpacker haben das Südende von Karon, an dem wir eigentlich waren, um es für die Busfahrer vom nördlichen Ende Karons zu unterscheiden, einfach Kata genannt und dabei ist es eine lange Zeit geblieben. Auch deshalb, da der eigentliche angrenzende Kata Strand keine touristischen Einrichtungen wie Bungalows und Restaurants beherbergte und daher ungenutzt war. Und richtig heißt dieser angrenzende Kata Strand eigentlich Kata Yai, der große Kata, im Gegensatz zum Kata Noi, dem kleinen Kata, der sich daran anschließt.

Blickt noch jemand durch?

Heutzutage liegt „mein Kata" am Südende von Karon.

Einen Besuch dort traue ich mir bis heute nicht zu

Kambodschas Dschungelstadt

Kambodscha, Januar 1994

Seit ich Angkor im Dezember 1978 das erste Mal gesehen hatte war ich begeistert von diesen Tempeln im Dschungel von Kambodscha. Leider hatte ich nicht das Original gesehen. Nur ein Miniaturmodell von Angkor sah ich vor meinen Augen, in Auftrag gegeben von König

Mongkut und fertiggestellt 1882.

Ich entdeckte dieses Modell bei meinem allerersten Besuch im Wat Phra Kaeo in Thailands Hauptstadt Bangkok.

Erst 16 Jahre später begann der Wunsch Kambodscha einen Besuch abzustatten, Gestalt anzunehmen. Dies geschah in Form zweier Freunde, Anton aus Nordhessen, den es an den Bodensee verschlagen hatte und Sunny, unser gemeinsamer Freund aus San Francisco.

Beide kannten meinen großen Wunsch Angkor zu besuchen, beide waren auch erpicht darauf die Dschungelstadt im Norden Kambodschas zu durchstreifen und beide waren auch verrückt genug es trotz der immer noch andauernden Gefahr durch Minen und „Khmer Rouge" zu versuchen

Das Regime der roten Khmer hatten den Besuch Kambodschas jahrelang unmöglich gemacht. Der Einmarsch der Vietnamesen und die anschließenden gleichbleibenden schlechten Verhältnisse verlängerten diese Zeit.

Nun erst wurde es langsam wieder möglich dieses Land zu bereisen. Jetzt hatte ich endlich nach all diesen Jahren in denen ich diesen Traum gehegt und gepflegt hatte die Möglichkeit es zu tun. Allerdings war ich mir nun nicht mehr so sicher, ob ich es wirklich tun könnte. Ein Jahr zuvor war mein Sohn geboren worden. Ich befand mich in einem argen Zwiespalt, ob ich diese nicht ganz ungefährliche Reise antreten sollte.

Meinem Freund Anton ging es ebenso. Auch er war gerade Vater geworden. Wir berieten uns lange und erörterten das Hin und Her einer solchen gewagten Aktion. Schlussendlich kamen wir nach dem Einverständnis unserer Frauen zu dem Schluss, dass es einfach sein musste. Eine Lebensversicherung sollte zumindest materielle Auswirkungen abfedern, sollte doch etwas schiefgehen.

Unser Freund Sunny war begeistert, dass wir diese für ihn leidige Zweifel in seinem Sinne beseitigt hatten. Und so flogen Anton und ich alsbald mit Thai Airways und unseren Visa für Kambodscha (bei mir war es das erste das in Berlin für das Jahr 1994 ausgestellt worden war), nach Bangkok, während Sunny von San Francisco nach Saigon anreiste.

Leider trat kurz vor der Reise ein unerklärliches

Kommunikationsproblem zwischen uns auf. Anton sollte nun zuerst nach Saigon, um Sunny dort zu treffen, während ich allein nach Phnom Phen weiterreiste.

Ein paar Tage später wollten wir uns dann in Kambodschas Hauptstadt treffen. Leider, sehr zu meiner Enttäuschung, ist dies aber nicht geschehen.

Ohne dies zu ahnen verabschiedete ich mich deshalb auch nur kurz von Anton.

Die Maschine der Thai Airways war fast leer, als ich Richtung Phnom Penh weiterflog, und rollte nach einem kurzem Flug pünktlich um die Mittagszeit bis kurz vor das kleine Flughafengebäude des Ponchenton International Airports.

Die wenigen Meter vom Flugzeug zu den gelangweilten Einreisebeamten gingen wir Passagiere zu Fuß. Es folgte ein kurzer Blick auf das vorhandene Visum, ich bekam einen Stempel in den Pass und endlich betrat ich nach all den Jahren, in denen ich auf diesen Moment gewartet hatte, Kambodscha.

Wie überall in Asien wurde ich von einer wartenden Menge empfangen.

„Taxi, Taxi Sir".

Ich entschied mich für ein Moped Taxi, dessen Fahrer mich mit meiner Reisetasche zwischen den Knien für 1,5 US$ in die fünfzehn Kilometer entfernte Stadt brachte.

Größer konnte der Kontrast nicht sein.

Sechzehn Stunden zuvor war ich in Deutschland mit einem zehnstündigen Flug nach Bangkok gestartet. Danach wartete ich fünf Stunden auf dem klimatisierten Don Muang International Airport in Thailands Hauptstadt, um schlussendlich nach einem weiteren einstündige Flug hier anzukommen.

Wo? Im Chaos.

Gestern befand ich mich noch im kalten und sauberen Deutschland. Jetzt aber fuhr ich zwischen braunhäutigen Menschenströmen, unzähligen Fahrrädern, einer unüberschaubaren Zahl an Mopeds, etlichen Rikschas, sowie Kühen und Ochsenkarren durch die brütende Hitze von Phnom Penh.

Schon diese erste Fahrt vom Flughafen zum Hotel vermittelte mir einen ersten Eindruck davon, wie anders dieses Land gegenüber seiner Nachbarländer war. Zu Beginn war es noch ein unbestimmtes Gefühl, das sich aber schon bald manifestierte. Ein unübersehbarer Ernst und viel Unaussprechliches lag in den Gesichtern älterer Menschen. Es schien als funktionierten diese Menschen mehr als das sie lebten.

Die Straßen zum Zentrum der Stadt waren meist staubige und holperige Pisten. War ein Teerbelag doch noch rudimentär vorhanden, so war er von vielen tiefen Schlaglöchern durchsetzt.

Für meine Zeit in Phnom Penh hatte ich das Capitol Hotel gewählt. Das Capitol setzte die Tradition der großen Traveller Treffpunkte in Südostasien fort.

Das Capitol in Phnom Penh war nun was früher ein Hotel Malaysia in Bangkok, ein Ty Ann in Georgetown Penang oder das YMCA in Rangoon verkörperten.

Es war ein Treffpunkt und gleichzeitig eine Informationsbörse für die reisenden Pioniere eines Landes, in dem sich die Situation ständig veränderte, in dem alles noch im Fluss war und es ausgetretene Touristenpfade nicht gab.

In dieser fließenden Situation war man auf Tipps und Ratschläge anderer Reisenden angewiesen.

Spärlich vorhandene Reiseführer beschrieben das Land auf wenigen Seiten. Der Löwenanteil davon bezog sich auf die kunstgeschichtliche Beschreibungen der Tempel und war in der Praxis wenig hilfreich.

Aufgrund der sich so schnell verändernden Situation im Land hätten aber selbst bessere Reiseführer nicht viel genutzt. Bei ihrer Herausgabe wären sie schon Altpapier gewesen.

Irgendwie erinnerte mich diese Situation an die ersten alternativen Reiseführer von Thailand, Burma und ihren Nachbarländern Ende der siebziger Jahre.

Nachdem ich im Hotel eingecheckt, mein Bett im doch sehr schmuddeligen, eher verdreckten "Dormitory" bezogen, und ich mir ein paar Minuten der Ruhe auf dem Bett sitzen gegönnt hatte, ging ich hinunter in das Restaurant und trank ein erstes Angkor Bier. Zuvor wechselte ich noch ein paar wenige Dollar in die selten akzeptierten Landeswährung Rial, falls ich sie doch einmal brauchen sollte.

Von einem Franzosen am Nebentisch, mit dem ich ins Gespräch kam, wurde mir ein Gästehaus in Siem Reap empfohlen, dessen Name ich mir sogleich notierte.

Nun erst begann ich meine Umgebung bewusster wahrzunehmen. Als ich meine Blicke aus dem offenen kleinen Restaurant schweifen ließ, kamen mir Assoziationen mit cineastischen Endzeitstorys in den Sinn, mit Filmen, die uns einen Zustand nach einem atomaren Krieg in der Zukunft beschrieben.

Allerdings war hier alles real und trotzdem für mich nicht wirklich fassbar. Sicherlich war ich noch nicht wirklich hier angekommen. Ein Flugzeug lässt uns schnell von Kontinent zu Kontinent reisen, vielleicht etwas zu schnell für unser Verstehen und Begreifen. Aber es war auch diese einzigartige und sonderbare Andersartigkeit des Landes, das es von seinem Nachbarländern komplett unterschied.

Da waren diese Straßen, die nur noch ganz rudimentär, mit Asphalt Flecken, bedeckt waren, von denen dieser alles zudeckende und in der Luft wabernde Staub aufstieg, der in die Nase und den Mund eindrang und die Sicht wie durch einen Vorhang filterte.

Selbst die Sonne schien nicht ganz durch diese allgegenwärtigen Staubwolken zu dringen. Ihre Strahlen ließen die Staubkörner im Chaos tanzen. In großen Schlaglöchern glitzern dunkle Flüssigkeiten aus Öl, Abwasser und Dreck.

Überall wohin ich schaute, hatten die großen mehrstöckigen Häuser keine Fenster und Türen mehr. Manchen Wohnungen, ob im ersten oder vierten Stock, fehlten teilweise Außenmauern und waren fast ohne Mobiliar. Trotzdem lebten Menschen darin, die jederzeit aus diesen Ruinen herabstürzen konnten und denen man beim Leben wie auf offener Bühne zusehen konnte.

Wasseranschlüsse oder Strom waren meistens ein Wunschdenken und in diesem Phnom Penh oft nicht verfügbar

Verrostete alte Stromkabel hingen in den Straßen über mir. Manche schienen in diesem chaotischen Durcheinander an geflickten, abgerissenen und freiliegenden Kabeln sogar noch zu funktionieren. Sie schienen wieder, oder doch, oder noch ihren Dienst zu tun, temporär zumindest.

Aber immer wieder fiel der Strom komplett aus. Dann wurde die ansonsten sehr spärlich beleuchtete Gegend, wie in manchen Bildern eines William Turner, in tiefe Dunkelheit gehüllt und mit rot-gelben Farbtupfern, weniger, einzeln leuchtender Kerzen oder anderer kleinen Lichtquellen koloriert.

1975 war diese Dunkelheit über das Land und speziell auch über die Hauptstadt gekommen, als die Khmer Rouge siegreich am 17 April in Phnom Penh einzogen.

Etliche Gebäude, wie etwa die Nationalbank, deren Trümmer ich noch sehen konnte, wurde gesprengt und die Bewohner der Stadt gezwungen in ländlichen Gebieten Sklavenarbeit zu verrichten. Ärzte, Lehrer und auch Brillenträger wurden getötet. Pol Pot und seine Leute versuchten das Experiment einen kommunistischen Bauernstaat zu errichten, in dem Städte und ihre Bewohner als konterrevolutionär galten und aufgelöst werden mussten.

Viele Einwohner Phnom Penhs kamen bei den Arbeitseinsätzen in den landwirtschaftlichen Kommunen durch Hunger, Entkräftung, Krankheit (hauptsächlich Malaria) und Exekutionen ums Leben. Phnom Penh wurde für Jahre eine Geisterstadt.

Nach der Vertreibung der Roten Khmer aus Phnom Penh im Januar 1979 durch die Vietnamesen kehrten immer mehr Menschen zurück und hausten mit Kühen, Schweinen und Hühnern obdachlos in den Straßen der Stadt.

Von 1992 an wurde Kambodscha unter die Aufsicht der UNO gestellt, was zur Folge hatte, dass es durch die Devisen der fremden Soldaten zu einem kleinen Aufschwung kam

Wer die Möglichkeit hatte, etwas verkaufen zu können, eröffnete ein auch noch so kleines Geschäft oder Dienstleistungsgewerbe.

Ich sah manchmal Menschen, die gerade einmal eine Frucht oder einen anderen Gegenstand anboten. Bei vielen Kambodschanern hatten Funken von Hoffnung wieder Einzug gehalten. Es gab auch keine Alternative dazu. Doch, eine gab es.

Diese Alternative sah ich direkt vor mir, am Restaurant des Capitol sitzend.

Bettler kamen gebeugt an die Tische im Restaurant und baten um die Essensreste auf den Tellern, die sie dann in ihren Plastiktüten sammelten. Die Sammler waren Kinder, Frauen und Männer.

Entlassene Soldaten holen sich öffentlich von den Restaurantbetreibern ihr Schutzgeld ab, während einbeinige und beinlose Menschen durch den Dreck der Straßen humpelten und krochen. Das Land der Minen forderte weiterhin täglich neue Opfer. Nach all diesen Bildern fand ich es folgerichtig im feuchten und schmuddeligen Mehrbettzimmer des Capitols nicht wirklich in den Schlaf zu finden.

Am nächsten Tag besuchte ich das kambodschanische Viertel am Fluss, wie die Gegend um den Königspalast genannt wird.

Hier präsentierte sich das Vorzeige Phnom Penh.

Aber auch hier wehte überall noch der Atem der roten Khmer, den Zerfall und Zerstörung prägten. Selbst im Königspalast konnte man ihn riechen.

Die Sehenswürdigkeiten bedurften alle noch langer Renovierungsarbeiten, bevor sie sich wieder im Glanz der Vor-Khmer-Rouge-Ära präsentieren konnten. Es war seltsam sich ganz allein hier zu bewegen, kein anderer Tourist teilte den Platz und die Zeit mit mir, was den Besuch fast zu etwas Verbotenen machte, an das ich mich erst gewöhnen musste.

Am Mekong trank ich vor einem kleinen Lokal einen Kaffee, während nicht weit von mir entfernt eine junge Frau versuchte, mithilfe von Stücken aus Motorrad-Reifen als Holzersatz, auf einem stinkenden, qualmenden Feuer eine Mahlzeit für ihren daneben sitzenden in eine imaginäre Ferne starrenden Mann und zwei apathisch dreinblickende Kinder zu kochen.

Immer wieder überfielen mich hier solche Situationen, in der mir Worte und Gedanken fehlten und der Mund trocken wurde.

Warum war ich hier? Wie groß war die unsichtbare Mauer, die mich von den Existenznöten dieser Familie und der immer größer werdenden Zahl der Rikschafahrern und "Mopedtaximännern" vor mir trennte?

Wo in anderen Ländern Armut und Existenzangst durch Lachen, Lächeln und oberflächliche Heile Welt übertüncht wurden, sah ich hier in den Augen oft Elend, Schmerz, Leid und Hoffnungslosigkeit.

Egal für welchen Mann mit Moped oder Rikscha ich mich jetzt entschied, ich enttäuschte unzählige andere, die auf den kleinen Verdienst, auf den Dollar, den diese Dienstleistung kostete, hofften und angewiesen waren.

Schweren Herzens entschied ich mich dann für den, meiner Meinung nach, Ältesten unter ihnen und ließ mich von ihm mit seinem Fahrrad durch die Stadt fahren. Wir besuchten Wat Phnom und den Zentralmarkt.

Auf einer staubigen Schlagloch-übersäten Straße wurden Medikamente verkauft. Ich bat ihn anzuhalten und stieg für einen Moment aus, um sie mir genauer anzusehen. Alle die ich in die Hand nahm und prüfte waren schon seit Jahren abgelaufen und durch die Lagerung in der sengenden Hitze unbrauchbar, wenn nicht sogar gefährlich, geworden.

Anfang des Jahres 1994 war Phnom Penh fast noch autofrei, nur wenige Autos fuhren durch die breiten Alleen der Innenstadt.

Auch das war eine von vielen Besonderheiten im Vergleich zu den andern Hauptstädten Südostasiens.

Das offensichtliche Fehlen der Autos stach sofort ins Auge.

Hier gab es aber auch noch viele baumbestandene Alleen (ich glaube es waren Frangipani Bäume) und ruhige Nebenstraßen, die in anderen Städten Asiens längst verschwunden waren.

Den Verkehr in der Stadt beherrschten mittlerweile etwa eine halbe Million Mopeds und die immer noch zahlreichen Fahrradrikschas, die von der Taxifahrt bis zum Lastentransport für zahlreiche Dienstleistungen genutzt wurden.

Von einem Mitarbeiter einer humanitären Organisation, über den ich mitgebrachte Kleidung und Spielsachen meines Sohnes an ein Waisenhaus vermittelt hatte, erfuhr ich, dass die Kriminalitätsrate in der Stadt steil nach oben zeigte. Viele entlassene, und dadurch arbeitslose, Soldaten forderten Wegzölle und Schutzgelder. Für ein Moped überschuldeten sich viele Kambodschaner und versuchten an Geld zu kommen, wenn sie die Raten nicht zurückzahlen konnten. Für ein Moped wurde auch nicht selten getötet. Schusswaffen und Messer saßen locker in einem Land, in dem viele Menschen fast nichts besaßen und deshalb auch nicht viel zu verlieren hatten.

Mit diesem Wissen holperte ich in einer Rikscha mit einem etwas mulmigen Gefühl durch den Staub der abendlichen Stadt, über unbelebte Seitenstraßen, über Straßenkreuzungen ohne Ampeln in einem Gewirr tausender sich kreuzender Zweiräder und oft eingeordnet in einem nicht endenden Strom von Fahrrädern, Mopeds und Rikschas.

Da ich nach ein paar Tagen immer noch nichts von meinen Freunden Anton und Sunny gehört hatte, ließ ich ihnen eine Nachricht am Info Board des Hotels zurück und machte mich am nächsten Tag auf den Weg nach Angkor.

Für die Fahrt nach Siem Reap hatte ich mich für ein Flussboot entschieden.

Natürlich wäre der Flug bedeutend ungefährlicher gewesen, aber auch langweiliger.

Es gab zwei Arten von Flussbooten, die zunächst den Mekong hinauf und dann über den riesigen Binnensee Tonle Sap bis nach Phom Krom, einem Hafen in der Nähe von Siem Reap, fuhren.

Die großen langsamen Boote, die bequemer waren und mehr Platz hatten, brauchten für diese Reise zwei Tage. Die schnellen kleinen und unbequemeren Boote erreichten dagegen ihr Ziel oftmals schon nach 12 Stunden.

Da ich in Phnom Phen mehrfach von Überfälle auf die großen Boote, die über Nacht in Kampong Chhrang lagen, gehört hatte, entschied ich mich für ein kleines schnelles Boot.

Ob das die richtige Entscheidung war, kann ich nicht sagen, da ich das große Boot und seinen möglichen Komfort nicht kennengelernt habe.

Die etwa zwölf Stunden auf dem kleinen Boot aber waren die Hölle. Auf dem schmalen Schiff war es so eng, dass ich mich kaum rühren konnte. Um auf die, zumindest vorhandene, Toilette zu kommen, musste ich aufpassen nicht über Gepäck oder Passagiere zu stolpern und ins Wasser zu fallen.

Mehrmals wurden wir während der Fahrt von waffentragenden, militärisch aussehenden, Personengruppen auf Booten gestoppt und Geld wechselte den Besitzer, was ich als Wegzoll interpretiert habe und was mir später auch bestätigt wurde.

Die Landschaft auf dem großen See war etwas langweilig, da wir von Wasser umgeben nur ab und an etwas Ufer ausmachen konnten, das eintönig mit Schilf bewachsen war. Nur die Fahrt am Beginn der Reise auf dem Mekong brachte interessante Eindrücke von Land und Leuten.

Bemerkenswert blieb noch der missglückte Versuch unseres Kapitäns, irgendwo auf dem See an einen größeren Kahn anzulegen,

und ihn dabei beinahe zu rammen und beide Boote zu versenken.
Der Schreck darüber brachte zumindest Abwechslung während des
eingepfercht-Seins in unsere menschliche Ölsardinenbüchse.
Für die Reise hatte ich mir vor der Abreise ein frisches französisches
Weißbrot und Wasser zu trinken besorgt. Der Küche auf dem Boot
traute ich aus hygienischen Gründen nicht so ganz. Eine
Magenverstimmung oder Schlimmeres wollte ich mir jetzt, da ich
meinem Traum von Angkor so nahe war, nicht mehr leisten.
Auf dem Boot lernte ich Steven, einen jungen amerikanischen Arzt
aus Brooklyn kennen. Er arbeitete als Assistenzarzt in Korea und war
für einen Kurzurlaub nach Kambodscha geflogen.
Als wir am Abend, vorbei an einem schwimmendes Dorf, den
schlammigen Hafen von Phom Krom erreichten, hatten wir
beschlossen uns am nächsten Tag ein Taxi für den Besuch Angkors
zu teilen.
Phom Krom war eine Straße aus Morast mit etlichen Hütten, vielen
Menschen, kleinen Booten sowie einigen wartenden Motorradtaxis
im Schlamm.
Nach einstündigen Fahrt durch die Dunkelheit erreiche ich endlich
mein Gästehaus, aß noch schnell einen Teller Reis, trank ein Wasser,
und legte mich völlig erschöpft schlafen.
Ich saß noch beim Frühstück als Steven schon mit einem gemieteten
Taxi vor der Tür stand. Aufgrund der kurzen Zeit, die er für die
Tempelanlagen zur Verfügung hatte, war seine Eile schon
verständlich. Aber dadurch konnte er auch nur einzelne Bauwerke
oberflächlich abhaken. Ich fragte mich nach der Hälfte des Tages
schon, ob ich mir diese Hetze weiter antun sollte. Aber ich machte
das Beste daraus, zumal ich noch viel länger hierbleiben würde.
Wir begannen unsere Tour mit Angkor Wat und schon bei dieser
ersten Station war ich absolut begeistert.
Genialität war hier in Stein gemeißelt. Majestätisch und prachtvoll
erhob sich dieser Tempelberg aus dem ihn umgebenden Dschungel
und ließ jeden der wenigen Besucher staunen. Danach streiften wir
durch Angkor Thom, entdeckten Riesenstatuen auf Brücken und
fantastische große Tore aus einer anderen Welt. Unterwegs sahen wir
immer wieder die Spezialisten der UN, deren Leiter von den
Kambodschanern liebevoll „King of the Mines" genannt wurde. Vor

ihnen lag noch eine Unmenge an Arbeit bis sie die Minen, die hier noch überall im Dschungel und auf den Feldern lagen, geräumt hatten. Überall fand man rote Hinweisschilder mit schwarzen Totenschädel, die vor den verminten Gebieten warnten.
Überwältigt von den Eindrücken Angkors kamen wir am Nachmittag nach Siem Reap zurück.
Steven mochte als Arzt noch einen Blick in das Hospital werfen und ließ sich dort absetzen. Ich überlegte nicht lange, als er fragte, ob ich mitgehen wolle, und begleitete ihn.
Durch ein halb verrostetes, großen Tor, auf dem bildlich dargestellt war, welche Gegenständen des „täglichen Gebrauchs" man nicht beim Besuch des Hospitals bei sich führen durfte, betraten wir das Gelände. Von Messer, Pistole Maschinenpistole und Handgranate, bis hin zur Panzerfaust, war ein komplettes Waffenarsenal auf dem Tor abgebildet, welches mit roten Kreuzen durchgestrichen war.
In den Krankenzimmern herrschten katastrophale Verhältnisse. Meist hatten sich etliche Verwandte um das Metallbett des Patienten herum häuslich eingerichtet. Ihnen oblag auch die Verpflegung der oftmals verstümmelten, mit blutigen und schmutzigen Verbänden kaum ansprechbaren Opfer der Minen. Ab und an sah man eine Krankenschwester. Ein Arzt kam nur für wenige Stunden ins Hospital, um seine Visite zu machen. Hygiene durfte man nicht erwarten. Dafür waren die Mittel nicht vorhanden. Es fehlte anscheinend an allem.
Nach der Begeisterung des Tages folgte hier die Ernüchterung. Kambodscha war kein Land für unbeschwertes Reisen.
Steven und ich verabschiedeten uns nach einem gemeinsamen Bier, da er am nächsten Tag schon wieder zurückreisen musste.
Am Abend saß ich noch bei einem weiteren Bier im Restaurant meines Gästehauses. Ich schien allein hier zu sein, andere Gäste hatte ich noch nicht gesehen. Als ich mit dem Kellner ins Gespräch kam, lud ich ihn zu einem Bier ein. Wir unterhielten uns auf Englisch und Thai, da er längere Zeit in einem Flüchtlingslager in Thailand gelebt hatte und einigen wenigen Brocken Französisch.
Das Gespräch dauerte lange und nach der dritten Flasche Bier erzählte er mir, dass sein Onkel als Mitglied der roten Khmer, für den Tod seiner Eltern, überhaupt für den Tod vieler

Familienmitglieder, verantwortlich war.

Seine Eltern wurden erschlagen, dann stockt ihm der Redefluss. Ich merkte, dass er an eine Grenze kam und drang nicht weiter nach Antworten.

Es entstand eine längere Gesprächspause.

„Aber was soll ich machen? Ich habe sonst niemanden mehr auf der Welt".

Er zuckte resignierend die Schultern. „Was ist richtig, was ist falsch. Wie kann ich mich jetzt noch richtig verhalten?" Für mich stand dieser Kellner exemplarisch für den Zwiespalt seiner Generation, die Liebe und Hass, Notwendigkeit und Rache, Realität und Ernüchterung in ihren Gesichtern trug.

Alles das sprach aus seinem Gesicht, aus seiner Erzählung, dass kein Gut und Böse voneinander trennen konnte.

Ich blickte in ein altes, ernstes Gesicht eines jungen Mannes in dem Leichtigkeit und Freude gestorben waren in dieser Welt der Khmer im Jahr 1994.

Kambodscha hatte sein Lächeln verloren und war wie gelähmt von einem Trauma, das schwer über dem Land hing.

Sein Onkel lebte jetzt wieder in Siem Reap, hatte sich von seinen ehemaligen Parteigenossen mehr oder weniger distanziert, und versorgte die Restfamilie. Genaueres darüber konnte oder wollte mir mein Gesprächspartner nicht erzählen.

Nur das Bier hatte seine Zunge gelockert.

Ich war mir sicher, dass er mir nüchtern ansonsten gar nichts erzählt hätte.

Einige Rote Khmer hätten vor drei Tagen hier mein kleines Hotel überfallen und die Leute ausgeraubt, die hier wohnten, erzählte er weiter.

Niemand würde und dürfte darüber sprechen, um den beginnenden Tourismus nicht zu gefährden. Man brauche das Geld der Touristen.

Ich musste mehrmals schlucken ob dieser Neuigkeiten.

Heute Nacht würde ich sicher nicht so gut schlafen. Das wusste ich jetzt schon.

Die roten Khmer seien auch gelegentlich noch nachts in verschiedenen Tempeln von Angkor unterwegs um Skulpturen, Buddahköpfe und anderes verwertbares Kulturgut zu rauben.

„Tagsüber gehört Angkor der Armee und damit den Touristen, nachts aber immer noch den roten Khmer."

Ich hatte sehr unruhig geschlafen und war, bei jedem Geräusch, immer wieder hochgeschreckt in dieser Nacht.

Am nächsten Morgen lieh ich mir ein kleines Moped aus, um zum Tha Prohm zu fahren. Dieser Tempel wurde so belassen wie man ihn in den 60ziger Jahren des 19 Jahrhunderts „wiederentdeckt" hatte.

Stein und Natur, Natur und Stein waren in diesem Bauwerk in einer einzigartigen Symphonie miteinander verschmolzen. Aus Mauern wuchsen hohe Bäume und Portale waren von Baumwurzeln umschlungen.

In den teils unpassierbaren Gängen wucherte der Dschungel zwischen heruntergefallenen Steinblöcken. Schmetterlinge segelten durch die Luft und von überall her hörte ich das Gezwitscher der Vögel.

Ich war an diesem Tag der erste Tourist in diesem etwas abgelegenerem Tempel. Vielleicht wurde ich deshalb ab dem Zugang zum Tempel von einem Soldaten mit seiner AK 47 begleitet. In der Hauptsache kontrollierte er, während er vor mir herlief, ob in der Nacht Sprengdrähte über Wege gespannt worden waren. Im Tempel selbst war ich dann allein, während er auf mich wartete.

Ich stand allein, und ging allein durch diesen Traum aus alter Baukunst und überschwänglicher Natur, die sich den Kulturraum zurückerobert hatte.

Entstanden war daraus ein neues Kunstwerk, das seinesgleichen suchte.

Insekten summten und die Vögel trällerten ihre Melodien hinein in einen warmen hellblauen Himmel, in den die hohen Dschungelbäume wuchsen.

Über tonnenschwere bemooste Steinquader und teils eingestürzte Decken, unter herabhängenden Lianen hindurch, erreichte ich den Inneren Bereich mit den von Würgefeigen umfangenen und zerstörenden Tempelbereichen.

Ein alter schmächtiger Kambodschaner saß einsam zwischen den Ruinen und spielte eine traurig schöne Melodie auf einer kleinen Flöte, während die Schmetterlinge um ihn herum durch die Luft tanzten. Ein Bild für die Ewigkeit.

Die Abwesenheit anderer Menschen machte dieses Erlebnis noch intensiver als es eh schon war. Ich blieb sehr lange in diesem Traum, den ich gar nicht mehr verlassen mochte.

Beim späten Mittagessen in Siem Reap lernte ich zwei Franzosen kennen, die vorhatten in der kommenden Nacht zum Bayon zu fahren, um den Sonnenaufgang dort zu erleben.

Auf meine Frage ob das erlaubt sei, bekam ich nur ein breites Grinsen der Beiden.

Ich verabredete mich mit ihnen und fuhr dann auf Empfehlung der Beiden zum Markt.

Der Markt bestand aus mit Stoff überdachten Verkaufstischen, die in langen Gängen zu einem großen Viereck angeordnet waren.

Als ich mich in das Innere des Marktes begab, traute ich meinen Augen kaum.

Die Franzosen hatten nicht übertrieben, als sie mir eine kambodschanische Besonderheit versprachen, die einzigartig auf der Welt sei.

Hier fand man hundert Meter lange Gänge, auf denen nur ein Produkt verkauft wurde: Marihuana!

Kambodscha schien das einzige Land zu dieser Zeit zu sein in dem es legal war kiloweise Marihuana zu kaufen. Der Geruch des Rauschgiftes überlagerte alle anderen Gerüche in seiner Nähe.

Mein nächster Tag begann logischerweise früh. Sehr früh sogar.

Bereits um vier Uhr fuhr ich in dunkler Nacht mit den Franzosen aus der Stadt hinaus. Die Soldaten an der Kontrollstelle zum Tempelbezirk freuten sich über etwas Geld und Zigaretten, schienen solch frühe Besucher aber auch gewöhnt zu sein.

Erst als wir kurz vor dem Bayon von zwei Soldaten mit entsichertem AK-47 Gewehren angehalten und überprüft wurden, bedachten wir etwas bewusster diese Gefahr, in die wir uns begeben hatten.

Wir stiegen zu einigen wenigen anderen, bereits anwesenden, Sonnenaufgang-Enthusiasten hinauf und warten auf die Sonne.

Die Stimmung war einzigartig. Es herrschte Stille, nur einige frühe Vögel schienen die Sonne herbei singen zu wollen. Über uns, um uns herum, und an uns vorbei strichen Unmengen an Fledermäusen durch die Lüfte und zeichneten ihre Konturen an den heller werdenden Himmel, bevor sie wieder in den Türmen des Bayons zum Tagesschlaf verschwanden.

Als die ersten Strahlen der Sonne dann auf den zentralen Turm fielen, hörte man ein leises ungläubiges "Ohh" aus einigen Mündern. Die Sonne glitt am Bauwerk hinab und strahlte Gesicht um Gesicht aus unterschiedlichen Winkeln an, um diesen monumentalen Gesichtern eine fantastische Plastizität zu verleihen die ich gar nicht beschreiben will. Dieser Moment bleibt nur in meinem Kopf und in dem jener die es auch selbst erlebt haben.

Hier oben in der dritten Etage des Bayons aus seinen 49 Türmen mit 172 gigantischen eisig lächelnden Gesichtern des Avalokitesvara kamen mir fast die Tränen ob der Schönheit dieses Meisterwerks im Dschungel.

Allein aufgrund dieses Moments hatte es sich gelohnt die halbe Welt zu umrunden und alle Schwierigkeiten und Gefahren auf mich zu nehmen.

Dieser Moment, den ein unwiederbringlicher Zauber geadelt hatte, ist mein Angkor und das Einlösen meines Versprechens das ich mir selbst, damals in Bangkok, als ich zum ersten Mal vor der Miniaturausgabe dieser Tempelanlage stand, gegeben hatte.

Ein großer Traum war hier oben wahr geworden.

Die höher steigende Sonne verwischte dann den Zauber, der mich für eine lange, kurze Zeit umfing und brachte mich zurück in die Realität, die sich im Restaurant in der Nähe von Angkor Wat als giftige Hanuman Schlange entpuppte, die aus dem großen schattenspendenden Baum vor meine Füße fiel.

Als ich zurück zur Stadt fuhr, Soldaten und Minenräumtrupps begegnete, dachte ich daran, dass es gerade einmal 140 km bis zur thailändischen Grenze waren. Noch war fünfzehn km entfernt Guerillagebiet und noch waren Checkpoints, besetzt von Soldaten mit schussbereiten Kalaschnikows omnipräsent. Noch war Reisen in Kambodscha mit nicht voraussehbaren Gefahren und den mehr als katastrophalen Straßen verbunden. Wenn dieses Land aber erst einmal von den sich immer noch zur Wehr setzenden roten Khmer befreit sein würde, die Straßen in einem einigermaßen guten Zustand und die Minen geräumt wären, würden sich eine Flut von Touristen über Angkor ergießen. Da war ich mir sicher. Natürlich werden dann unzählige Menschen mit gutem Recht dieses Wunder im Dschungel sehen wollen. Es werden sich glänzende Einnahmequellen für die doch so arg gebeutelten Kambodschanern erschließen und das sei ihnen von ganzem Herzen gegönnt.

Solche Momente wie ich sie erlebt und geschildert habe, würden dann aber der Vergangenheit angehören.

Ich nahm mir vor Angkor dann noch einmal besuchen. Es würde sicher dann immer noch beeindruckend sein, nur anders halt. Aber wie das dann genau sein würde, konnte ich mir in diesem Moment noch nicht richtig vorstellen.

Ein paar Tage später flog ich glücklich und mit wunderbaren Erlebnissen im Gepäck für 45 $ mit einer Propellermaschine der Cambodian Airlines nach Phnom Penh zurück.

Unter mir breitete sich der riesige Tonle Sap aus, auf dem ich, wie es mir schien, vor ewigen Zeiten auf einem engen schmalen Boot gereist war.

Ich blieb noch einige Tage in Phnom Penh und besuchte die Killing Fields von Choeng Ek, wo mich hunderte von Schädeln von in diesem Vernichtungslager ermordeter Kambodschanern anblickten.

Ich fuhr durch die Slums am Stadtrand der Hauptstadt und sah das Elend entwurzelten Menschen in Behausungen aus Holzabfällen und Plastikplanen. In deren Augen konnte ich keine Zuversicht erblickten. Ich besuchte auch das ehemalige „Sicherheitsgefängnis 21 (S21), das heute als Tuol-Sleng-Museum oder „Museum des Völkermords" als Erinnerung an die Verbrechen der Roten Khmer in Phnom Penh dient.

Und dann hatte ich plötzlich genug vom Grauen und der immer noch schwer verwundeten großen Stadt.

Ich hatte plötzlich genug von allem.

Mein Kopf war voller Gedanken, mehr schien er nicht mehr zu vertragen. Ich schreckte nachts aus dem Schlaf, als ich draußen auf den Straßen einen Schuss höre.

Ich hatte genug gesehen, schönes und hässliches und jetzt mochte ich weg von hier.

Bald darauf saß ich im Flugzeug nach Bangkok und blickte hinab auf Palmen und Reisfelder.

Ich wusste bereits im Flugzeug, dass ich noch lange brauchen würde, bis ich diese Reise auch im Kopf zu Ende gereist wäre, ebenso wusste ich aber auch, als ich aus dem Flugzeug heraus auf die Reisfelder schaute, wie einzigartig diese Reise gewesen war.

Frühling an der Bergstraße

Südhessen, April 1995

Ein Ausflug mit dem Mountainbike bietet sich im Süden Hessens an den Westhängen des Odenwalds für den sportbegeisterten Fahrradfahrer an. Jede Ausfahrt ist eine kleine Reise, die, obwohl so nahe und vertraut, trotzdem so weit von jeglichem Alltagsstress entfernt ist.

Der Frühling kommt nicht langsam und nicht schleichend an die Bergstraße.
Es ist eher wie eine Explosion der Natur und ein Aufbrechen aus der Starre des Winters.
Nach Monaten mit Nieselregen und grauen Himmel, nach Temperaturen um den Gefrierpunkt und dem gemächlichen Rollen ohne Steigungen an trockenen Tagen durch braune Felder ohne Grün, ist es endlich wieder so weit.
Der Himmel erstrahlt in seinem schönsten Blau, die Konturen des Odenwalds sind exakt und scharf auf die Leinwand der Natur gemalt, und die Sonne zeigt nach langer Zeit wieder einmal ein Beispiel ihrer Kraft, wie eine Botschaft des herannahenden Sommers.
Lorsch habe ich über eine Allee aus weißen und rosa blühenden Mandelbäumen verlassen und genieße den Kontrast der Blütenpracht zum strahlend blauen Himmel.
Überall unterwegs in den Feldern und Wiesen sprießt frisches saftiges Grün und streckt sich der Sonne entgegen.
In der Bachgasse in Auerbach angekommen, scheint mir selbst das Wasser des Bächleins frischer und vitaler entgegenzusprudeln als an den grauen Tagen zuvor.
Ich biege nach rechts ab und quäle mich die erste starke Steigung auf Kopfsteinpflaster bis zur Kirche empor.
Kurz dahinter empfangen mich erstmals alte Bekannte, Weinreben

mit frischem Grün.

Auf schmalen Wirtschaftswegen radle ich Richtung Kirchberg.

Absolut passend befinden sich unterwegs am Scheffel Platz, auf einem Gedenkstein, wenige Zeilen aus dem Gedicht „Ausfahrt" vom Namensgeber des Platzes, dem Dichter Victor von Scheffel:

> „Mag lauern und trauern
> wer will,hinter Mauern,
> ich fahr´in die Welt!"

Besser könnte mein momentanes Gefühl bestimmt nicht beschrieben werden.

Dieses Worte geben mir frische Kraft und lassen mich kräftiger in die Pedale treten.

Ich fahr in die Welt, die nicht weit von zuhause hier oben zu finden ist. Dazu braucht es keine weite Reise, es reicht das Mountainbike und der Wille es zu tun.

Immer wieder treffe ich auf Winzer, die in den Weinbergen arbeiten. Gerne legen sie für eine Auskunft oder ein paar kurze Worte eine kleine Pause ein.

Nach einer zwischenzeitlichen Abfahrt führt der Weg langsam immer weiter nach oben, führt mich bis an den Waldrand und von dort sehe ich hinunter in das Tal des Fürstenlagers mit seinen Brunnen und Pavillons.

Oft mache ich hier einen Abstecher hinunter, genieße die Fahrt durch dieses windgeschützte Tal mit der alten russischen Kirche, mit den asiatischen Goldfischen im Teich und den amerikanischen Mammutbäumen, die wie natürliche Säulen in den Himmel ragen.

Heute aber umfahre ich das Fürstenlager und jage durch einen grünen Baumtunnel zum Schönberger Sportplatz hinunter. Ich lasse ihn links liegen und folge dem Waldweg, der zum Kirchberg führt.

Nach einer kräftigen Steigung am Ende erreiche ich das Kirchberghäuschen und genieße den Blick über die Dächer von Bensheim. Ich lasse meinen Blick schweifen, entlang dem welligen Band der Bergstraßenhügel, und sehe verschwommen, fern im Dunst, den Fernsehturm von Mannheim, die Industrieanlagen der BASF und das Kraftwerk in Mannheims Ortsteil Neckarau

Es ist immer Betrieb auf dem Kirchberg, in dem kleinen Ausflugslokal mit seiner gemütlichen Gartenwirtschaft. Wie inspirierend ist es immer wieder für Spaziergänger und Mountainbiker hier zu rasten und bei einer kleinen Brotzeit mit einem ¼ Glas Bergsträßer Wein zu sitzen und den Blick schweifen zu lassen.

Das Kirchberghäuschen ist ein Platz, an dem man leicht die Zeit vergessen kann.

Ich will aber weiter und fahre nach Osten, Richtung Odenwald. Schnell sind die Reben verschwunden und schon bald wird der Weg von Eichen und Buchen gesäumt. Es geht bergab, vorbei an Häuser und Gärten bis ich die Nibelungenstraße, eine der wenigen West Ost Verbindungen, die die Hügel des Odenwalds zerschneiden. erreicht habe.

Beginnend in Worms endet sie in der Elfenbeinstadt Erbach und soll an den Jagdzug der Nibelungen mit ihrem Helden Siegfried erinnern. Der große Held soll hier irgendwo, getroffen von dem Speer Hagens, seinen Heldenatem ausgehaucht haben, wie es nicht wenige Ortschaften in der Gegend für sich beanspruchen. Die große Zahl der Siegfried Brunnen legt Zeugnis davon ab.

Dabei weiß man als Lorscher natürlich, dass der Held bei Lorsch von Hagen gemeuchelt und dann zunächst im großen Benediktinerkloster aufgebahrt wurde. Alle anderen haben da unrecht. Was soll ich auch anderes sagen, denn, wer hat eine Fassung des Liedes von Heldentum und Verrat am Wormser Hof geschrieben und weiß es so am besten? Ein Mönch aus dem mächtigen Kloster Lorsch. So wurde es nicht nur mir immer erzählt.

Heute ist die Verkehrsfrequenz auf der Nibelungenstraße recht hoch. Trotzdem muss ich ein paar hundert Meter entlang dieser Straße fahren, bis ich auf der anderen Seite am Parkplatz der Naturfreunde wieder im Wald verschwinden kann.

Danach geht es wieder bergan. Da ich vom Kirchberg bis hierher heruntergerollt war, muss ich wieder einige Höhenmeter gutmachen. Hoch über Gronau, einem der Ortsteile von Bensheim, lädt eine Bank an einem Wegkreuz zum Pausieren ein.

Ich schleiche mich diesmal von hinten durch den Wald an die Weinlagen heran und oben angekommen liegen sie wie ein grün gemustertes Tuch ausgebreitet vor mir.

Es ist wie eine Symphonie der Farben. Über dem grünen Teppich der

Reben kontrastiert das helle Blau des Himmels und mitten darin, wie riesige Schneebälle die üppigen weißen Blüten der Obstbäume, die teils als Solitäre, teils Alleen bildend an den Wirtschaftswegen, ihre Akzente setzen.

Überall hört man das Gesumme der Bienen und Hummeln, als Zeichen einer sprießenden Natur, als Zeichen des wiedererwachenden Lebens.

Jetzt finde ich noch diese Frische in der Luft, die später im Jahr von der Schwüle und Hitze des Sommers aufgesogen wird.

Alles Leben vermittelt eine Aufbruchstimmung, jubelt den warmen Strahlen der Sonne entgegen.

Düfte, die nun überall durch die Luft wehen, nehme ich durch die Anstrengungen intensiver auf.

Die Ausfahrt, wie Victor von Scheffel sagen würde, ist wieder einmal pures Genießen, bei all den Anstrengungen, die mir die starken Steigungen abverlangen.

Aber nun geht es fast eben auf dem Kamm über den Weinbergen Richtung Süden.

Zeit zum Schauen und Genießen.

Auf einem ruhigen asphaltierten Weg rolle ich anschließend hinunter nach Gronau.

Auch hier habe ich eine Straße zu überqueren, aber im Gegensatz zur Nibelungenstraße endet diese wenig befahrene Ost West Verbindung im Talkessel von Gronau.

Natürlich könnte ich schon von hier entlang eines kleinen Baches nach Bensheim hinunterrollen, aber eine Steigung habe ich mir noch vorgenommen.

Und so biege ich wieder im Ortsteil Zell links ab, kurz bevor ich das Wahrzeichen Zells, die Zeller Käsemühle passieren würde.

Wieder hinauf und oben entlang und wieder hinunter und wieder blühen die Bäume, strahlt das frische Grün der Weinblätter, summen Insekten.

Es ist Frühling an der Bergstraße und viel sagen es sei die schönste Zeit des Jahres. Hier beginnt der Frühling immer etwas früher als im restlichen Deutschland sagen die Meteorologen.

Der Duft der Blüten dringt durch die Nase und begleitet mich auf dem letzten Teilstück der Tour durch die Reben hinunter nach

Bensheim.

Jetzt schon nach Hause zu fahren wäre einfach zu Schade.

Auf dem Marktplatz in Bensheim fülle ich mit eine Portion gebratene Nudel und Apfelsaftschorle beim Chinesen meinen Kohlenhydratspeicher wieder auf.

Die alten Fachwerkhäuser umringen den St. Georg Brunnen und sind Kulisse für die flanierenden Bensheimer und ihre Gäste.

Diese Stimmung, dieses Gefühl, das mich begleitet hat bei meiner „Ausfahrt" beschreibt keiner besser als Eduard Mörike:

„Er ist´s

Frühling lässt sein blaues Band
Wieder flattern durch die Lüfte;
Süße, wohlbekannten Düfte
Streifen ahnungsvoll das Land
Veilchen träumen schon,
Wollen balde kommen.
Horch, von fern ein leiser Harfenton !
Frühling, ja du bist´s!
Dich hab ich vernommen."

Genauso und nicht anders ist der Frühling an der Bergstraße!

Geirrt wie Kolumbus

Insel Hispaniola, Santo Domingo Februar 1989

Wir flogen über dem Atlantik. Der Weg in die Karibik führte uns nach Neufundland. Ich hatte mich eigentlich schon für wärmere Gefilde gekleidet, als wir in Gander landeten. -25 Grad Celsius und ein strahlend blauer Himmel empfingen uns, als wir über die Gangway aus unserem Flugzeug ausstiegen. Ein schmaler, freigeräumter, Weg führte zwischen hohem Schnee ins Flughafengebäude von Gander. Es schien ein kleiner Provinzflughafen zu sein, wie ich, nach allem, was ich hier sah, vermutete.

Nach einer zweistündigen Pause erreichten wir am späten Nachmittag unser Ziel – Santo Domingo – Hauptstadt der

Dominikanischen Republik.

Ein Taxi brachte uns durch strömenden Regen und tiefe Wasserdurchfahrten in die Innenstadt, wo wir ein historisches, altes Hotel mit günstigen Preisen für die ersten beiden Nächte in der fremden Umgebung fanden.

Für mich unvergessen bleibt der schöne historische Aufzug, den ein junger „Liftboy" bediente und uns in den ersten Stock zu unseren Zimmern brachte

Den ersten Morgen in der Karibik begannen wir bei einem gemütlichen Frühstück auf dem historischen Platz vor der alten spanischen Kirche. Es war nicht so heiß wie ich die Karibik erwartet hatte.

Ein angenehmer Wind wehte über das bunte Treiben auf dem großen Platz. Von überall her ertönte Musik. Alle Radios spielten diese Musik, alle Live-Musiker kannten anscheinend nur eines: Merenque. Es ist die Musik und der Tanz der Dominikanischen Republik.

Noch historischer wurde es, als wir uns zu einer Führung anmeldeten, die uns zu den ersten Gebäuden und Plätzen der europäischen Entdecken führte.

Wir waren nur eine kleine Gruppe Touristen, die durch das Gebäude geleitet und begleitet wurde, in dem der Sohn des Christoph Columbus einst lebte und in dem auch sein Vater, einer der berühmtesten und bekanntesten Entdecker der Welt, gelegentlich genächtigt haben sollte.

Wir wurden durch den einen und anderen Wohnraum, Saal und Zimmer geführt.

Wir erreichten dann ein Schlafzimmer mit Bett. Unsere Fremdenführerin erzählte, dass hier auch Er, der Entdecker, Christoph Columbus geschlafen hätte, wenn er zu Besuch bei seinen Sohn weilte

Dieses Bett ließ mich nicht mehr los, es faszinierte mich. Es war etwas so Extraordinäres, dass ich mich davon nicht trennen konnte. Alles, was ich in der Schule gelernt hatte, viele meiner Träume wurden hier Wirklichkeit. Ich dachte nur noch an Christoph Columbus. Kein anderer Entdecker war mir bekannter, kein anderer war mir als Kind näher gewesen. Unsere Besuchergruppe zog weiter und wir standen allein in diesem Raum.

•

Mich übermannten Gefühl und Gelegenheit und ich nutze die Chance. Ich überstieg, ohne weiter nachzudenken die Absperrung und legte mich auf Sein Bett. Ich lag im Bett des Christoph Columbus. Welch höhere Weihen kann ein Reisender noch bekommen? Meine Welt war in Ordnung. Meine Begleiter schauten mit offenen Mündern, verstanden aber nicht das Weshalb und Warum. Ich glaube, sie hatten den Grund für meine Aktion nicht wirklich verstanden, nehme ich im Nachhinein an. Dieses Gefühl, diese Chance genutzt zu haben im Bett eines Helden meiner Kindheit gelegen zu haben, wer versteht das schon. Mich allerdings faszinierte es. Ich habe dreißig Jahre mit diesem erhebenden Gefühl gelebt, das ich Santo Domingo und Kolumbus zu verdanken habe.

Am Abend, als wir an der ältesten Kirche der neuen Welt saßen und Bier tranken und in das Leben der Menschen Santo Domingos einbezogen waren, hörte man natürlich von überall her wieder Merenque. Diese Musik spielte immer, zumindest ist die ganze Dominikanische Republik in meiner Erinnerung mit dieser Musik unterlegt. Nicht allein an der Kirche, Merenque war omnipräsent in diesem Land. Der einsame, menschenleere Weg nach Hause über Kopfsteinpflaster und entlang den alte Häusern vertiefte den Eindruck einer vergangenen Zeit der Entdecker, die in diesen alten Gemäuern ihren Anfang genommen hatte. Die wenigen gelben Lichter über dem Kopfsteinpflaster spiegelten alte Bilder in meinem Kopf und ließen Stimmungen Wirklichkeit werden.

Dreißig Jahre später recherchiere ich über die Geschichte, die ich hier erzähle. Und plötzlich ändert sich diese Geschichte.

Ich mache es kurz.

Ich habe mich geirrt.

Ich habe kein Sakrileg begannen, als ich ins Bett des Christoph Columbus gestiegen bin. Die Wahrheit ist so profan, dass mein Abenteuer unwirklich und schal wird. Die ganze Einrichtung dieser historischen Häuser in Santo Domingo wurde willkürlich aus alten Kolonialhäusern zusammengestellt. Also war das Bett, in dem ich lag, zwar alt, aber niemanden zuzuordnen. Aber es war auf keinen Fall das Bett in dem Christoph Columbus geschlafen hatte.

Dreißig Jahre hatte ich mit dieser großartigen Geschichte, mit dieser Faszination gelebt, im Bett der Christoph Columbus gelegen zu haben. Ich habe jetzt dadurch gelernt, dass man sich sehr viel und sehr lange irren kann. Und damit nicht genug, habe ich mich ganz nebenbei auf dieser Reise auch noch ein zweites Mal geirrt, Der Flughafen in Gander war kein Provinzflughafen, wie mich meine Recherche aufklärte. Nein im Gegenteil, er war zu der damaligen Zeit der größte Flughafen der Welt.

Ich hatte zwischen den zwei Meter hohem Schnee auf beiden Seiten unseres schmalen Weges zum kleinen Flughafen Terminal den falschen Eindruck gewonnen.

Zweimal hatte ich mich geirrt. Und das schon am Anfang der Reise innerhalb zweier Tage.

Er hatte sich auch geirrt. Und jetzt bin ich ihm so nahe. Er einmal, ich zweimal als wir für uns Amerika entdeckten.

Er starb und dachte immer noch, er wäre in Indien gewesen.

Ich habe noch zu Lebzeiten, nach dreißig Jahren, meine beiden Fehler erkannt, die aber auch nur für mich persönlich relevant waren.

Ich hatte zum Glück aber auch einen Computer mit Internetzugang. Diese Informationsmittel waren ihm zu seiner Zeit noch verwehrt Vielleicht war es aber auch besser so. Zumindest konnte er bis zu seinen Tod seine abenteuerliche Fahrt als die große Indien Entdeckung auf der neuen Westroute feiern.

Die Wahrheit wäre für ihn vielleicht etwas enttäuschend gewesen, falls er nicht stolz gewesen wäre Amerika wieder entdeckt zu haben.

Vielleicht sollten manche Erlebnisse in der Freude des Erlebens gefangen bleiben, solange sie niemandem schaden

Das Kolumbus sich geirrt hat, habe ich ihm bis heute nicht krummgenommen. Im Gegenteil, er ist für mich immer noch eine Ikone meiner Jugendzeit, obwohl er nicht in Indien war.

Da lasse ich mich auch nicht von den Bilderstürmern unserer Tage von meiner Meinung abbringen, die historische Personen nach heutigen Maßstäben bewerten und sie deshalb als Bösewichte der Geschichte vom Sockel stürzen.

Bei jedem „Helden" der Vergangenheit findet man nach heutigen Maßstäben wunde Punkte. Ich denke keiner ist ohne Makel und Fehler, ansonsten wären es Heilige.

Trotzdem haben diese Personen etwas getan, was andere vielleicht auch hätten tun können, aber nicht getan haben.

Und da kommt wieder Kolumbus ins Spiel und die Geschichte vom Ei.

Auch wenn sich diese Anekdote ursprünglich von Giorgio Vasari auf seinen italienischen Landsmann, den Baumeister Filippo Brunelleschi, bezog und erst von Girolamo Benzoni in seiner Schrift Historia del mondo nuevo, Venedig 1565, mit dem Seefahrer, vom Hörensagen, in Verbindung gebracht wurde, trifft sie doch des Pudels Kern:

Nach seiner Rückkehr aus Amerika soll Kolumbus während eines Essens bei Kardinal Mendoza vorgehalten worden sein, dass es doch keine große Leistung gewesen sei, die Neue Welt zu entdecken. Jeder hätte das tun können.

Daraufhin ließ sich Kolumbus ein gekochtes Ei geben und forderte die Anwesenden auf es auf die Spitze zu stellen.

Trotz aller Bemühungen und vieler Versuche gelang es keinem der Gäste. Man war sich einig, dass es unmöglich sei und fordere nun Kolumbus auf, es zu versuchen. Daraufhin nahm Kolumbus das Ei und schlug es leicht mit der Spitze auf den Tisch, sodass es leicht eingedrückt stehen blieb.

Als die Anwesenden einwendeten, dass sie das auch gekonnt hätten, antwortete Kolumbus: Der Unterschied meine Herren ist, dass sie es hätten tun können, ich es aber getan habe.

Und dieser Satz ist entscheidend. Vieles wäre auf der Welt nicht passiert, wenn man es nur hätte tun können. Die Welt und auch jeder von uns hat sich weiterentwickelt, weil etwas getan wurde. Das ist der große Unterschied.

Aber zurück zu meiner neuen Welt Geschichte:

Die Enttäuschung über meine „Ins Columbus Bett spring Aktion", die keine war, wird mit steigendem Alter für mich immer unwichtiger.

Aber was ich daraus gelernt habe, ist, dass wir uns alle irren können, manchmal sogar über unser Leben hinaus.

Nach all dem, was ich erlebt habe mit meinen Irrtümern fühle ich mich Christoph (ich erlaube mir ihn aufgrund unserer Irrtümer in der neuen Welt so zu nennen) näher als je zuvor.

Wir haben uns beide geirrt.

Und wenn wir schon von Irrtümern sprechen, da kommt bei mir

noch einer dazu den ich irgendwie auch für bare Münze genommen habe. Mir war damals noch nicht bewusst, dass zu Zeiten von Kolumbus schon längst bekannt war, dass die Erde eine Kugel war. Die Geschichte mit der flachen Scheibe, aus der man herausfallen konnte, wenn man in den unbekannten Westen segelte, war schon in der Antike und erst recht zu jener Zeiten längst ein Märchen. Nun ja, auch da hatte ich mich geirrt. Aber wie sagt man: Alle Irrtümer sind Drei, oder so ähnlich.

Unterwegs in der Unterwelt

An der Ardeche, Südfrankreich Juni 1985

Es ist immer wieder faszinierend auf Bergen zu stehen und über die darunter ausgebreitete Welt zu sehen.

In Höhlen ist das ganz anders, Höhlen sind introvertierter, Höhlen bedienen das innere ICH.

Ich kenne die Dunkelheit Europas, die durch unsere Lichtverschmutzung keine richtige Dunkelheit mehr ist und ich kenne die fast hundertprozentige Dunkelheit Afrikas bei wolkenverhangenem Himmel und Neumond in der Wüste, die angsteinflößend sein kann. Aber nichts davon ist vergleichbar mit der Dunkelheit einer Höhle.

Ich glaube zu wissen, wovon ich rede, denn ich kletterte, rutschte, tauchte, stolperte oder tastete mich durch einige Höhlen.

Jede dieser Höhlen war einzigartig und unterschied sich trotz Dunkelheit doch von allen anderen.

Deshalb wurde jede Höhlengeschichte eine eigene einzigartige Erinnerung, die nicht vergleichbar ist.

Die erste Höhlengeschichte, die ich erzählen möchte, ist in Südfrankreich verortet.

Mitte der 80ziger Jahre waren wir wieder einmal an der Ardeche. Auch dieses Mal hatten wir unsere Zelte beim „Einsiedler" aufgeschlagen.

Ich kann mich nicht erinnern, wie der richtige Name für diese „Auberge" und den dazugehörigen Zeltplatz direkt am Ufer der

Ardeche lautete. Der „Einsiedler" passte aber, war doch weit und breit kein anderes menschliches Anwesen zu finden.

Die Landschaft am Fluss ist beeindruckend.

Tief hat sich die Ardeche in den Fels gegraben, einen Canyon gebildet, dessen hohe Felsen das schmale Band der Flusslaufs teilweise fast senkrecht begrenzen. In diesen Grenzen fließt der Fluss, manchmal mit wilden Stromschnellen, manchmal gemächlich dahin strömend, zur Rhone hin.

Da wir schon sehr oft für einige Tage an der Ardeche gewesen waren, hatten wir uns etwas Neues überlegt.

Uwe, und der Heppenheimer (dessen Namen mir im Laufe der Jahrzehnte entfallen ist) und ich, hatten die Idee mitgebracht, einen besonderen Tauchgang zu unternehmen.

Wir wollten nicht einfach im Fluss, im klaren Wasser der Ardeche tauchen, nein, wir wollten entdecken, ob das Wasser in einer Höhle, die Uwe kannte, einen direkten Zufluss zur Ardeche hatte.

Weit im Inneren der Höhle sollte es eine Art See geben, der sehr tief sei und der laut Uwe eventuell direkt mit der Ardeche verbunden sein könnte.

Könnte oder sollte, keiner wusste etwas Genaues, aber die Fantasie war geweckt.

Für die Idee auf Forschungsreise zu gehen waren wir leicht zu begeistern, und mit der Naivität und Kraft der Jugend zeigten sich auch keine unüberwindbaren Schwierigkeiten.

Uwe, der Heppenheimer und ich hatten alle einen Tauchschein und trauten uns das Abenteuer zu. Eigentlich!

Und dann standen wir am Eingang der Höhle im warmen Sonnenschein Südfrankreichs.

Das Equipment lag noch im Auto. Zunächst wollten wir uns nur noch einen Überblick über die Gegebenheiten in der Höhle verschaffen und dann entscheiden wer hinuntertauchen sollte, als wir mit Uwe und seiner Taschenlampe in die Höhle stiegen.

Naiv wie wir waren, robbten wir durch den schmalen Höhleneingang und erreichten eine erste größere Kammer, in die das Tageslicht noch eindrang. Wir folgten Uwe, der den Weg von früheren Erkundungen zu kennen schien, in eine immer schwärzere Unbekanntheit.

Der „Weg", um voran kommen wurde schmaler und unwegsamer.
Wir stiegen empor an schmutzigen Felsen entlang und hinab in
schmale matschige Pfade zwischen eng angrenzenden, feuchten
Steinwänden.
Manchmal kletterten wir zwischen engen Felsformationen hinab,
hinein in nassen Sand. Manche Stellen waren ein einziger großer
Felsabhang, in den wir mit unsere Händen krallten, während wir
abwärts kletterten.
Unser Sehen war auf den Strahl der Taschenlampe beschränkt. Da
wo die Lampe nicht leuchtete, verschluckte das undurchdringliche
Schwarz alles.
Manchmal wurde es eng, sehr eng sogar, und ich fühlte die Felsen
über, unter, links und rechts neben mir. Alles war feucht und kalt.
Als wir in einer engen Passage waren, sagte Uwe plötzlich ohne
Vorwarnung und ohne auf Antwort zu warten, dass er nur kurz
etwas nachsehen musste.
Bevor wir etwas entgegnen konnten, war er hinter einem eben noch
angestrahltem Felsen genauso verschwunden wie der Felsen selbst.
Alles hatte sich aufgelöst in ein undurchdringliches Schwarz
Wir sahen nichts mehr.
Wir waren ihm ausgeliefert.
Wir sagten nichts. Der Heppenheimer und ich waren in einer Höhle,
die wir nicht kannten.
Wir waren im Nichts der Dunkelheit. Diese Dunkelheit war absolut.
So absolut, dass wir nicht einmal wagten zu sprechen. Es gab keine
visuellen Reize aufgrund der vollkommenen Dunkelheit, es gab
keinen Ton, kein Geräusch, rein gar nichts.
Es war die schwarze Unendlichkeit mit der Hoffnung auf die
Wiederkehr von Uwe.
Es war als würde die Welt stillstehen.
Es gab kein Morgen und kein Gestern.
Es gab nur absolute Dunkelheit und absolute Stille.
Ich war blind und gehörlos, ich war nur noch ein kleines Ich im
Nichts der Dunkelheit.
Ich reise in der Dunkelheit und stehe still.
Das Nichts ist in Schwarz gekleidet.
Alles endet hier und jetzt.

Wer jemals in totaler Finsternis in einer Höhle war, die er durch enge Passagen und steile Kletterpassagen erreichte, und dort wartend gesessen hat, der kann mir nachfühlen, vor allem, wenn er auch nicht wusste, wie er die Höhle ohne Licht je wieder verlassen könnte

Als dann nach einer gefühlten Ewigkeit plötzlich wieder ein Licht auftauchte, war es ein Gefühl der Befreiung aus einem Zustand der Hilflosigkeit und eine Erleichterung, die alle beunruhigenden Gedanken in der Schwärze mit einem Gedankenknall verschwinden ließen.

Wir kletterten weiter durch immer tiefer werdenden Match und enger werdende Felswände, bis wir einen freien Platz erreichten, den wir hinaufstiegen.

In der Mitte des Platzes war ein wassergefülltes, möglicherweise sehr tiefes Loch in der Größe eines Brunnens in einem Burghof. Wir hatten unser Ziel erreicht. Das musste dieser mögliche Zugang zum Fluss sein, den wir erkunden wollten.

Da standen wir zu dritt und schauten ins Wasser, jeder hing seinen Gedanken nach.

Uwes Taschenlampe leuchtete auf das Wasser und das Licht verlor sich im weiteren Umkreis.

Ich glaube mich erinnern zu können, dass wir außer ein paar wenigen belanglosen Floskeln dort nicht gesprochen hatten. Wir waren, ein jeder, in sich und seiner Gedankenwelt versunken.

Der Rückweg war dann einfach, viel einfacher als der Weg hinein in die Dunkelheit. Wir waren dabei aber auch keine Sekunde verloren ohne das Licht der Taschenlampe.

Verschmutzt kletterten wir aus der Höhle heraus und hinein in die Helligkeit des südfranzösischen Tages.

Alles war plötzlich so einfach und so leicht, nachdem wir die Schwere der Felsen über uns verloren hatten.

Der Druck auf unsere Gedanken, den ich körperlich gespürt hatte war wie weggeblasen und wir lachten und blinzelten in die Sonne, Wir sind danach nicht dort getaucht, um zu sehen, ob es eine Verbindung zur Ardeche gab.

Wir konnten nämlich niemanden finden der unser Equipment in die Höhle schleppte. Wir, die drei Entdecker, waren uns zu fein dafür. Zumindest sagten wir das im Brustton der Überzeugung. Tief im

Inneren aber, ganz tief und versteckt war da auch ein bisschen, oder ein bisschen mehr, Angst. Genau diese Angst, die wir alle gespürt hatten, als wir in der Höhle um den „Brunnen" schweigend gestanden hatten.

Aber die Idee war großartig, finde ich heute noch.

Und ich frage mich ob bis heute jemals jemand hinuntergetaucht ist? Ob es eine Verbindung zum Fluss gibt? (an die ich fest glaube).

Tham Lod, Nordthailand 1982

Jeder Ausflug in eine Höhle ist eine eigene Reise in sich. Sie führt weit entfernt vom Leben im Tageslicht in eine andere Welt.

Jede Höhle ist eine Welt der Dunkelheit mit einem eigenen Universum voller Überraschungen.

Im Norden Thailands war ich im Februar 1982 in der großen Tham Lod Höhle, aus der am Abend schwarze Wolken von Fledermäusen und Mauerseglern flogen. Der kühle, klare, im Februar sehr flache, Nam Lang, fließt durch diese Höhle.

Ich folgte meinem alten und dünnen thailändischen Begleiter, unter Stalaktiten, und entlang Stalagmiten, kletternd, in eine schmale niedrige Seitenhöhle in der Teakholz Särge, teils gut erhalten, teils zerfallen, in Form kleiner Schiffe standen.

Ein Mysterium, das eine australische Expedition erst zwischen 1984 und 1986 erforschen sollte.

Als ich dort war, stellen wir uns noch die Fragen: Wie kamen Menschen in den Bergen dazu Schiffe als Särge zu benutzen? Was für Menschen waren das? Wie alt waren diese Sargboote?

Mein Begleiter konnte damals nur die Achseln zucken und mir blieb Staunen und Verwunderung.

Heute glaubt man, dass die Särge tausende von Jahren alt sind und vom Volk der Lawa geschnitzt wurden.

Es ist eine Höhle, die mir in Erinnerung blieb mit all diesen Fragen und dem Naturschauspiel der Tiermassen, die den Abendhimmel verdunkelten und deren Flug ein Rauschen verursachte als würde ein Geist aus der Höhle ziehen, um in der werdenden Nacht unter uns zu weilen.

Die Höhle von Sagada, Insel Luzon Philippinen Februar 1980

Im Norden der Philippinen, auf der Insel Luzon befindet sich viele Höhlen im Gebiet der Igorot, das eingeklemmt zwischen dem der Ifugao und der Kalinga Kopfjäger in den Bergen liegt.

Gestartet war ich in Manila und erreichte am späten Nachmittag Baguio City, Endstation an diesem Tag, da um diese Zeit des Tages kein anderer Bus weiterfuhr.

Auf der Suche nach einer Unterkunft lernte ich Alain kennen, den kleinen dürren französischen Hippie, der auch aus dem Manila Bus gestiegen war. Wir beschlossen, uns aus Kostenersparnis ein Zimmer im billigen "Mountain Hotel" zu teilen. Bei einem Bier in einer Kneipe am Markt stellten wir fest, dass wir beide zu den Reisterrassen von Banaue wollten. Dadurch wurden wir für die weitere Reise ein Team, besser gesagt gute Freunde.

Am nächsten Tag fuhren wir schon kurz nach Sonnenaufgang in einem altersschwachen Bus, entlang steiler Abhänge, die den Blick hunderte Meter in die Tiefe schweifen ließen, entlang eines Bergkammes mit kleinen Dörfern in 2000 Meter Höhe, Sagada entgegen.

Dieser kleine Hippietreff Sagada, in einem kleinen Tal auf 1600 Meter Höhe, war ein Traum von Love, Peace und Friedfertigkeit. Es war ein Platz, den man nicht mehr verlassen wollte.

Mir ging es damals auch so. Ich genoss die Live-Musik im Moon Café.

Bob Dylan schien in Form der singenden und Gitarre spielenden Filipinos anwesend zu sein. Leonard Cohen, Neil Young und viele mehr wurden durch die großartige Musik der Filipinos in der Nacht zu anwesenden Künstlern.

Sagada war in den späten 70er und früher 80er Jahren ein Traum, von dem sich zu lösen fast unmöglich wurde, wenn man am Wasserfall, zwischen den Reisterrassen, mit all den anderen friedlichen Hippies gebadet hatte.

Sagada war damals noch nicht einmal ein Geheimtipp, dazu war es zu unbekannt und es gab glücklicherweise noch kein Internet und keine sozialen Medien.

Sagada konnte man nicht finden, Sagada fand den zufällig

durchreisenden Reisenden so wie Alain und mich. Ich weiß nicht mehr, wie es dazu kam, dass wir plötzlich in Sagada aus dem Bus stiegen und alles so angenehm, so entschleunigt und perfekt wurde. In der Nähe des kleinen Ortes gab es das Tal der hängenden Särge, wo die Igorot ihre Toten bestatteten. Oftmals hingen diese Särge, wie der Name es schon ausdrückt, an der Decke oder zumindest weit oben an Höhleneingängen.

Und es gab viele Höhleneingänge, viele schöne faszinierende Höhlen.

An irgendeinem Tag in Sagada erkundeten Elsa, die wir in Sagada im Gästehaus kennengelernt hatten, Alain und ich zusammen mit Jessi, einem philippinischen Freund, eine der Höhlen.

Ich schrieb damals, Anfang der achtziger Jahre des letzten Jahrhunderts, folgendes:

Als wir alle unten angekommen waren, erzählte uns Jessi, dass die Särge hier ungefähr vierhundert Jahre alt wären, anders als die oben in der ersten Höhle, deren Alter er auf ungefähr sechzig Jahre schätzte.

Schon nach ein paar Schritten entfernt vom Eingang hatten wir nur noch das Licht unserer Lampen, die unheimliche Lichtspiele an die Wände der Höhle warfen. Wir sprachen nicht, nahmen nur unsere Umgebung in uns auf.

Jessi kannte die Plätze genau, an denen die Särge hingen, leuchtete immer wieder mit seiner Lampe darauf.

Es war unbeschreiblich.

Auch hier waren die Särge teilweise zerfallen, Stofffetzen, Knochen und Schädel waren im Flackern des Lichtes zu erkennen. Der Geruch der Höhle, ihre kühle Feuchte und das große Dunkel, das außerhalb des flackernden Scheins unserer Lampen lag, vermischte sich mit meiner Vorstellungskraft und der Ahnung, dass wir uns hier auf uraltem, mystischem Boden bewegten und ließen mich fast den Atem anhalten. Es war fantastisch und unheimlich zugleich.

Das Höhlensystem erschien mir riesig.

Wir liefen durch Seitenkammern bergab und bergauf. Den Richtungssinn hatte ich schon bald verloren. Immer wieder tauchten Särge im Licht unserer Lampen auf und immer wieder fanden wir uns inmitten beeindruckender Gesteinsformationen.

Eine schaurig schöne Vergangenheit schaute uns an, begleitete uns auf dem Weg. Wir waren Pilger hinab zu den Tiefen des Hades. War das real oder träumten wir?

Ich verlor das Zeitgefühl und war beschäftigt mit Tasten, Wege-erkunden, Sehen und Staunen. War die erste Höhle, die ich zuvor mit Alain allein erkundet hatte, schon beeindruckend, so war das hier wirklich unbeschreiblich, egal wie sehr ich auch noch versuche es zu beschreiben.

Wir waren in einer anderen Welt, waren auf dem Weg zum Mittelpunkt der Erde, waren auf dem Weg ins ewige Dunkel der Vergangenheit. Wie immer waren wir aber auch Träumer, die nur das sahen, was die Welt so schön und einzigartig spannend machte.

Einmal blieb Elsa stehen, wartete auf mich.

„Es ist alles so intensiv, so schön, einfach Wahnsinn hier.", flüsterte sie mir ins Ohr und legte mir gleichzeitig einen Finger auf den Mund, damit ich schweigen sollte. Im flackernden Schein seiner Lampe sah ich manchmal Alains Gesicht. Angespannt, staunend und fasziniert wirkten dabei seine großen Augen, mit denen er jede Einzelheit in sich aufzunehmen versuchte. Auch Alain nahm Elsa während unseres Weges einmal in den Arm. Ich verstand sie. Ich wusste, dass es Alain auch sehr gut tat in dieser irrealen Welt ein lebendes menschliches Wesen zu spüren. Es war ein Weg des Staunens und der Sinne.

Gedanken spielten Karussell.

Jules Verne spukte durch meinen Kopf, Mark Twains Indianer Joe konnte gleich um die Ecke biegen oder der vierhundert Jahre alte Wächter der vierundvierzig Särge vor uns stehen. Alle Schönheit und Faszination bestimmter Orte wie dieser hier wird eben nicht nur einfach durch die Gegebenheiten des Ortes bestimmt, nicht dadurch erreicht, indem wir einfach nur „Da" waren, jeder selbst ist mit seinen Träumen, Gedanken und Sinnen an der Einmaligkeit seines Besuches an dem Ort, den er besucht, in höchstem Maße beteiligt. Und ohne Träume und Fantasie, ohne Seele und Herz, wäre jeder Platz auf dieser Welt einfach nur ein Platz zum Abhaken. Ich weiß mit Bestimmtheit, dass Elsa und auch Alain genauso fühlten. Und das steigerte noch einmal die Einmaligkeit dieses Ortes, das Gefühl gemeinsam gleich zu fühlen. Es war eine Ewigkeit, die wir in der

Dunkelheit der Höhle zubrachten. Eine Ewigkeit, die ich noch niemals je eine Sekunde bereut habe.

Noch heute kann ich mich manchmal, wenn ich die Augen schließe und daran denke, an kleine Details erinnern, kann den feuchten Fels spüren, sehe Särge mit Knochen vor mir, und fühle Elsa, Jessi und Alain ganz nah bei mir, verbunden durch diese Reise in die Tiefe der Erde.

Wir kamen erschöpft und etwas verdreckt wieder zurück zum Licht und Jessi löschte die Lampen in der hellen Nachmittagssonne. Wir saßen auf einem Felsen am Ausgang der Höhle und rauchten. „Hat es euch gefallen?" fragte Jessi in die Runde. „Lass mal", antwortete Alain und blies den Rauch in den Himmel, „ich kann noch nicht so reden, muss erst meine Gedanken sammeln".

Jessi lächelte.

Elsa blickte immer noch blinzelnd in eine imaginäre Ferne. Ich nickte Jessi lächelnd zu.

„Es ist schön, mit Leuten wie euch durch die Höhle zu gehen", sagte Jessi mehr zu sich selbst, als er sich neben Alain setzte. Es dauerte eine Weile, bevor wir anfingen zu sprechen. „Es war eine Reise in meine Gedankenwelt, eine Reise, die ich nicht vermissen möchte.", begann Alain nachdenklich.

„Ich glaube, ich muss einfach noch warten, noch verarbeiten, bevor ich viel dazu sagen kann. Im Moment fallen mir nur Wörter wie super, fantastisch, irreal und einmalig ein.", führte Elsa das Gespräch weiter.

„Ich bin froh, mit euch dort gewesen zu sein", fiel mir dazu im Moment nur ein.

Allgemeines Nicken mit Lächeln stimmte mir zu. „Lasst uns zurückgehen.", sagte Jessi. Wir standen alle auf und folgten ihm, wie wir es die ganze Zeit in der Höhle getan hatten. Als wir zuhause ankamen, stellten wir fest, dass wir über fünf Stunden in der Höhle zugebracht hatten. „Und wie war es?", begrüßte uns Pedro. Alain lächelte nur, und Elsa sagte: „Unglaublich".

Die „Fake" Höhle, Koh Phi Phi Südthailand, Dezember 1979

Jeder Tourist, der einmal bei den Phi Phi Inseln im Süden Thailands war, kennt die Höhle auf der Insel Koh Phi Phi Leh, die sogenannte

„Viking Cave"
Es ist eine große helle Hölle mit vielen Vogelnestern und Wandmalereien deren Hauptmotive Schiffe darstellen. Jeder Tourguide preist diese Sehenswürdigkeit an und gefühlt jeder ist bei seiner Tour nach Phi Phi Island am Höhleneingang angelandet.

Die Höhle liegt auch optimal als Zwischenstopp auf dem Weg von Phi Phi Don zur Maya Bay, die unglücklicherweise durch einen Hollywoodfilm bekannt wurde und dadurch ihren Flair, ihre Schönheit, und ihre Natur verloren hat.

Die Viking Cave bietet einen guten Anlegeplatz und Abwechslung auf der Fahrt zu „The Beach".

Man steigt durch den Kot der Seeschwalben, deren Nester zur teuren Suppe verarbeitet werden und staunt über diese Höhlenmalereien, die doch so gut erhalten zu sein scheinen.

Fotoapparate und „Handys" sind im Einsatz, und jeder Tourist ist glücklich etwas Besonderes gesehen zu haben.

Die Wahrheit, lieber Leser, ist aber ganz anders.

Wir begeben uns an einen anderen Ort in dem kleinen Archipel.

Man mag mir verzeihen, aber diesen Ort behalte ich besser für mich. Nachdem man über ein wunderschönes Korallenriff geschwommen, dann vorsichtig an Land geklettert und zum Fuß der Höhle gekommen ist, muss man sich durch einen sehr schmalen Eingang, eher einen horizontalen kleinen Schlitz im Felsen, quetschen, um in der dort herrschenden Finsternis seine Taschenlampe schweifen zu lassen. Es ist mühsam, schmutzig, eng, schwierig und unbequem in der Höhle. Das kann und will man Touristen einfach nicht zumuten. Aber genau dort findet man die Originalzeichnungen auf den Felsen. Deshalb lässt man Touristen einfach an einem bequemeren Platz, an dem es auch einfacher zum Anlanden und die Höhle zugänglicher ist, diese Zeichnungen genießen.

Die richtige Höhle mit den Zeichnungen ist wirklich schmal, eng und nichts für jeden. Sie ist versteckt zwischen Felswänden, hinter einem winzigen Strand und tropischer Vegetation. Der Weg dorthin aber ist wunderschön. Noch schöner aber ist, dass Hollywood, die sozialen Medien und die unsäglichen Influencer dieses Kleinod noch nicht gefunden haben. Dafür treffen sich lieber alle Weltenbummler in der Maya Bay und bestaunen zuvor die Viking Cave.

Koh Phi Phi, Südthailand Januar 1983

Das letzte Höhle, von der ich erzählen mag, ist nicht nur dunkel und liegt unter der Erde. Sie ist im wahrsten Sinne des Wortes atemberaubend.

Eine Höhle unter Wasser ist für mich die Königsdisziplin beim Höhlen-Erkundungen und die psychische Krönung meiner Ängste. Keine Höhle gebiert mir mehr Angst als eine Unterwasserhöhle.

Wir fuhren an die Felswände der Westseite von Koh Phi Phi Don und gingen in der Nähe der fast senkrechten Steilwand der Insel vor Anker.

Zusammen mit Udo und seiner Freundin Noina tauchte ich auf zwanzig Meter Tiefe hinunter zu einem Höhleneingang.

Auf unserem Weg nach unten, in ein immer dunkel werdendes Blau, genossen wir den Fischreichtum, Gorgonien und andere Weichkorallen.

Eine bunte Welt in der Senkrechten, deren Farben mit jedem Meter Tiefe mehr verblassten.

Bei besagten zwanzig Metern erreichten wir Grund. Eine sich im Blau verlierende, sich immer weiter absenkende Sandfläche breitete sich auf einer Seite aus, während die Steilwand der Insel sich auf der anderen Seite fortgesetzt hatte und in deren Felsen nun eine dunkle dreieckige Öffnung auf uns wartete.

Udo bildete die Spitze unserer kleinen Gruppe und verschwand schnell in der Höhle.

Ich bemerkte Noinas Unruhe. Ihre Augen weiteten sich vor Schreck oder Panik. Genau kann ich es nicht mehr beschreiben, aber es war ein Ausdruck des unausgesprochenen Neins.

Das kann und will ich nicht.

Man lernt vieles nonverbal zu verstehen und zu kommunizieren, wenn man immer wieder unter der Meeresoberfläche unterwegs ist. Reden dagegen charakterisiert nur eine Welt oberhalb des Wassers.

Sie schien mir zu aufgeregt um dieser psychischen Belastung Herr zu werden, die sowohl gedanklich als auch real vor ihr lag.

Ich war hinter ihr und wartete ihr Verhalten ab.

Kurz vor dem Höhleneingang am Meeresgrund über der Sandfläche musste sie sich übergeben.

Natürlich ist dies auch unter Wasser möglich. Aber noch

suboptimaler als über dem Wasser, weil neben der Übelkeit und dem Stress auch noch die Sauerstoff-Zufuhr stark eingeschränkt ist.

Ich brachte eine zappelnde und verängstigte Noina zurück an die Oberfläche und suchte das im Wellengang dümpelnde Schiff.

Als ich Sichtkontakt mit einem Besatzungsmitglied hatte, winkte ich unserem Boot zu, das in den Wellen auf und ab schaukelte, zeigte auf Noina, deren Rettungsweste ich aufgeblasen hatte und bekam ein OK-Zeichen vom Boot.

Danach tauchte ich wieder ab.

Kein guter Anfang für eine Höhlentour unter Wasser.

Trotzdem beeilte ich mich, um den Höhleneingang zu erreichen.

Udo schaute mich mit großen Augen an als ich am Eingang eintraf, den er gerade wieder nach draußen passieren wollte.

Mein OK-Zeichen, sowie meine Zeichenerklärung das Noina oben an der Wasseroberfläche und in Sicherheit sei, beruhigten ihn und wir tauchten hinein in die Höhle.

Udo und ich hatten jeweils eine Lampe.

Zum Glück konnte ich beim Tauchen eine große Ruhe entwickeln.

Ich konnte alles, was oberhalb der Wasserlinie war, einfach zur Seite schieben und vergessen. Unter Wasser war ich ruhig und konzentriert.

Ich habe es immer wieder erlebt das es zwei Arten von Tauchern gibt. Die von mir so genannten „Bootshektiker" (zu denen ich mich zähle), die nervös auf dem Boot agieren, bis sie endlich abgetaucht sind. Es sind die Leute, die fast zwanghaft etliche Male ihr Equipment kontrollieren müssen und deren Puls im oberen Bereich liegt. Dieser Typ erlebt dann seine Metamorphose, sobald er die Wasseroberfläche nach unten durchbricht. Das Nervenbündel wird zum ruhigen, „gechillten" Taucher, der überlegt seinen Tauchgang absolviert.

Beim zweiten Typus ist es genau umgekehrt.

In sich gekehrt sitzt der „Boots ruhende" (auch ein von mir kreierter Tauch-Typus) inmitten der Bootshektiker. Ihn kann nichts aufregen. Fast schon gelangweilt lässt er die Vorbereitung zum Tauchgang über sich ergehen.

Und wie man sich denken kann, verwandelt sich dieser Typ dann in einen fahrigen, manchmal hektisch schwimmenden und schnell atmenden Taucher, sobald er die Wasseroberfläche nach unten durchdringt.

Zurück zur Unterwasserhöhle.

Das Licht von außen wurde weniger und der Weg enger. Zwar wunderschöne, aber leider mit Giftstacheln versehende Rotfeuerfische, in denen das Gift einer Kobra auf seinen Einsatz wartete, hatten sich die Decke der Höhle als Biotop ausgesucht.

Da hieß es nun für den Höhlentaucher nicht zu weit nach oben zu driften und mit aller Macht versuchen eine Berührung mit diesen schönen Tieren zu vermeiden.

Das Tageslicht verschwand als wir nach einem Rechtsknick der Höhle die Richtung wechseln mussten und der Höhleneingang nicht mehr sichtbar war. Überall sah ich Rotfeuerfische im Lichtstrahl der Taschenlampe aus der Dunkelheit auftauchen. In dieser Situation war es wichtiger denn je sich richtig auszutarieren.

Jetzt nicht panisch werden.

Jetzt nicht zum Boots ruhenden werden und weiter ruhig atmen.

Ich kann nicht nach unten, da ist der Sandboden.

Ich kann nicht nach oben, da ist der Fels und die Rotfeuerfische.

Ich darf keine Unruhe aufkommen lassen.

Ich bin in meinem eigenem Universum der Ruhe

Meine Taucherbrille ist mein Sichtfeld und meine einzig existierende Welt.

Bleib ruhig, schwimme ruhig und spüre das Blut durch deine Adern pulsieren.

Es gibt nur das Jetzt.

Es existiert nur der Moment. Bleib ruhig.

Om!

Es ist wie ein Mantra, das ich mir im ruhigen Ton vortrage.

Wir finden einen Durchgang am Boden, fast im Sand. Der Durchgang ist zunächst fast nicht zu sehen.

Wir graben uns in eine weitere Höhle, die in einem Kreis unspektakulär endet, hinein.

Nach oben geht es nicht, es gibt das Licht der Unterwasserlampen, die nur einen tauchbaren Weg zeigen.

Ganz im Innersten hatte ich ebenso wie Udo gehofft eines jener fantastischen „Hong" zu finden, für die Südthailand bekannt ist.

Ein Blick auf das Manometer beruhigt.
Noch ist genug Atemluft in der Flasche
Nur der gleichen Weg zurück ist möglich.
Udo wirbelt wieder etwas Sand auf.
Zeit ist dehnbar.
Langsam tauchen und richtig austarieren
Dunkelheit außerhalb des Lichtkegels.
Rotfeuerfische überall.
Dann endlich ein schemenhaftes Licht, ein langsam größer
werdendes Loch in der Finsternis.
Der Ausgang.
Das Licht.in Bahnen gebrochen.
Strahlenbahnen von Licht in verschiedenen Blau Tönen.
Plankton und Kleinlebewesen vermitteln den Eindruck im All zu
schweben.
Tauchen ist die Raumfahrt des kleinen Mannes.
Das Meer und die Sonnenbahnen verstärken ihre Farben
Der Aufstieg mit den Luftblasen um mich herum endet mit dem
Durchbrechen der Wasseroberfläche.
Der erste Atemzug im Licht über Wasser beendet eine Reise zu
Urängsten und einer anderen fremden Welt
Ich bin wieder zuhause, während die Wellen mich wiegen.
Wir sind wieder zurück.
Höhlen sind einzigartig, gerade unter Wasser.
Ohne Höhlen würde meinen Reisen sehr viel fehlen.

Oktoberfahrt in die Weinberge

Südhessen, Oktober 2003

Gut trainiert wird jede Ausfahrt zum Genuss. Auch wenn einige sich
das nicht mehr vorstellen können, braucht es dazu keinen Motor:
Fahrradfahren verstärkt die Sinneswahrnehmungen!
Nirgendwo sonst wird für mich sportliche Anstrengung mehr mit
sinnlichem Genießen gepaart als bei einer Mountainbike-Tour im
Herbst durch die Weinberge an der Bergstraße.

Der Geruch der vollreifen Beeren und der Anblick der goldgelben, rotbraunen und gelbgrünen Blätter an den Bäumen am Waldrand, in den Strahlen der Nachmittagssonne eines vergehenden Sommers, lassen zum nahenden Ende eines trainingsreichen Bikerjahres auch die steilsten Anstiege zu einem Genuss werden.

Gerade bei diesen steilen Anstiegen wird meine Wahrnehmung intensiviert, empfinde ich den süßlichen Geruch faulender Äpfel neben dem Weg, die knackenden Nüsse in ihren Schalen unter meinen Reifen, die Maronen am Waldrand sowie Kastanien und Bucheckern neben dem Weg, als sinnlicher, realer Ausdruck des Herbstes.

Manchmal folge ich den Schildern des Weinlagenwanderwegs. Aber oft fahre ich auch einfach nur drauflos und lasse mich treiben. Mit offenen Sinnen bin ich bereit für jede Steigung, für jede neue Erfahrung, jeden neuen Blick, jedes neue Bild.

Und obwohl ich hier schon seit Jahren herumfahre, habe ich stets das Glück, immer wieder etwas Neues zu finden und zu erleben.

Den Baum, den ich im Sommer so oft angesehen habe, auf den ich schwitzend zugefahren bin, sehe ich im Herbst in einem ganz anderen Licht, in einer ganz anderer Stimmung.

Der Bach, dem ich so oft gefolgt bin, ändert seinen Uferbewuchs und damit seinen Ausdruck im Laufe der Jahreszeiten.

Das Feld mit Mais ersetzt im nächsten Jahr ein Feld mit Zuckerüben, am einen oder anderen Ort begegnet mir ein Tier, das die Assoziation mit dieser Stelle verändert.

Komme ich bei meinen Erkundungen an eine Sackgasse so ist das kein Ärgernis. Ich drehe um, rolle etwas zurück und schon ist es möglich, einen anderen Weg zu wählen.

Zwischen Bensheim und Heppenheim überquere ich die B3 und tauche ein in die Wege der Weinberge.

Nach einem kurzen steilen Anstieg, bei dem wie so oft die Weinreben Spalier stehen, finde ich in einer Senke einen kleinen Bach, dessen Lauf ich gegen seine Fließrichtung folge.

Beruhigend wirkt das Gemurmel des Baches unter dem Laubschirmen der Nuss- und Apfelbäume.

Nur ein kurzes Wegstück lang trennt die Baumgalerie meinen Blick von den Weinbergen, den Rebstöcken und den Trauben.

Dann sind die Weinberge wieder da, ganz nahe hinter dem Bächlein, steil ansteigend.

Höher geht es hinauf und auf kürzester Strecke verändert sich die Landschaft immer wieder.

Eben noch gesäumt von Reben, fahre ich zweihundert Meter weiter durch Maisfelder und erreiche schließlich Wiesen mit Kühen, die eher an das Allgäu erinnern als an die Hessische Bergstraße.

Danach beginnt der Wald und wenn ich weiter nach oben fahren wollte, so führten Wege auf den Krehberg und die Trom, auf die Neunkircher Höhe und von dort auf den Felsberg. Ach, der Wege sind so viele!

Aber ich will in den Weinbergen bleiben und so darf ich mich steil hinab stürzen in das nächste Tal.

Über Kopfsteilpflaster fahre ich durch die Kreisstadt Heppenheim. Zwar nur kurz, denn kaum bin ich im Ort biege ich auch schon wieder rechts ab und fahre nach oben. Hundert Meter nur, die es aber in sich haben. Der Schweiß tropft ständig auf die Gabel und auf die Federung meines Mountainbikes. Doch da winkt für die Anstrengung auch schon die Belohnung in Form der roten Dächer der Altstadt unter mir.

Fast meint man, man könnte den Leuten auf dem mittelalterlichen Marktplatz am Schlips ziehen, so scheinbar nahe dran und doch so weit oben bin ich auch schon wieder.

Gegenüber, getrennt durch einem tiefen Taleinschnitt, entdecke ich das Halbrund der Freilichtbühne schräg unter mir.

Rechts neben mir sehe ich tief nach unten. Das kleinste Weinanbaugebiet Deutschlands hat steile Hänge.

Links schaue ich auf Trockenmauern, aus denen die roten Beeren der Hagebutte auf den Weg herabhängen und den Kontrast bilden zu dem Grün und Gelb des Blattwerks der Reben und ihren vollreifen Früchten.

Noch immer segeln bei Sonnenschein die letzten Schmetterlinge des Jahres über die Wege, zwischen dem Gezwitscher der Vögel, an den warmen Trockenmauern entlang.

Oft kreuzen Käfer meinen Weg, während nur ab und an eine Eidechse, gestört vom Mountainbiker, über den Weg huscht.

Die Langsamkeit des Fahrens, verursacht durch die steilen Anstiege, lassen Zeit für kleinste Details auf und neben den Wegen.

Obwohl schon Mitte Oktober, staut sich die Wärme der Sonne.

Wieder folgt einer dieser gnadenloser Anstiege, die alle Kraft fordern.

Die Weinberge der Bergstraße sind nichts für die Ausdauer, hier ist pure Kraft gefordert.

Und wieder könnte ich, oben angekommen, in den Tiefen des Odenwalds verschwinden, könnte Stunden leicht bergan durch einen einsamen Wald fahren.

Aber ich wende mich auf die andere Seite, fahre weiter steil bergauf, hinauf auf den Schlossberg, der von der Starkenburg gekrönt wird.

Zwischen den alten Mauern der mächtigen Burg beschließe ich, nachdem ich mich wieder erholt habe, doch noch nicht heimzufahren.

Wieder geht es steil hinunter, dann in Heppenheim leicht hinauf über den Marktplatz, der mich mit seiner Fachwerkhäusern, wie bei einer Zeitreise, in ein anderes Jahrhundert versetzt.

Ich überquere die Autostraße, die sich im nächsten Tal bis hinauf zur Juhöhe windet. Dann bin ich wieder allein mit mir und meinem Fahrrad.

Ein kleiner Brunnen hinter dem Friedhof lässt sein Wasser aus einer alten Mauerwand sprudeln. Darüber prangt die Inschrift: „Schlechte Zeit, gute Zeit, gehen vorüber alle beid".

Noch diesen Satz im Kopf folge ich einem der vielen Hohlwege nach oben.

In diesen Hohlwegen staut sich die Wärme der Sonne wie in einem Backofen. Hier riechen die Äpfel noch süßer, die Nussschalen noch intensiver, leuchten die Hagebutten noch roter als anderswo.

Wieder läuft der Schweiß, wieder geht es nur nach oben.

Ein kurzer flacherer Abschnitt des Weges zwischen grünen und roten Trauben lässt mich entscheiden zwischen einem steilen und einem mörderischen Weg.

Ja und nochmals ja!

Ich habe Lust noch einmal alles zu geben. Und so kämpfe ich mich vorbei an Müller-Thurgau und Riesling Trauben nach oben.

Vierhundert Meter die noch einmal alles, aber wirklich alles fordern.

Als Belohnung winkt das Gefühl ausgepowert und glücklich mein

Ziel erreicht zu haben. Oben angekommen, greife ich zu meiner Wasserflasche und lasse meinen Blick schweifen, während der Schweiß an mir hinunterläuft.

Unter mir, weit unter mir, fährt eine Spielzeugeisenbahn von Heidelberg nach Darmstadt.

Unter mir liegen Seen, Wald, Städte, Wiesen und Felder.

Auf der anderen Seite des Rheintales erkennt man den Pfälzer Wald und den Donnersberg.

Aber alles ist so weit weg, hier oben über der Bergstraße, hier oben, wohin kein Straßenlärm klingt.

Man könnte philosophieren über einen Spruch über einem Brunnen.

Oder man könnte auch wieder hinunterfahren, sich ein Glas Federweißer bestellen, dazu noch ein oder zwei Stücke Zwiebelkuchen und so den schönen Oktobertag an der Bergstraße ausklingen lassen.

Ich muss nicht lange überlegen.

Die Idee mit dem Federweißer hat was für sich.

Und morgen fahre ich dann mehr in die Bensheimer Gegend.

Aber letztendlich ist es doch egal wohin, Hauptsache in die Weinberge, der Sinne wegen.

Warum ist es am Rhein so schön?

Mittelrheintal, September 2017

An einem Stahlseil ziehe ich mich nach oben. Hinweg über die blanken, querstehenden, dunklen Schieferplatten, die den Kontrast zum Blau des Himmels bilden.

Schweiß tropft mir von der Stirn, als ich oben angekommen bin.

Tief unter dem Rheinsteig ziehen Schiffe gemächlich ihres Weges.

Es sind immer wieder diese Blicke hinab auf den großen Strom, auf die Burgen, die lang gezogenen Ortschaften an beiden Ufern, die Lastschiffe, Fähren, Ausflugsboote, Hotelschiffe und die Inseln oder Felsenriffe im Strom, die den Rheinsteig so abwechslungsreich machen.

Jeder Blick hinab auf den Fluss ist einzigartig. Hinter jeder Biegung

des Weges ändert der Rhein und der Steig seinen Charakter.
Eben noch auf einem breiten Wanderweg am sonnigen Waldrand
marschierend, laufe ich kurz darauf gut beschattet unter den
ausladenden Kronen von Buchen und alten Traubeneichen auf einem
schmalen Weg über Wurzeln, um danach über Felsen zu klettern und
anschließend auf einem sonnenbeschienenen Weg durch Wiesen und
Felder zu wandern.

Besonders gut gefallen mir die Wege zwischen Wärme speichernden
Trockenmauern und steil abfallenden Weinbergen voller großer
schwerer Trauben, die sich bis hinab an die Ufern des Rheins
erstrecken. Auf solchen Wegen scheint die Luft wärmer und
abgestandener zu sein und das Aroma von neuem Wein und reifen
Trauben zu verströmen.

Auf solchen Wegen huschen Eidechsen umher und gaukeln bunte
Schmetterlinge. Hier habe ich auch die Ringelnatter beim Sonnenbad
gestört.

Wie oft steige ich steile Hänge hinunter zu einer dunklen Klamm, in
der klares kühles Bachwasser erfrischt. Wie oft biege ich um eine
Ecke und blicke auf eine der vielen Burgen am Rhein.

Manche stehen auf der anderen Rheinseite, manche tief unter mir
und andere plötzlich vor mir. Es sind erzählte Geschichten und
Geschichte in Stein gehauen, jede anders, die eine halbverfallen, die
andere zerstört, eine weitere auch restauriert.

Wenn man von Norden kommend in St. Goarshausen die
Königsetappe beginnt, und zur Burg Maus aufsteigt, findet man nahe
der Burg eine Platte auf dem Weg mit zwei Fußabdrücken und einer
Inschrift.

Stelle ich mich in diese Abdrücke, habe ich genau den Blick, den der
Maler William Turner hatte, als er hier eines seiner Rheinbilder
malte.

Wie freue ich mich über diesen Fund, von dem ich vorher nichts
wusste.

(Die ersten dieser Platten wurden auch erst 2017 angebracht)
Turner ist ein wichtiger Interpret der Rheinromantik, keiner konnte
diese Stimmungen am Fluss besser auf die Leinwand bringen als er.
Hier also stand einst der berühmte Maler und sah, was ich jetzt sehen
darf.

Viele Wanderkilometer, vergossener Schweißtropfen und großartiger Ausblicke später, kurz bevor ich hinter Dörscheid über eine Streuobstwiese hinab nach Kaub steige. treffe ich auf einen alten Mann mit Winzer-schürze, der sein achtzigstes Lebensjahr wohl schon überschritten hat.

Nach langer einsamer Wanderung erfahre ich viel über das Dorf und die „Schwedenschanze", die den Alliierten so wichtig war.

Weswegen sie den Ort auch „sturmreif" schossen, erzählt er mir. Sieben deutsche Soldaten seien gefallen erfahre ich weiter. Eine Kuh bekam eine Granate durch den Kopf, ein Pferd starb durchs Maschinengewehr.

Der Bruder meines Gesprächspartners ist in Russland vermisst.

„So etwas soll es nie wieder geben", sagt er mir eindrücklich.

„Lass sie weiterlaufen. Du hältst sie nur auf. Sie wollen heute noch ankommen", ruft es lachend aus einem Haus.

„Wisst ihr, was RP auf den Schildern bedeutet, die man noch ab und an findet?

Rhein Panorama Weg hieß das damals vor fünfzig Jahren und ich habe dabei mitgewirkt den Weg anzulegen.

Früher ging der Weg direkt durch den Ort. Jetzt lässt man euch erst vorm Ort hinunterlaufen und dann außen herum wieder hinauf."

„Die sind zum Wandern hier. Lass sie gehen", ruft es wieder.

„Zwischen Kaub und Lorch haben sie auch was verändert wegen der Jagdpächter. Da ging der Weg direkt durch das Brutgebiet der Wildsauen. Die Pächter wollten weniger Pacht zahlen, wenn da alle durchlaufen."

Dann trennen sich unsere Wege wieder.

Der Mann wird zum Haus gerufen, auf mich wartet das Etappenziel Kaub.

Mit den Geschichten aus Dörscheid im Kopf laufe ich weiter.

Solche Begegnungen führen mich viel näher und intensiver an diese Gegend und ihre Menschen, als es jeder noch so gute Reiseführer könnte. Gespräche am Wege verbinden Erzähler und Wanderer mit unserer gemeinsamen Geschichte und ihren speziellen regionalen Ereignissen.

Kurz vor Kaub, zwischen den bunten Reben, steht ein Holzpfahl. Daran hängt ein hölzernen Kasten mit zwei Türen.

Der neugierige Wanderer findet darin Gläser, kleine Weinflaschen und eine metallene Kasse, um Zweieinhalb Euro einzuwerfen, die für diese "Wegzehr" zu zahlen sind.

Mich ehrt das Vertrauen des Winzers. Die Sonne scheint, als ich auf der Bank mit dem großen Tisch Platz nehme. Der Riesling schmeckt.

Nur wenige Meter über Kaub, kurz vorm Ziel feiere ich mit einem guten Schluck Riesling die Tagesetappe

Unverhoffter Genuss pur.

Welch ein schöner Tag, welch ein Ausblick und „ruhig fließt der Rhein".

Die nächste abwechslungsreiche und mit Rhein Blicken nicht geizende Etappe führt nach Lorch.

Wenn ich wählen müsste in welchem der schönen ruhigen Orte entlang der Wanderung es mir am besten gefallen hat, kommt mir als erstes Lorch in den Sinn.

Ich übernachte bei Ursula im Hotel „Zur Krone".

Nach so vielen langweiligen durchgestylten Hotels überall auf der Welt ist das Hotel Zur Krone, ebenso wie viele andere kleiner Hotels am Rheinsteig, eine Wohltat für den Individualisten. So etwas Originales und Authentisches habe ich lange nicht mehr gesehen.

Es wirkt für mich wie das persönliches Museum eines interessanten Lebens.

Nur wenige Meter davon entfernt liegt das Weingut Rößler mit seiner Straußwirtschaft.

Sie ist gemütlich mit Reben überdacht und grenzt direkt an die Bahnlinie.

An diesem Abend unterhalten zwei Düsseldorfer Gitarristen die Gäste.

Kostenfreies Essen und Trinken und eine gelegentliche Klingelbeutelwanderung zu den Zuhörern ist der Lohn, den sie sich redlich verdienen.

Als zwischen den großen Reben Blättern bunte Lichter am Abend zu leuchten beginnen, verbreiten sie und die Lokalität eine Stimmung und Gemütlichkeit, wie ich sie von Filmen aus dem Italien der fünfziger Jahre kenne. Ich erinnere mich auch, vielleicht noch besser nachvollziehbar, an den Film „Drei Mann in einem Boot" aus der gleichen Zeit.

Es ist warm. Gelegentlich verschluckt der vorbei rasende Zug Gesang und Gitarrenspiel und die singenden Musiker werden zu Pantomimen.

Niemand stört sich daran. Ich sehe nur zufriedene, entspannte und glückliche Gesichter.

Der Spundekäs schmeckt ebenso vorzüglich wie der Wein.

Sitzen, zuhören, entspannen und genießen.

Mir kann es nicht besser gehen.

Am nächsten Morgen treffe ich hoch oben über Lorch im Wald einen Mann mit seinem Dackel.

Nach einem freundlichen Gruß kommen wir gleich ins Gespräch.

Der ehemalige Jäger erzählt von der Stadt unter der Erde bei Lorch, von seiner Zeit als Jagdaufseher und seinem Respekt vor der Natur.

Ich erfahre viel über unsere Wirtin in Lorch. „Ach ihr wart bei der Ursel von der Krone" und dann unterhalten wir uns über das ferne Namibia, das wir beide schon bereist haben.

Am lebhaftesten aber bleibt mir seine Anklage gegenüber manchen jüngeren Jägern in Erinnerung.

Sie würden das erlegte Tier nicht mehr genug ehren, erklärte er mir. Es gehört sich den Hirsch mit einer letzten Äsung zu versehen, einem Eichenlaub im Geäse, und dann in Ruhe und Gedenken auf ihn zu trinken. Das hat das getötete Tier verdient.

Mehr als eine Stunde vergeht bevor ich mich, stark beeindruckt von der Rede des Mannes, wieder auf den Weg nach Assmannshausen mache.

Gut, dass ich sehr früh gestartet bin, denn unverhofft kommt oft hier am Rheinsteig.

Ich will heute mit etwas „technischer Hilfe" gleich zwei Etappen zusammenlegen.

Vielleicht habe ich nach der längeren Unterbrechung unterbewusst meinen Schritt beschleunigt, jedenfalls laufe ich schon zur späten Mittagszeit hinunter nach Assmannshausen.

Und wenn ich schon einmal in Assmannshausen bin, genehmige ich mir zum guten Essen ein Gläschen des weltberühmten Spätburgunders Höllenberg.

Und dann setze ich in die Tat um, was ich mir schon gestern vorgenommen hatte.

Ich schwebe mit der Seilbahn hinauf auf den Niederwald und genieße den Blick hinab, auf die Dächer von Assmannshausen. Von der Bergstation laufe ich im ebenen Gelände vorbei am Jagdschloss Niederwald.
Es ist nicht mehr weit bis zu meinem Ziel.
Hier oben ist es viel belebter, fast schon trubelig, als irgendwo anders auf der gesamten Wanderung. Viele Familien mit Kinder sind bei dem schönen Wetter auf den breiten und ebenen Wegen unterwegs.
Dann öffnet sich plötzlich der Wald und ich stehe vor der Germania, der Wacht am Rhein, und schaue wie sie auf den Rhein, auf Bingen, die Nahe und hinab auf Rüdesheim.
Die letzte Nacht verbringe ich in Rüdesheim.
Bei einem Kaffee in der Nähe der „Drosselgasse", schau ich mir den Trubel an, der an mir vorbeizieht.
Welch ein Kontrast zu den stillen Stunden und Tagen in schattigen Wäldern und auf Sonnen-überfluteten Wiesen.
Aber auch das ist der Rheinsteig.
Und nach der langen Wanderung empfinde ich Rüdesheim mehr als angebracht und schön.
Es gehört einfach hierher. Es ist dies der nostalgischer Charme, der mich zurück in die 60ziger Jahre führt und mich meine Jugend und Kindheit in der Musik und den Tänzen erleben lässt. Diese „Rüdesheimer Drosselgasse"- Stimmung, die immer mehr verschwindet, machte Rüdesheim schon vor Jahrzehnten so einmalig. Was ich als Jugendlicher weit von mir geschoben hatte, finde ich jetzt gerade passend nach einer langen, mehrtägigen Wanderung, die entlang des Rheins führte. Hier kann diese Wanderung stimmungsvoll ausklingen.
In Gedanken bin ich nochmal unterwegs zwischen den Nuss- und Kirschbäumen bei Osterspai und dem guten Essen auf Burg Liebenstein, bei Uschis Wanderstation in Oberkestert, in St. Goarshausen, Kaub, Lorch und so vielen anderen Orten.
Ich werde wiederkommen. Mir fehlen noch die Etappen von Rüdesheim nach Wiesbaden. Auch von Lahnstein führt der Steig noch viel weiter nach Norden und man kann ihn ja auch in anderer Richtung laufen, andere Blicke haben, andere Aussichten genießen und immer wieder neue Menschen treffen. Menschen, die den

Rheinsteig mit ihren Geschichten so lebendig werden lassen.

Das Faszinierende am Rheinsteig ist für mich, dass er so seltsam anders ist. So weit weg von allem, was mir so nahe ist. Er ist so facettenreich, und so deutsch, wenn man das noch in unserer Zeit sagen darf. Manchmal denke ich, dass er aus der Zeit gefallen ist. Sagen und Mythen werden lebendig, wenn man sich auf diese Wanderung und die dazu gehörige Geschichte einlässt. Der Rheinsteig ist mir seelenverwandt und doch so fremd. Er gehört zu meinen wichtigsten Erfahrungen, gleichwohl wir nicht weit entfernt davon leben. Da bestätigt sich wieder dieser Satz: Und das Gute liegt so nahe...

Sandwich Harbour

Skelettküste Namibia, November 2019

Diese Geschichte fällt aus der Reihe, da sie nur zu einem kleinen Teil aus Selbst-erlebtem besteht. Aber je mehr ich recherchierte umso mehr interessante Geschichten flogen mir zu:
Ich weiß nicht mehr, wie oft wir Swakopmund schon besucht haben. In den europäischen Sommermonaten meiden wir inzwischen allerdings das „Dorf", wie die Einheimischen sagen.
Zu dieser Zeit liegt Swakopmund des Öfteren im Nebel oder unter einer grauen Wolkendecke mit Temperaturen, die im kalten Wind, von der See kommend, frösteln lassen.
Im südafrikanischen Sommer dagegen bietet die Skelettküste eine angenehme Erfrischung bei Temperaturen, die meist 20 Grad unter der zeitweise schwer zu ertragenden Hitze in den Wüsten Namibias liegen.
Eine der vielen Möglichkeiten einen Tag in Swakopmund zu gestalten, ist die Teilnahme an einer Tour nach Sandwich Harbour. Man kann diese Fahrt zwar auch in Kombination mit einer vorheriger Bootstour in der Bucht von Walvis Bay buchen, aber für mich interessanter ist die Tagestour, die auch wirklich nach Sandwich Harbour führt, und nicht nur einen Blick von einer nahen hohen Düne auf die Lagune werfen lässt.

Eine Tour auf eigene Faust kommt dagegen für mich aus versicherungstechnischen Gründen mit einem Leihwagen nicht in Frage.

Dazu bin ich zu vorsichtig, anders gesagt, dazu habe ich zu großen Respekt vor dieser Fahrt.

Die Faszination dieser Tour ist nicht Sandwich Harbour selbst.

In diesem Fall gilt der Satz: Der Weg ist das Ziel.

Wenn man nicht die ebenso großartige Fahrt durch die Dünen unternimmt, erlebt man auf der etwa 42 Km langen Strecke entlang des Atlantiks etwas einmaliges.

Eingezwängt zwischen den anrollenden Wellen des südlichen Atlantiks auf der Steuerbordseite, und den hohen Dünen der Namib backbords, fährt man, beziehungsweise wird man zur Lagune von Sandwich Harbour gefahren.

Die Fahrt zum Ziel, war immer wieder grandios, beeindruckend und abenteuerlich.

Es ist ein schmaler Weg zwischen Gegensätzen der Natur wie sie nicht größer sein können.

Die Wüste mit ihren hohen steilen Dünen rückt fast bis an die heran rollenden Wellen, so dass nur ein schmaler Streifen nassen Sandes zwischen Wüste und Meer bleibt.

Die Trockenheit der lebensfeindlichen Wüste trifft die Kälte des heranbrausenden unbändigen Meeres, während der Wind darüber weht, Sandkörner in die Luft wirbelt und Gischt aus den Wellen hervor schleudert.

Hier treffen Naturgewalten aufeinander, während wir uns, auf einem schmalen Streifen, immer voll konzentriert, bis nach Sandwich Harbour kämpfen.

Oftmals muss angehalten und gewartet werden, bis sich große Wellen wieder zurückgezogen haben, um die kurze Zeit zu nutzen, solch eine Stelle zu passieren.

Andernorts müssen wir weite Kurven fahren, um von Wellen errichtete Sandtreppen zu umgehen, damit die Achse heil bleibt oder kein Reifen seine Luft verliert.

Immer wieder muss der Fahrer abschätzen, ob der Sand fest genug ist, um ihn zu queren. Ansonsten fährt sich das Auto mit großer Wahrscheinlichkeit fest, was den Totalverlust bedeuten könnte.

Dabei bläst meist ein kalter starker Wind von See und die Luft ist voller Salz, Sand und Feuchtigkeit.

Ich weiß nicht, ob es sonst irgendwo auf der Welt so eine unglaublich beeindruckende Szenerie zwischen Sand und Meer gibt.

Als wir einmal, aufgrund einer unbemerkten Sandtreppe einen kaputten Reifen wechseln mussten, zum Glück konnten wir dabei noch auf eine etwas breitere Sandfläche ausweichen, flog dicht über unsere Köpfe eine Cessna, die mit Ausflüglern zu Luft unterwegs war, wippte kurz zum Gruß ihre Flügel und zog wieder himmelwärts, während wir am Strand unsere Köpfe einzogen und strahlten.

Dieses Bild hat sich besser als jedes Foto in mein Gedächtnis eingebrannt. Ein Symbol für die Freiheit und das Abenteuer, das wir hier suchten und gefunden hatten.

Sandfisch Harbour selbst beeindruckte mich weniger, bis ich mehr darüber wusste.

Im Vogelschutzgebiet, durch die Ramsar Konvention international als besonders bedeutend anerkannt, soll laut Zählungen eine sehr große Zahl von Vögeln leben.

Bei etlichen Besuchen in der 10 km langen Lagune, habe ich dort bisher leider immer nur wenige Tiere angetroffen.

Ich bin mir deshalb nicht sicher, ob die ehemals immensen Vogelzahlen, die immer wieder gezählt wurden, inzwischen nicht längst der Vergangenheit angehören.

In all den Jahren konnte ich als einziges menschliches Lebenszeichen ein kleines Holzhäuschen kurz vor der Lagune sehen, das immer mehr im Sand verschwand.

Ich glaube inzwischen dürfte es vollständig verschwunden sein und nichts erinnert in Sandwich Harbour mehr an eine menschliche Besiedlung.

Ein kleiner Disput in einer Pension in Swakopmund ließ mich dann über Sandwich Harbour recherchieren.

Gab es außer dem kleinen Holzhäuschen noch andere menschlichen Aktivitäten in Sandwich Harbour oder gab es niemals Bewohner dort, wie der Pensionsbetreiber behauptete?

Das Ergebnis meiner Nachforschungen förderte interessante Fakten und Geschichten zu Tage, die mir Sandwich Harbour näherbrachten und die sich nun bei jeder neuen Fahrt dorthin in meinem Kopf abspielen.

Die erste Erwähnung des heutigen Sandwich Harbour findet man 1486, wovon ein etwa 20 km nördlich gesetztes Padrão zeugt (portugiesische Stele, die während der portugiesischen Entdeckungsreisen von den Seefahrern an Küsten der entdeckten Regionen aufgestellt wurden).

Diego Cao nannte diesen Ort Port dÌ Ilheo (Spitze der Insel), als er in die Bucht segelte.

Wie dann dieser Platz zu seinem heutigen Namen Sandwich Harbour kam, ist dagegen unklar.

1796 wurde diese schwer zugängliche Küste von England annektiert.

1878 besetzte England Walvis Bay

1884 wurde Sandwich Harbour Teil von Deutsch Südwestafrika und kurzzeitig sogar Anlaufstelle für die Kolonie.

1889 erlangte der Hafen politische und wirtschaftliche Relevanz als Versorgungshafen des damaligen Deutsch-Südwestafrika in direkter Nachbarschaft der damals englischen Walvis Bay

Heute versteht man darunter meist die etwa zehn Kilometer lange Lagune, die aufgrund zunehmender Verlandung der Meeresbucht entsteht.

Es handelt sich folglich nicht mehr um eine Bucht im klassischen Sinne.

Dies sind die zunächst von mir gefundenen kalten Fakten.

Dann entdeckte ich einen Artikel in der Zeitung „The Namibian" vom 15. Juni 2018, der mein Interesse weckte und den ich hier in deutscher Übersetzung vorlege:

„Ein Foto von Matthew Gowaseb vom 3 Mai 2018 auf der Titelseite des „Namibian" mit dem Titel: „Forgotten family owns Sandwich Harbour skeletons" zeigte menschliche Überreste, die auf der beliebten Touristenroute nach Sandwich Harbour gefunden wurden.

Dies brachte die Familie von Broen aus Walfish Bay auf den Plan, die nun behauptete das diese Skelette zu ihrer Familie gehörten und ihren Anspruch auf dieses Gebiet bezeugten.

„Wenn ich das Skelett in der Zeitung sehe oder wenn ich höre, dass Reiseveranstalter Geld verdienen und Touristen die Überreste zeigen, bekomme ich ein trauriges Gefühl in mir, denn diese

Knochen gehören meiner Mutter, meinen Brüdern und Schwestern", sagte Christof von Broen (70).

Fünf Menschen wurden dort begraben, vier von Broens und einer von der Familie Bauer, wie eine von Christofs verheirateten Schwestern heißt, die auch dort lebte.

Die Familie Von Broen aus Walvis Bay behauptet, dass die menschlichen Überreste von Sandwich Harbour ihrer Familie gehören und dass die Knochen von ihrem Anspruch auf das Gebiet zeugen, das ihnen geraubt wurde.

Die Geschichte reicht 131 Jahre zurück, als Christofs Großvater Eugene von Broen Deutschland verließ, um nach Südwestafrika zu kommen, um in Sandwich Harbour eine Fleischkonservenfabrik aufzubauen, von wo aus er entlang der zentralen Küste Handel trieb. Er heiratete Katriena Gertse, eine farbige Frau, und sie hatten sechs Kinder. Obwohl die Konservenfabrik aus Umweltgründen nicht funktionierte – „alles, sogar die Dosen, war voller Sand" – blieb die Familie dort und baute eine kleine Gemeinschaft auf, die von Fischfang, Fleisch- und Gemüseanbau, Narras (Melonenart) und Blumen überlebte.

„Geld hat uns damals nicht viel bedeutet. Wir hatten alles, was wir brauchten", sagte er.

Eines der Kinder, Hans von Broen, heiratete 1939 eine Topnaar-Frau, Anna Tseises, und sie hatten 16 Kinder, darunter Christof. Sie starb 1956 nach der Geburt des letzten Kindes an Nierenversagen.

Die Sandwich Harbour-Gemeinde bestand aus zwei Familien in der Oase zwischen der Namib-Wüste und dem eisigen Atlantik. Sie lebten dort 82 Jahre lang und handelten mit anderen Gemeinden entlang der Küste, während sie sich um ihre eigenen Geschäfte kümmerten. Hans von Broen war auch ehrenamtlicher Naturschützer. Anna Tseises und vier ihrer Kinder wurden dort auf einem kleinen Friedhof begraben.

„Deshalb ist es so seltsam, die Knochen in den Zeitungen zu sehen", sagte Christof gegenüber The Namibian.

Das idyllische Leben der Von Broens fand am 25. September 1969 ein jähes Ende, als südafrikanische Soldaten sie mit nur wenigen Habseligkeiten auf Militärlaster zwangen und sie am bunten Ort Walvis Bay absetzten.

„Wir mussten alles verlassen. Häuser, Gärten, Tiere, Boote, alles, Autos, und wir wissen immer noch nicht, was mit allem passiert ist", sagte Christof.

„Seitdem ist es ein Kampf. Wenn wir nicht entfernt worden wären, wären wir immer noch dort gewesen."

Um das Gebiet herum wurde sogar eine Grenze errichtet, um die Leute fernzuhalten, also gab es kein Zurück, und heute gibt es nur noch Ruinen und Knochen.

Christof und Johanna sind seit 41 Jahren verheiratet und haben in den letzten 15 Jahren die Regierung gebeten, das Gebiet an die Nachkommen des verstorbenen Hans von Broen zurückzugeben, der angeblich der letzte offizielle Einwohner von Sandwich Harbour war. Die Von Broens sind mittlerweile über ganz Namibia und Südafrika verteilt und appellieren auch an die Regierung, ihnen die Errichtung eines Familiendenkmals zu erlauben, haben aber noch keine Genehmigung erhalten.

„Wir bitten die namibische Regierung um Wiederherstellung und Wiedergutmachung für die Ungerechtigkeiten, die wir durch das ehemalige koloniale Apartheid-Regime erlitten haben.

„Wir haben immens gelitten und tun dies auch weiterhin in der neuen demokratischen Rechtsordnung aufgrund der ungerechten und unmenschlichen Politik und Praktiken des früheren Regimes, die uns als Familie zuteilwurden. Derzeit fühlen wir uns immer noch, dass unsere verfassungsmäßigen Rechte verletzt werden", behaupten sie.

Die Familie behauptet, das Wohnrecht in Sandwich Harbour erhalten zu haben, dies sei jedoch nie registriert und ihnen nie offiziell mitgeteilt worden. Sie fordern das Recht, ihre Familiengräber wiederherzustellen und Konzessionsrechte an Sandwich Harbour zu erhalten – sowie eine Fischquote für Von-Broen-Nachkommen. Diese Beschwerde wurde an das Büro des Ombudsmanns gerichtet. Ombudsmann John Walters bestätigte ihren Appell vor Jahren und er könne sie nur an das Ministerium für Umwelt und Tourismus weiterleiten, um eine Konzession zu beantragen.

"Sie haben ihr Erstgeburtsrecht beansprucht, aber unsere Gesetze behandeln das Erstgeburtsrecht in solchen Angelegenheiten nicht", sagte Walters.

Anrufe bei der Konzessionsabteilung von MET blieben mehrmals unbeantwortet. Reiseleiter, die in der Gegend arbeiten, sagten „The Namibian" auch, dass es für eine Familie schwierig wäre, Knochen zu beanspruchen, da „die ganze Wüste voller Schädel und Knochen" ist, die entlang der Touristenrouten freigelegt werden. Laut einigen Führern wurden Schädel weit weg vom Friedhof gefunden, und es gab auch andere Menschen, die entlang der Küste lebten, arbeiteten und sich bewegten.

„Es gab zwar noch andere Menschen, aber wir können beweisen, dass wir dort gelebt haben", sagte Christof von Broen."[1]

Durch diesem Zeitungsartikel wurde Sandwich Harbour für mich plötzlich lebendiger und ich suchte weiter.

Ich stieß auf Ludwig Conradt, der am 1.2.1885 ursprünglich als Bohrmeister im Auftrag der F.A.E. Lüderitz nach Südwestafrika kam, nachdem ein Jahr vorher die Kolonie Deutsch Südwestafrika gegründet worden war.

Ludwig Conradt war somit ein Zeitzeuge der Kolonie, in der er auch 1920 starb.

Er hat seine Erlebnisse und Erinnerung aufgeschrieben, sowie Gedichte verfasst und veröffentlicht.

In einem Nachdruck seines Buches, mit Kommentaren und einer Einführung versehen, findet man auch die Geschichte von Sandwich Harbour, an der er in großem Maße beteiligt war.

Conradt arbeitete damals an der Fertigstellung einer Schlachterei und einer Konservenfabrik für Fleisch.

Weiterhin wurde damals noch eine Konservenfabrik für Fisch gebaut.

Sandwich Harbour war also ein kleiner Ort mit Fabriken, Häusern und Angestellten, die dort lebten

Conradt schrieb:

„Die Schlächterei war so weit fertig, dass wir ein Probeschlachten veranstalten konnten. Die Eismaschine wurde durch eine zwölfpferdige Dampfmaschine betrieben, es stand ein eiserner Räucherturm, der Kühlraum war zementiert und mit Röhren versehen, durch welche die abgekühlte Lauge von der Eismaschine

---

[1] The Namibian" vom 15. Juni 2018 Zugriff 21.02.2022

aus zirkulieren sollte, die Lagerschuppen mit den gemauerten Pökelbassins waren fertig. Zwischen den Bassins waren schmale Abteilungen eingeschaltet, die mit Eis versehen zur Kühlung dienen sollten. Der Knochenbrecher stand zum Betrieb bereit, ebenso der Knochenkocher, der mit vier Atmosphären Überdruck die Knochen weichkochen und extrahieren sollte. Überall aber trieb der tägliche Wind von den Dünen den feinen Sand hindurch, gegen den es keine Abwehr gab. Das Schlachthaus war eine offene Halle, mit Winde Vorrichtungen versehen, in denen schon das Fleisch sandig werden musste, bevor es zu seiner Verarbeitung kam."[2]

Anhand Conradts Beschreibung wird deutlich, dass es einige Gebäude und Menschen in Sandwich Harbour zur deutschen Kolonialzeit gab.

Die Spuren einer Besiedlung von Sandwich Harbour gehen aber noch weiter zurück.

Ich zitiere deshalb Walter Moritz:

„Noch vor 1854 betrieb der Jude Aaron de Pass dort Fischfang. Nach der Chronik soll er sich 1852 mit dreizehn Leuten dort niedergelassen haben, um eine Fischerei zu beginnen. Diese wurde mit bedeutendem Erfolg betrieben. Die Fische wurden eingesalzen, getrocknet und nach Mauritius ausgeführt. Die Chronik meldet: "Dort auf dem engen Räume lagen die Fischköpfe, die an der Sonne gedörrt stanken, die aber zur Feuerung benutzt nochmals stanken. Die Fliegenplage war arg. Beim Essen musste einer sie ständig abwehren."

Missionar Böhm ging alle zwei Monate nach „Sandwichhafen" und hielt dort Gottesdienste ab. Er wohnte dann bei einem Herrn Kemp. 1884 fand er etwa 100 Leute dort. Die Topnaar waren größtenteils in der Nara Ernte.

1887 waren 200 Einwohner zugegen; für 40 Kinder hielt Böhm Schule. Doch 1891 gab es keine Weißen mehr in Sandwichhafen. Die „Deutsch-Südwestafrikanische Companie" hatte die Arbeit eingestellt. Seit etwa 1910 wohnte ein Hans von Broen dort, den ich am 12. Dezember 1968 besuchte. Sein Vater war A.E. von Broen, der

---

[2] Ludwig Conradt, Erinnerungen aus zwanzigjährigem Händler- und Farmerleben in Deutsch Südwestafrika Hrsg. Thomas Keil, Klaus Hess Verlag, Seite 110-111).

mit der deutschen Marine nach Südwest kam. Er fand noch Reste von den Fabriken und Gerätschaften.

A.E. von Broen schrieb 1923 einen Brief aus Ururas, worin er erwähnte, dass er schon 1887 ein Segelschiff von Walfisch Hafen nach „Sandfisch Hafen" gesteuert hätte zum Löschen der Fracht"[3].

So einsam, wie es mir mein Vermieter in Swakopmund erklären wollte, war es also bei weitem nicht in Sandwich Harbour.

Im Gegenteil, zeitweise ist es dort sogar, für die Verhältnisse zur damaligen Zeit im Land, sehr rummelig zugegangen.

Und wenn wir schon so schön beim Schmökern über Sandwich Harbour sind, möchte ich noch eine skurrile Geschichte weitergeben, die ich bei meinen Recherchen fand.

Es ist ein höchst interessanter Artikel von Ron Swilling auf namibiafocu.com

„Inmitten der faszinierenden Erzählungen von Schiffswracks, deren Treibgut an die Strände gespült wurde, gibt es die Geschichte eines exzentrischen deutschen Einsiedlers, der Ende der 1880er Jahre in Sandwich Harbour ankam. Mit einer französischen Militäruniform bekleidet traf er zusammen mit einem Händler aus Kapstadt ein, der ihn in Walvis Bay abgeholt hatte. Er trug einen Koffer mit medizinischen Instrumenten bei sich und wurde von Otto, seinem Foxterrier, begleitet. Verschiedene Gerüchte ließen vermuten, dass er einige Zeit in der Fremdenlegion gedient hatte.

Schüchtern und introvertiert errichtete der Einsiedler in einiger Entfernung der Siedlung eine Hütte aus Treibholz und angeschwemmten Brettern. Obwohl er von den einheimischen Fischern, die er behandelte, als "schweigender Herr Doktor" bezeichnet wurde, sprach er Deutsch, Französisch und Englisch. Er erlangte hohes Ansehen und es wurde ihm sogar nachgesagt, dass er über Kenntnisse der Tierkreiszeichen und der Geologie verfüge. Er besorgte Medikamente für seine Patienten von vorbeifahrenden Schiffen und kümmerte sich um die medizinische Versorgung der lokalen Gemeinschaft.

Über den schweigsamen Einsiedler waren viele Gerüchte im Umlauf,

---

[3] Auszug aus dem Buch: Verwehte Spuren in der Namibwüste: Alte Ansiedlungen am Kuiseb, von Walter Moritz (1997) Reihe: Aus alten Tagen in Südwest, Band 13

nicht nur über seine Herkunft, sondern auch über seine Absichten. Einige glaubten, er sei auf der Suche nach dem sagenumwobenen Schatz eines verschollenen ostindischen Seefahrers.

Der Legende nach befanden sich die Reichtümer eines Großmoguls an Bord, als der Seefahrer nach der Umrundung des Kaps der Guten Hoffnung im dichten Küstennebel Schiffbruch erlitt. Die überlebenden Seeleute und Passagiere sollen den Schatz am Strand oberhalb der Hochwassermarke vergraben haben.

Obwohl der Einsiedler anscheinend kein Glück bei der Schatzsuche hatte, blieb der örtlichen Fischergemeinde eine weitere Begebenheit im Gedächtnis.

Eines Tages entdeckte der Hund des Einsiedlers bei einem Spaziergang in den Dünen ein intaktes Skelett und mehrere britische Münzen aus der Zeit vor 1850. Der Einsiedler barg alle Knochen und setzte das Skelett mit Draht wieder zusammen. Er nannte es Festus und stellte es in der Ecke seiner Hütte als Leibwächter auf. Er versah die Augenhöhlen mit Stücken alter Spiegel, steckte eine antike Tonpfeife in seinen Mund, benutzte Robben haut auf seinem Schädel als Haar und versah ihn mit Ohren aus Muscheln. Er kleidete Festus mit Stiefeln und einer ausrangierten khakifarbenen, mit Münzen verzierten Jacke, die ihn wie einen mit Orden behängten Offizier aussehen ließ. Bei Vollmond setzte er Festus vor seine Hütte, wo dessen Spiegelaugen im Mondschein funkelten und die Arme im Wind flatterten. Vor diesem Anblick schreckten selbst die Tapfersten zurück!

Der Einsiedler verbrachte den Rest seiner Tage in Sandwich Harbour, wo er an den Stränden und Dünen spazieren ging, die lokale Bevölkerung unterstützte und von ihr Vorräte für seine Dienste erhielt. Sein Vermächtnis und das seiner Leibwache Festus überlebten noch lange nach seinem Tod. Diamantenminenarbeiter und Polizisten, die auf dem Weg nach Conception Bay waren, übernachteten gewöhnlich in seiner Hütte, die unter dem Namen "Übernachtungspontok" bekannt wurde. Da sie nicht mutig genug waren, das Quartier mit dem Skelett des ertrunkenen Seefahrers, Abenteurers, Piraten oder Walfängers zu teilen, stellten sie Festus bei ihren monatlichen Besuchen nach draußen. Nach wiederholten Beschwerden von Arbeitern, die an umherwandernde Gespenster glaubten, erließ Polizeikommandant Van Coller 1929 schließlich den Befehl, Festus zu entfernen. Zwei Polizisten auf Kamelen wurden mit dieser Aufgabe betraut.

Als der eine von seiner Aufgabe als Leichenbestatter erfuhr, bekam er Magenbeschwerden und verschwand für drei Tage, sodass seinem Kollegen die Aufgabe zuteilwurde, Festus nach dreißig harten Jahren Wachdienst kurzerhand zur Ruhe zu betten.

Er vergewisserte sich, dass dem Skelett vorher die Wirbelsäule gebrochen wurde, damit der Tote nachts nicht umher geistern würde.

Ein Holzkreuz wurde aufgestellt, und eine leere Boegoeberg-Branntweinflasche und einige Muscheln markierten die Ruhestätte. Das Grab verschwand 1935 im Wüstensand".[4]

Damit könnte nun die Geschichte der menschlichen Besiedlung von Sandwich Harbour enden, aber ich möchte nicht unerwähnt lassen, dass in den 1930iger Jahren noch ein letztes Mal gestartet wurde, ein Unternehmen dort aufzuziehen.

Es wurde eine Plattform gebaut, um darauf Guano zu ernten.

Aber wie alle anderen Unternehmungen schlug auch dieses Projekt fehl.

Bei Niedrigwasser konnten Schakale auf die Plattform kommen und die Vögel erlegen und schlussendlich auch vertreiben.

Was blieb war noch die Familie von Broen, die aber, wie bereits erwähnt, am 25. September 1969 als letzte menschlichen Bewohner Sandwich Harbour verlassen mussten.

Es bleibt nur das, was Ron Swilling am Schluss seiner Geschichte über „Festus" schreibt:

„Sandwich Harbour wurde schließlich dem pfeifenden Wind, den Vögeln und Schakalen überlassen […]

Heute ist Sandwich Harbour Teil des Namib-Naukluft-Parks. Übrig geblieben sind lediglich ein paar Ruinen und Muschelhaufen sowie die reiche Geschichte von Unternehmertum, Abenteuer, Mysterien und Intrigen, darunter auch die Geschichte des schweigsamen Einsiedlers und seinem Leibwächter Festus." [4]

Und das alles zusammen ergibt ein großartiges Gesamtbild, wenn

---

[4] www.namibiafocus.com fand. von Ron Swilling Zugriff 21.02.22

man eine Fahrt auf dem schmalen Streifen zwischen Wüste und Meer nach Sandwich Harbour unternimmt.

Reise mit dem Finger auf der Landkarte
(aus meinem gleichnamigen Buch)

Lorsch, März 2022

Nach dem Kauf einer Landkarte erinnerte ich mich wieder an diese fast vergessene Reiseart.
Wer mehr davon darüber erfahren will, dem empfehle ich mein Buch „Meine Reise mit dem Finger auf der Landkarte". Dies ist ein kurzer Auszug davon:
Den Spruch „mit dem Finger auf der Landkarte" hörte ich zunächst als Kind von meinem Vater.
Ein gern gebrauchter Begriff von Menschen die sich weite Reisen, eigentlich Urlaubsreisen im Allgemeinen, nicht leisten konnten.
Ich fand diese Art des Reisens nie als Makel. Da meine weitesten Reisen in jungen Jahren die gelegentliche 20 km Busfahrt zu Verwandten in den vorderen Odenwald waren, kam die weite Welt in Form von Atlas und Landkarten zu mir ins Haus und wurde mit Fantasie ausgeschmückt.
In der Grundschule, daran kann ich mich noch sehr gut erinnern, während andere Ereignisse der gleichen Zeit längst in der Versenkung des Vergessens verschwunden sind, lernte ich anhand des erloschenen Vulkans Vogelsberg eine Landkarte zu lesen. Höhenlinien und Maßstab, Farbgebung und Legende wurden mir vertraut.
Das setzte sich im Gymnasium, oftmals im erschreckendem Ausmaße, fort. Denn während ich dem offiziellen Geografie Unterricht nur oberflächlich mit einem Ohr folgte, war ich in auf den Inseln der Karibik unterwegs. Ich besuchte San Francisco und Alaska, streifte durch die Inselwelt Indonesiens und verweilte gerne an einer meiner Lieblingsstellen, dem Caprivi Streifen im südlichen

Afrika, dessen Name und Form es mir angetan hatten. In meiner anfänglich bodenlosen Unwissenheit nahm ich an bei Caprivi handele es sich um einen exotischen Namen unbekannter Herkunft, und die so seltsam anmutende Form konnte ich mir zunächst auch nicht erklären. Fragen, die mich beschäftigten, während vorne an der Tafel der Lehrer über Braunkohleabbau im Ruhrgebiet dozierte. Abwechslung brachte der Wettstreit des Städte Suchens mit Freund und Banknachbar Thilo.

Man nannte eine möglichst versteckt, am besten weit außerhalb des Gesichtsfeldes, nahe des Falz des Atlas oder in irgendeiner Ecke der Karte liegende Kleinstadt, deren Name bestenfalls (schwarz geschrieben) durch tiefes Braun eines Gebirges oder hohen Berges leichter übersehbar wurde.

Trotzdem fanden wir jeden Ort der Welt. Wer kennt beispielsweise schon Chaguaramas, dass wir anfangs irrtümlich für einen kleinen Ort oder Kleinstadt hielten. Gemeinhin ist damit das Gebiet westlich der St. Peters Bay bzw. der Tucker Valley Road gemeint. Und nachdem Chaguaramas dank Landkarte und unserm Suchspiel im Bewusstsein aufgetaucht war, wurde der Begriff immer lebendiger und mit Wissen aufgefüllt.

Wir gründeten sogar eine eigene Fußball Liga, die aus, auf unseren „mit dem Finger auf der Landkarte" Expeditionen gefundenen und für gut befundenen Orten und Städten bestand.

Die Spieltage der Liga wurden jeweils in den Geografie Stunden abgehalten und erfreuten sich wachsender Begeisterung. Ob Richard, „Maluk", „Lupo" Thilo, ich oder all die anderen, wir waren mit Begeisterung bei der Sache. Das unser Wissenserweiterung über Bergbau an der Ruhr oder andere weitgehend peripher interessierende Lerninhalte darunter litten störte uns wenig.

Aber wären wir über die Lage von Orten dieser Welt am Ende des Schuljahres geprüft worden, wären zumindest Thilo und ich mit glatten Einsern in die Ferien gegangen. Aufgrund unseres nur oberflächlich erfasstes Wissen über den Kohleabbau im Ruhrgebiet reichte es allerdings nur zu einer eher mittelmäßigen Note, um es nicht sogar als nur „ausreichend" zu outen.

Ich bin abgeschweift.

Aber diese kleine Exkursion zurück ins Klassenzimmer und auf die harte Holzschulbank, die in der Weichzeichnung der Erinnerung manche schöne Anekdote bereit hält sei einem alten Mann verziehen, der schmunzelt ob der Erinnerung zum Fenster hinaus schaut, zu einem Earl Grey Tee, beim Blick auf den Nebel eines Raureif kalten Januarmorgens in eine längst vergangene Jugendzeit reist und versucht diesen Moment auf der Schulbank, den er gerade aus dem Vergessen geholt hat, festzuhalten, darin zu schwelgen und diesen Zustand ausgiebig zu genießen.

Aber vielleicht versteht der Leser meine Affinität, meine Begeisterung für Landkarten dadurch etwas besser.

Ich bin also schon immer mit Begeisterung „mit dem Finger auf der Landkarte" gereist und ohne Landkarten würde mir etwas fehlen. Als ich dann irgendwann später mit beiden Füßen mitten im Caprivi Streifen stand, war es fast als wäre ich nach Hause gekommen. So gut kannten wir uns schon, der Caprivi und ich.

Aus dem „Fantasie Caprivi", den ich zwar durch diese andere Art der Reise verlor, gewann ich die Realität dazu, die durch bisher fehlende visuelle und olfaktorische Wahrnehmung bereichert wurde. Ich liebe es zu Reisen und durch meine Erfahrungen mit den Landkarten stehen mir mehrere Möglichkeiten des Reisens zur Verfügung.

Ich weiß, dass es viele Menschen gibt, die abschätzig auf die „mit dem Finger auf der Landkarte" Reisend sehen. Ich habe aber diese Form des „in der Welt unterwegs sein" zu schätzen gelernt und ein gewissenhafter Landkartenreisender wird gerade heutzutage mit dem zur Verfügung stehendem, immer verfügbaren Wissen des Internets manchmal näher und intensiver einen Ort bereisen als mancher körperlich am Reiseziel anwesender Urlauber, der manchmal, außer schnell durchgereist zu sein, keine weiteren Erfahrungen, Eindrücke und weiteres Wissen gesammelt hat.

Von jedem neuen Land, das ich nach meiner Schulzeit in späteren Jahren besucht habe und das ich besuchen will, habe ich selbstredend Landkarten in Papierform. Digitale Landkarten garantieren nicht dieses Vergnügen, das eine papierne Landkarte mir bietet.

Die Könige der Landkarten, die mit denen man am weitesten und intensivsten reisen kann, sind aber noch anderer Natur.

Vor ein paar Tagen kam über ein Antiquariat in Trier eine Reise in

Form einer Landkarte zu mir nachhause, die ich gerade erst angetreten habe und die mich noch lange in Atem halten wird, von dem Vergnügen der Entdeckungen, die auf mich zukommen ganz zu schweigen.

„NOVA AFRICAE TABULA AUCTORE Jodoco Hondio" heißt das gute Stück. Mein alter Lateinlehrer hätte nun seine wahre Freude mir zu zulächeln und seine Bestätigung zu finden das mir spätestens jetzt (wäre es nicht schon seit Beginn meiner naturwissenschaftlichen Ausbildung) ein Licht aufginge und sich bewahrheiten würde, was er mir immer wieder nach einer schlechten Lateinarbeit, nach der ich in Selbstzweifel ob dieser Wahl dieses Schulfaches verfiel, mit auf den Weg gab. Nämlich das ich noch froh wäre Latein als erste Fremdsprache gewählt zu haben.

Die Kupferstich Karte von Jodocus Hondius oder Jodoco Hondio oder eigentlich Josse de Hondt, ihn lernen wir gleich näher kennen, ist 37,5 x 50 cm groß, altkoloriert und stammt aus dem Amsterdam des Jahres 1606. Sie ist über 400 Jahre alt.

Was will er mit einer so alten Karte, mag sich manch einer fragen, außer sie anzusehen?

Zu was sonst ist sie nütze?

Ich möchte reisen und diese Landkarte hilft mir dabei. Nicht nur nach Afrika, nein auch zurück in der Zeit. Mehr als Vierhundert Jahre zurück in eine Zeit die ich mir mithilfe meiner Karte nun etwas genauer anschauen mag.

Während Jodocus Hondius im Jahr 1606 den Kupferstich zu meiner Karte fertigstellt, wird Rembrandt van Rijn geboren und während ich gerade hier schreibe klingelt es an der Haustür und ich bekomme ein Paket überreicht.

Der Rahmen für die Karte ist angekommen.

Wie passend! Nun können wir uns die hinter Glas geschützte Karte genauer ansehen und mit dem Finger auf der Landkarte reisen.

Die Karte ist sicher gerahmt und das Museumsglas bietet einen klaren Blick auf Afrika.

Durch den Text auf der Rückseite der Karte lässt sich der Druck genau dieser Karte eindeutig der französischen Ausgabe des Jahres 1619 zuordnen.

Erwähnte ich schon, wie schön die Karte ist.

Allein die Farben haben die letzten 400 Jahre anscheinend schadlos überstanden.

Sie sind einfach fantastisch.

Links in der Ecke befindet sich eine farbige Kartusche mit dem Namen der Karte (Nova Africae Tabula auctore) und der Name Jodoco Hondio

Gleich daneben entdecke ich St. Helena, darunter einen Zweimaster unter vollen Segeln und rechts neben St. Helena ein fischähnliches Seeungeheuer.

St. Helena wird von Hondius wie folgt beschrieben:

I.S. Helenaes, quamvis incolarum sit expers, diversis tamen fructibus amaenis fyluestribus luxuriat navibus ex India Orientali gratisima.

Dies übersetze ich als: Die Insel St Helena bietet, obwohl sie unbewohnt ist, trotzdem verschiedenartige Früchte, angenehme Ziegenböcke und Wälder und ist ein höchst willkommene Zwischenstopp für die Schiffe aus Ostindien.

Dieser Satz entspringt langer Diskurse, E-Mails und Stunden voller anregender Chat Konversation.

Bei dem Spaß um diese Übersetzung, haben Thilo (ihr erinnert euch an die Schulzeit mit dem Städtesuchen?) und ich, so ganz nebenbei, ganz intensiv die Frühzeit von St. Helena bereist. Mir scheint ich kenne jetzt jeden Baum und jede Ziege.

St. Helena ist eine Reise, die sich aus der Übersetzung des lateinischen Satzes spontan entwickelt hat.

Es gibt so viel zu St. Helena zu sagen, einer Insel, die für die damalige Schifffahrt sehr wichtig war. Allein darüber könnte ich mich sehr lange und ausdauernd auslassen.

Ich halte mich aber zurück. Nur ein paar Teile der Beschreibung der Insel auf der Rückseite einer Karte von 1619 aus dem Hause Hondius, darf ich unserer Reisegruppe nicht vorenthalten. Sie ermöglichten eine genauere Übersetzung des lateinischen Satzes auf der Afrika Karte und schenken uns am Schluss gar noch eine kleine spannende Anekdote aus der menschlichen Frühzeit von St. Helena:

Sie ist fast sechs Meilen groß. Bevor die Portugiesen dort ankamen, gab es keine Tiere und keine Obstbäume, aber jetzt ist sie voll von wilden Tieren, die sich dort vermehren, sowie von [de Dains?], Ziegen, Rebhühnern, Tauben und Ebern. Es gibt auch einen angenehmen Überfluss an lebendigen, mächtigen Wassern, die in einem schönen Tal von hohen und unzugänglichen Bergen nach allen Seiten hinabfließen und sich ins Meer ergießen. Es gibt nur einen Ort, durch den man hineingehen kann, alle anderen sind von hohen Bergen umgeben.

...Die Güte dieses Ortes ist wunderbar. Granatäpfel, Orangenäpfel und Limonen wachsen dort in Hülle und Fülle und werden sechs- oder siebenmal am Tag vom Himmel durch Regen bewässert, während zwischendurch die Sonnenstrahlen eindringen.

...An den Stämmen der Feigenbäume sieht man Namen geschrieben, die mit den Bäumen gewachsen sind: man kann lesen, dass sie im Jahr 1510 und 1515 eingeritzt wurden.

...Ein anderes Mal wurde ein gewisser Iavan mit seinen beiden Kammerfrauen aus den Schiffen geworfen und sie versteckten sich in den Bergen und Felsen, wohin es keine Wege gab, wenn Schiffe kamen. Diese drei zeugten in kurzer Zeit 20 weitere. Wenn die Schiffe kamen, hielten sie sich in den Höhlen auf; und wenn sie wieder abreisten, verwüsteten sie weiter die Insel. Dann schickte der König Soldaten dorthin, die sie alle gefangen nahmen und nach Portugal führten.

Mich begeistern solche Geschichten.

Aber weiter auf der Karte.

Ich weiß gar nicht welchem Teil ich als nächstes mein Augenmerk widmen will.

Auf dem Meer um Afrika finde ich weitere Schiffe und Ungeheuer, die aus den Tiefen des Meeres auftauchen und die in Form und Farbe verschieden sind.

Ich mache einen ersten Ausflug auf das afrikanische Festland und finde „Lunae Montes", die sagenhaften Mondberge.

Von Aischylos, (500 vor Christus) dem griechischen Tragödiendichter wissen wir das Ägypten „von Schnee genährt" wird. Welch wunderschöne Umschreibung der Vorstellung Aischylos, dass der Nil in einem Gebirge mit schneebedeckten Gipfeln entspringt.

Nur wenig später lokalisiert Herodot (450 vor Christus) die Quelle des Nils in einem See zwischen zwei Berggipfeln, den manche Forscher für den „Lac de la Lune" halten.

Im ersten Jahrhundert nach Christi Geburt brachte dann Ptolemäus, ein griechischer Geograf, Mathematiker und Astronom, die sagenhaften „Mondberge" auf die Landkarten. In diesen Mondbergen vermutete er die Quellen des Nils. Bis in die Mitte des 19 Jahrhunderten geisterten dann diese ptolemäischen Mondberge über die Karten Afrikas. Eine Landkarte von 1830 zeigt diese mystischen Berge weit nördlich des Äquators, nahe eines Gebietes, dass auf der Karte mit „Völlig unbekannte Gebiete" beschrieben ist. Auf meiner Karte von Jodocus Hondius sind sie in der Höhe des heutigen Sambia eingezeichnet. Südlich zweier großen Seen, die vom Wasser der Berge gespeist werden, ziehen sie als eine quer verlaufende Bergkette fast über den gesamten Kontinent.

Ob und inwieweit die Menschen der Antike überhaupt Kenntnisse vom Ruwenzori Gebirge hatten, sei dahingestellt. Vielleicht war es auch nur Logik, zu vermuten, dass ein so großer Strom wie der Nil nur in einem hohen schneebedeckten Gebirge entspringen konnte. Manche neueren Geschichtsforscher vermuteten auch den Kilimandscharo, den Mount-Kenya oder die Virunga Vulkane hinter dem Mondbergen. Erstere sind alleinstehende Berge, letztere ohne Schnee. Mir gefällt die Ruwenzori Version am besten. Die sagenhaften, mystischen Mondberge müssen einfach das Synonym für den Ruwenzori gewesen sein. Anders kann ich es mir gar nicht vorstellen. Wenn man am Fuß der Berge, nach dem Überqueren der ersten reißenden Bäche den Geistern der Berge seinen Respekt gezollt hat und wenn man durch die Zauberwälder, vorbei an meterhohen Lobelien und hoch wie Bäume gewachsenes Johanniskraut durch Nebel und Sumpf hinauf gewandert ist, hat man keinen Zweifel mehr, das mit den Mondbergen kein anderes Gebirge als der Ruwenzori, der Regenmacher, gemeint sein kann. Allen Vermutungen und Überlegungen setzte die Expedition Stanleys ein Ende. Nachdem zwei Mitglieder dieser Expedition die Berge bereits am 20. April 1888 gesehen haben sollen, entdeckte Henry Morton Stanley die Berge dann offiziell am 24. Mai 1888. Damit war die Reise des Ruwenzori Gebirges auf den Landkarten Afrikas beendet.

Ich denke es fällt vielen schwer zu glauben, das andere Expeditionen wie zum Beispiel Emin Pascha (1886) dieses hohe, schneebedeckte

Gebirge übersehen konnten, obwohl sie doch so nahe daran vorbeigezogen sind.

Aber der geheimnisvolle „Regenmacher" kann sich sehr gut unter Wolken und Dunst verstecken.

Auch ich war tagelang selbst nur wenige Kilometer von ihm entfernt, ohne auch nur eine Ahnung von ihm zu erhaschen. Es war, als gäbe es ihn gar nicht. Deshalb kann ich sehr gut verstehen, dass man direkt an ihm vorbeilaufen kann, ohne ihn zu Gesicht zu bekommen. Als Stanley mit seiner Mannschaft den westlichen Fuß des Gebirges passierte, kletterte einer seiner Expeditionsteilnehmer, William Grant Stairs bis auf 3200 Meter. Emin Pascha erreichte 1891 dann bereits 4000 Meter Höhe.

Aber erst 1906 bestieg Luigi Amado von Savoyen, während er sich mit seiner Expedition fünf Monate im Gebirge aufhielt, 30 Gipfel (darunter die Margherita Spitze des Mount Stanley). Der alpinistisch erfahrene Prinz war dabei mit vier Bergführern und 150 Trägern unterwegs.

Zu dieser Zeit, sogar bis Mitte der fünfziger Jahre des zwanzigsten Jahrhundert gab es noch 42 Gletscher, heute ist nunmehr der Mount Stanley großflächig vergletschert, auf allen anderen Massiven finden sich nur noch kleine Eisfelder, Mount Gessi und Mount Enim sind bereits vollkommen eisfrei, ein Schicksal, das bald alle diese Berge ereilen wird. Dann wird Ägypten nicht mehr „vom Schnee genährt" wie es uns Aischylos so poetisch berichtet hat.

Ich verlasse die „Lunae Montes", deren Zuflüssen den „Lac Zaire" speisen, den Jodocus beschreibt mit den Worten: „Lac Zaire, ubi Tritones et Syrenes este dicuntur." (Der Zaire See, wo angeblich die Tritonen und Sirenen zuhause sind).

Ich reise in das Land Cafates. Hier leben die Amazonen erzählt mir die Karte.

Ich entdecke den Borneo See, durch den der Niger fließt. Dem Fluss stromaufwärts folgend, gelange ich an den Niger See und entdecke die Quelle des Flusses, zwischen einem Affen und einem Elefantenbild, in der Nähe von Bergen. „In hicse montibus smaragdi plurimi sunt" erzählt mir die Karte (In diesen Bergen gibt es viele Smaragde).

Und nun muss ich mich entschuldigen und langsam verabschieden.

Ich merke, wie sehr ich mich in diese Reise verliere.

Ich werde nun allein weiterreisen, auf einer Reise, von der ich nicht absehen kann, wann und wo sie enden wird und welche Abenteuer und Unwägbarkeiten bei Übersetzungen und Nachforschungen mir begegnen werden. Es gibt einfach zu viel noch zu entdecken, zu viel noch zu erforschen. Wer weiß wohin die Karte mich noch überall hinbringen wird.

Jetzt schon hat sie mich zurück in eine andere Zeit gebracht. Ich reise auf Schiffen und rieche den Geruch von Ziegen und Zitronen auf St. Helena, spüre die Kälte im Schnee der Mondberge und höre staunend den Gesängen der Sirenen am Lac Zaire zu

Ich habe sie, liebe Leser, mitgenommen auf eine Reise „mit dem Finger auf der Landkarte", deren Ende noch offen ist.

Ich weiß nicht, ob es mir gelungen ist, den einen oder anderen für diese Art des Reisens zu begeistern. Aber ich tauche weiter ein in meine Karte.

ANZICANA Cujus populi sunt antropohagi. (ANZICANA, dessen Volk die Antropohagi sind)

Antropohagi sind ein mythisches Kannibalen Volk

Ich reise mit dem „Finger auf der Landkarte weiter nach Damut.

Damut hic effoditur auru[m] in magna copia. (Damut. Hier wird eine großen Menge Gold ausgegraben)

Ich bitte nochmals um Entschuldigung, aber hier breche ich jetzt endgültig unsere gemeinsame Reise ab und reise allein weiter.

Man denke sich ein Schild an meiner Haustür auf dem steht:

Ich bin nicht da.

Ich befinde mich auf einer Expedition in Afrika.

Ein paar Jahrhunderte später bin ich möglicherweise wieder zurück.

Kommen Sie dann wieder.

Faszination und Alptraum zugleich, kurz gesagt: Indien

Nordindien, November 2015

Was wäre ein Buch über das Reisen ohne das „Incredible India", das unglaubliche Indien, wie eine Tourismuskampagne der indischen Regierung Indien bewirbt?
Was wäre Indien ohne die allgegenwärtigen Vorurteile und Realitäten, die jeder kennt.
Gibt es noch etwas Unerzähltes von Indien zu erzählen?
Natürlich gibt es das. Jeder der in Indien gereist ist, hat seine eigene Indien-Geschichte im Kopf. Jede dieser Geschichten ist anders, obwohl das Fundament der Indien Geschichten auf einem übereinstimmenden Fundus an Erlebtem und Gesehenem beruht.
Man kann es schon als Allgemeinwissen ansehen das Indien sehr laut sein kann und es oft chaotisch zugeht. Dass Indien ein Subkontinent ist, der aufgrund seiner Überbevölkerung schier aus allen Nähten platzt, braucht eigentlich auch keiner mehr zu erwähnen. Das sich die große Zahl der indischen Göttern zu der Menge der Inder kongruent verhält ist dagegen nur ein Gedanke, der mir durch den Kopf geht.
Aus eigenem Erlebten heraus, von dem was ich mit eigenen Augen sah, kann ich folgendes zu den unzähligen Indien Bildern beisteuern:
Indische Sadhus die kleine Katzen an einer Schnur durch die Luft wirbeln finde ich ekelhaft.
Manche ältere Frauen, die sich grünlich-gelb vor mir auf dem Weg erleichtern fallen in die gleiche Kategorie
Indische Musik kann nerven und erholsam sein, manchmal fast zur gleichen Zeit sogar
Götter kopulieren als Augenschmaus für Kunstliebhaber und Voyeure an Tempelwänden hinauf und hinunter, wobei mir die Unterscheidung beider Gruppen recht schwerfällt, da sie fließend und überschneidend verläuft. Aber da es sich um das Weltkulturerbe

Khajuraho handelt, wird das Kamasutra zur Pflicht.

Tiger sieht man nur manchmal in Indiens Naturschutzgebieten, wogegen Leoparden allgegenwärtig zu sein scheinen.

Wer leicht den Kopf schüttelt meint nicht Nein, und öffentliche Toiletten in der Hitze von Udaipur kurz vor der Regenzeit stinken gegen jeglichen nicht vorhandenen Wind.

Hitze über 50 Grad in Rajasthan im Juni zwingt zum Nichtstun in der Mittagszeit.

Wer sich partout nicht daran halten will besucht möglicherweise den wunderschönen Palast von Udajpur, trinkt schwitzend eiskaltes Wasser und verdirbt sich den Magen.

Erst am Abend trägt man die Leichen durch die alten, schmalen, mittelalterlichen Gassen von Bundi

Zubereitetes Essen stinkt nach vielen Stromausfällen aus dem Kühlschrank.

Duschen an einem Juni Tag ist nicht möglich in Rajasthan. Das Wasser in den Wasserbehältern auf dem Dach ist zu heiß, auch wenn die bunten Fenster des Zimmers wunderschön das Licht filtrieren

Der Palast auf dem Hügel ist von der Entfernung her nahe und doch so fern in der anstrengenden, schmerzhaften Juni Hitze.

Nur ein kurzer Sparziergang in der kleinen Stadt scheint machbar. Eine Familie lädt nach kurzer Gehzeit zum Tee ein.

Ich schwitze und sitze schweißgebadet mit den nicht schwitzenden Familienmitgliedern in dem kleinen, zur Straße hin, offenen Zimmer. Wir werden von der sich versammelnden Nachbarschaft bestaunt, während sich die Familie im Ruhm ihrer Weltoffenheit sonnt.

Der hiesige Stufen-Brunnen ist enttäuschend und voller Müll. Der kleine Markt dagegen voller Farben, Gerüche und Hitze gewöhntem Leben.

Der Geräuschpegel kann unerträglich anschwellen, das Gehupe nerven, aber dann wiederum kann urplötzlich ein einzelnes fremdes eigenartiges Geräusch aus der Kakophonie des indischen Lebens herausquellen, das gefangen nimmt und alles andere überstrahlt.

Die zweitlängste Mauer der Welt auf dem Weg nach Udaipur ist auch nur eine Mauer, egal wie lange sie ist.

Udaipur ist wunderschön. Das fand vielleicht auch schon James Bond, als er im Hotel, auf dem See, vor dem Maharadscha Palast agierte.

Im Atelier eines Malers ist es wohltuend angenehm, auch die Temperatur passt sich diesem Gefühl an, während nach langen Gesprächen ein Bild den Besitzer wechselt.

Abends, wenn die Hitze erträglicher geworden ist, segeln fliegende Hunde über den Pool des Hotels, neben dem wir im Garten leckeres Palak Paneer und Aloo Gobhi essen und leise Sitar-Klänge von irgendwoher vorbei wehen.

Der Palast der Winde in Jaipur verzaubert mehr durch seinen Namen denn durch seine rosafarbene Fassade inmitten unbarmherzigen Straßenlärms, während das Observatorium zu einer Oase der Ruhe wird.

Beim angeblich authentischen Lassi Wallah, wie alle anderen gleichnamigen Lassi Shops in der Straße auch behaupten, trinken wir eine wirklich erstklassigen Mango Lassi aus Tonbechern. Nach dem Gebrauch, vor dem Shop zerschmettert, bilden sie eine inzwischen nicht unerhebliche Barriere beim Eintritt in das Lassi Heiligtum.

Ich öffne eine andere Gedankentür und sehe in dem Raum dahinter das glasklare, reine und angenehm kalte Wasser des Ganges, auf dem ich durch die Stromschnellen "gerafted" bin. Ein Genuss bleibt die Erinnerung an erfrischendes Schwimmen, dem Treibenlassen im reißenden jungen Ganges, während man der Hitze ins strahlende Gesicht lacht.

Den spirituellen Gegenpol zum "Rafting" bietet im entrückten Rishikesh die Ganga Aarti am Abend. Die Zeremonie, die in den drei heiligen Stätten am Ganges stattfindet, ist nirgendwo so innig und entspannt wie hier.

Beeindruckt und entspannt sitze ich auf den Stufen am Fluss, höre dem Singen der religiösen Liedern und Gebeten zu, sehe wie das Feuer entzündet wird, wie winzige Flösse mit dem Licht des Feuers versehen und am Ende der Zeremonie Mutter Ganga übergeben werden.

Affen und Kühe mischen sich in die Menge, während eine Statue des meditierenden Gottes Shiva auf einem künstlichen Felsen im Fluss thront. Die Gläubigen versuchen die heiligen Flammen des Feuers zu berühren, welches von Priestern umhergetragen wird.

Der Gesang klingt melodisch und harmonisch. Man könnte fast darin versinken, während Fledermäuse und die größeren fliegende Hunde als schwarze Schatten am dunklen Himmel jagen.

Spätestens hier kann ich meinen Frieden mit Indien machen, wenn ich zuvor auch manchmal gehadert hatte.

Hier finde ich Indien am indischsten, denn hier entspricht es meinen von Kindheit an gepflegten Vorstellungen und Voreingenommenheit, die ich in Rishikesh bestätigt sehe.

Ob die Beatles vor Jahren hier ihren Frieden mit Indien machen konnten, vermag ich nicht zu sagen.

Ich bin jedenfalls mehr als entspannt und zufrieden. Mich stören nicht einmal mehr die vielen europäischen Frauen, die in Saris gehüllt, in peinlicher zur Schau gestellter, scheinbarer Erleuchtung und Verzücktheit daher schreiten, und religiöser als manch Inderin sein zu wollen.

Eine Randnotiz nur, in der Schönheit und Anmut der Zeremonie. Nirgendwo sonst habe ich mich mehr in Indien gefühlt als an diesen Ganga Aarti Zeremonien in den heiligen Städten am Ganges. In jeder ist diese Zeremonie beeindruckend, und doch so verschieden.

Während in Rishikesh die Zeremonie fast schon familiär ist, kann es ob der Massen an Pilgern in Haridwar fast schon beängstigend und erdrückend sein. Am Har Ki Pauri Ghat, wo die Zeremonie stattfindet, soll sich im Stein ein Fußabdruck des Gottes Vishnu befinden. Hier ist man inmitten der riesigen Menschenmenge, zwischen heiligen Männern und Pandits, wie die brahmanischen Gelehrten bezeichnet werden. Überall entdecke ich Götterfiguren der verschiedenen Gottheiten. Gebete und laute Musik ertönt über Lautsprecher, während Glöckchen klingen, manche zart und manche tapfer. Ein beschwörender Gesang erklingt und der Geruch der Raucherstäbchen wabert durch die Luft. Direkt am Fluss werden Blumen, Blumenkränze und Feuer der Göttin Ganga geopfert. Menschen schwimmen und tauchen ein in das heilige Wasser, während sie sich an Eisenketten festhalten, um nicht von der starken Strömung hinweg gezogen zu werden. Intensiver als hier kann ich nicht empfinden. Ich kann nur staunen, sehen, hören, riechen und Eindrücke sammeln, die ich nie vergessen werde.

Aber eigentlich wollte ich von einem anderen Indien, einem anderen Erlebnis berichten. All das Vorgenannte hat sicherlich jeder auf seiner Weise, mehr oder weniger, ähnlich oder doch ganz anders, in Indien erlebt.

Dieses Indien von dem ich jetzt noch erzählen will mussten hoffentlich nicht allzu viele Leser erleben.

Angefangen hat die Geschichte damit, dass ich einmal wenigstens im berühmt berüchtigten Taj Viertel in Agra übernachten wollte.

Natürlich kannte ich die Berichte über die unlauteren Methoden in Restaurants und Kneipen des Viertels und selbstredend war mir auch bewusst, dass es kein Nobelviertel war. Aber ich wollte ihm ganz nah sein, dem Bauwerk der Superlative, dem Taj Mahal

Von der Dachteerasse des billigen Schmuddel Hotels hatten wir auch wirklich einen grandiosen Blick auf das Bauwerk. Ich fühlte mich bestätigt, alle Warnungen in den Wind geschlagen zu haben. Aber wenn die Vorsicht weicht, lässt uns der Übermut oftmals in die Falle tappen.

Ich bin nicht verwöhnt, was Hotelzimmer betrifft. Im Gegenteil, ich bin aufgrund jahrzehntelanger Reiseerfahrung einiges gewohnt. Auch wenn sich mit zunehmendem Alter die Kategorie meiner Zimmer, in denen ich mich wohl fühle in die Höhe geschraubt hat. Aber wäre ich nicht krank geworden, wäre auch dieses Zimmer für die angedachten zwei Nächte zu ertragen gewesen.

Die dreckfleckigen Matratzen auf dem Boden waren nicht das Problem. Die überall von den Wänden fallende Farbe und der muffige Geruch auch nicht. Das aus den Ecken der Zimmerdecken der Schimmel grüßte, sei es drum. Nichts Neues.

Das Badezimmer mit dem Stehklo und dem Schlauch aus der Wand erfüllte seinen Zweck. Ich konnte auch die Tür zum Bad schließen und nach Gebrauch der rudimentären sanitären Anlage die abblätternde Wandfarbe und die Risse in der Wand sowie den Schimmel in diesem feuchten, dunklen Loch hinter mir lassen.

Die Armee der in der Dunkelheit schwirrenden Moskitos nervte ohne gleichnamiges Netz zwar schon gewaltig, aber erst der Muezzin oder dessen Tonband von der Moschee an der Straßenecke, keine 200 Meter entfernt, ließen Mordgedanken aufkommen.

Gleiches galt für die durch die engen Gassen streunenden, jaulenden und kläffenden Hunde und die nimmermüden aktiven Motorradfahrer, deren Auspuffanlagen sich wohl schon vor längerer

Zeit verabschiedet hatten.

Alles in allem aber sind wir immer noch nicht an dem Punkt, der meine Lage so unerträglich gemacht hatte.

Ich bin heute, im Gegensatz zu damals, nicht mehr ganz davon überzeugt, dass meine Misere nur vom Abendessen des in der Nähe liegenden Dachrestaurant kam.

Der Blick auf das beleuchtete Taj Mahal vor uns war sehr schön und am Essen war auch bei allem Nachdenken nichts auszusetzen.

Bei mir hat sich inzwischen still und leise ein Gedanke eingenistet, den ich zunächst gar nicht aufkommen lassen wollte.

Erst als der Gedanke immer größer und stärker wurde musste ich mich damit beschäftigen.

War ich vielleicht doch nicht mehr der junge Abenteurer, der in jedem noch so schmuddeligen Zimmer, in jeder noch so Dreck und Lärm-durchtränkten Umgebung die Faszination des Reisens genießen konnte? Waren meine Ansprüche an mein unmittelbares Umfeld leise und schweigend im Laufe der Jahre gestiegen und wurden durch diese Extreme des Taj Ganj mit der Rebellion meines Körpers an die Oberfläche gespült? Und war damit in der Quintessenz mein Alter schuld, das ich nun nicht mehr verleugnen konnte, dass Erfahrungen und Erlebnisse im großen Maße angehäuft, verglichen und bewertet hatte, und nun nach einem altersgerechtem Umgang mit seinem Körper mahnte?

Das alles sind neuere Gedanken. In Indien schlummerten sie noch unentdeckt unter anderem Denken und den gnadenlosen Auswirkungen, die ich zu der Zeit nur in den Bezug zum Essen bringen konnte.

Etwa eine Stunde nachdem wir, zurück vom Abendessen in unserem Schmuddel Zimmer angekommen waren, begann meine Leidenszeit. Magen und Darm rebellierten im Gleichschritt und das Essen verabschiedete sich schneller als ich es zu mir genommen hatte.

Das wiederholte sich in einem unregelmäßigem, allerdings zeitnahen, Turnus immer wieder, während mir in der Zwischenzeit Moskitos, Hunde, Motorradfahrer und der Muezzin den Schlaf unmöglich und das Wachen zur Hölle machten.

Es gibt diese Nächte, die nicht enden wollen. Dies war eine davon. Der komplette Magen und Darminhalt musste sich in dieser Nacht mehrfach von mir verabschiedet haben, da ich mich wie gerädert fühlte als es, unglaublicherweise, doch noch endlich hell wurde.

Die Verwendung des Begriffes „Sich wie gerädert fühlen" passt hervorragend zu diesem, im unverändert haftenden Schmutz, festsitzenden, mittelalterlich anmutenden Viertel, in dem unbekannte Folterknechte mich des nächtens auf das Rad gebunden hatten.

Wobei ich diese Redewendung selbstredend als Hyperbel verstanden verstehen möchte, auch aus vor Respekt vor wirklich Geräderten.

Heute wollten wir eigentlich zum Taj Mahal.

Ich wollte es unbedingt meiner Frau zeigen.

Selbst hatte ich es bereits etliche Jahre früher zum ersten Mal besucht und war, entgegen meinen Erwartungen, absolut begeistert davon gewesen.

Das Taj Mahal ist die einzige Gebäude-Sehenswürdigkeit oder das einzige steingewordene Monument auf meinen Reisen, das ich unterschätzt hatte.

Ich hatte so viele Bilder davon in Büchern und zuletzt im Internet gesehen, dass ich glaubte, es wäre schon zu Tode fotografiert, seiner Seele beraubt und ohne Geheimnisse und Faszination.

Trotzdem musste ich es damals bei meiner ersten Reise unbedingt besuchen.

Was wäre wohl eine Reise nach Indien, die zudem noch Agra tangierte, ohne einen Besuch im Taj Mahal? Ich hielt es trotz meiner Vorbehalte für einen Frevel, auch wenn ich nur meine Meinung bestätigt sehen wollte.

Aber was soll ich sagen, ich war vom ersten Augenblick an verzaubert, als ich es leibhaftig am Ufer des Yamuna vor mir aufragen sah.

Kein Bild, kein Film konnte diesen besonderen Flair, diese vollendete Schönheit des Bauwerks auch nur annähernd in Szene setzen.

Das Taj Mahal ist ein Stein gewordener Traum, ein Gebäude in Perfektion, ein Gedicht aus Marmor.

Deswegen wollte, nein ich musste, auch dieses Mal unbedingt wieder zum Taj Mahal.

Beim ersten Mal hielt die Hitze des Junis auch am frühen Morgen viele andere Touristen davon ab das Areal des Grabmals zu besuchen und ich war bester Gesundheit, als ich staunend vor diesem Wunderbau stand.

Nun war es November und ich fühlte mich schwach und mir war schlecht.

Trotzdem liefen wir los, um Tickets zu besorgen. Unterwegs wurde mir klar, schon bevor ich die lange Schlange am Ticketschalter sehen konnte, dass ich es heute unmöglich schaffen würde, so lange auf den Beinen zu bleiben. Mir fehlt einfach die Kraft.

Die Entscheidung dieses unglückselige Hotel im Herzen des Taj Ganj zu verlassen war danach schnell getroffen und ausgeführt.

Nur kurze Zeit später lag ich in dem mir von der letzten Indienreise bekannten Hotel „Maya" dessen Eingang von einem riesigen dicken Baum blätter-reich beschirmt und beschattet wurde. Von Hörnchen und Affen bewohnt, erinnerte er mich an den Film „Kim", nach einem Buch von R. Kipling, den ich als Kind im schwarz-weiß Fernsehen gesehen hatte und der als eines meiner geistigen Bilderbücher vom damaligen imaginären Indien omnipräsent war. Kamele auf der betriebsamen Straße, die zweirädrige hölzerne Wagen zogen, sowie der bemalte Elefant mit Mahut, verstärkten das Bild meines kindlichen Indiens und ließen mich in dem einfachen, aber sauberen Zimmer zur Ruhe kommen.

Mir ging es fast schlagartig etwas besser, möglicherweise reagierte meine Psyche auf die angenehmere Umgebung, was ich damals allerdings noch nicht so sah.

Am nächsten Tag besuchten wir dann das Taj. Wieder war es weniger besucht als angenommen. Auch dieses Mal war ich ebenso begeistert wie beim ersten Mal.

Auf den Bildern, auf denen wir vor dem Taj von einem freundlichen Inder abgelichtet wurden, sieht man mir meine Begeisterung allerdings nicht an. Man sieht nur in müde, kranke Augen.

Zurück vom Taj legte ich mich sofort wieder zu Bett.

Ich war erschöpft und mir ging es wieder sehr viel schlechter. Nicht einmal ein gutes Mango Lassi. Palak Paneer (eines meiner Lieblingsgerichte in Indien) oder eine andere indische Köstlichkeit reizte mich.

Nur einen Chai Tee, der allerdings nicht lange bei mir blieb, zwang ich, der Flüssigkeitszufuhr wegen, in mich hinein,

Am nächsten Morgen fuhren wir zu einem kleinen privaten

Krankenhaus in einer ruhigen Wohngegend.

Der Arzt empfing mich mit einem Lächeln. Der kompetente Eindruck des Arztes, der durch etliche Zertifikate, eingerahmt an der Wand hängend, teils auch von amerikanischen Instituten ausgestellt, verstärkt wurde, war sicherlich auch der dort herrschenden Sauberkeit geschuldet.

Er versicherte sich zunächst, dass ich mit einer seiner Kosten deckenden Auslandskrankenversicherung ausgestattet war, erklärte mir mit breitem Lächeln, dass mir dadurch seine Kosten nicht zu Last fallen würden, und erfragte noch, ob ich auch im Besitz einer Kreditkarte wäre.

Als dies zu seiner Zufriedenheit geklärt war, bekam ich Blut abgenommen und er schickte mich nach oben, wo ich eine Infusion erhalten sollte.

Meine Rückfrage, ob er nicht erst das Ergebnis der Blutabnahme abwarten wolle, wischt er mit lächelnder Kompetenz zur Seite.

Infusion helfe auf jeden Fall. Ebenso wie die Spritze mit Antibiotika, die ich noch im Arztzimmer verpasst bekam und die Tabletten, die ich in nächster Zeit zu nehmen hatte.

Mir war es einfach zu schlecht und ich war zu müde, um genauer nachzufragen.

Ich hatte für mich entschieden, dass alles richtig war und bekam die erste Infusionsflasche mit einem halben Liter Inhalt angehängt.

Alles erschien ordentlich sauber. Natürlich bekam ich zuvor Kanülen und Spritzgedeck gezeigt und konnte es auf Unversehrtheit und der damit verbundenen Sterilität überprüfen, soweit ich es sehen konnte.

Nach der zweiten Infusion ging es mir viel besser und ich konnte den amerikanischen Film auf Hindi mit englischen Untertiteln genießen, während unser Fahrer und meine Frau im Hotel aus-checkten und das Gepäck holten. Ich hatte inzwischen die dritte Infusion intus und fühlte mich komplett genesen.

Dieses Gefühl verstärkte sich nach Infusion Nr. 4.

Als die Schwester mit der fünften Flasche das Zimmer betrat, sah ich mich in der Lage, dies dankend abzulehnen. Genug war genug.

Der lächelnde Doktor hatte in seinem Zimmer inzwischen die Ergebnisse der Blutabnahme parat und zeigte mir ein mehrseitiges Dokument, auf dem wahrscheinlich alle, zumindest aber nahezu alle

Erregern Indiens aufgelistet waren, die sich in meinem Körper versammelt und eine lustige Party gefeiert hatten.

Das Kartenlesegerät, dass die Arzthelferin hereinbrachte, machte meinen Retter aus der Not noch fröhlicher, besonders nachdem ich meine Visa Karte durchgezogen hatte.

Ich bekam das Dokument mit den indischen Bakterienstämmen, die ich zumindest temporär beheimatet hatte, bekam bunte Tabletten, die ich noch ein paar Tage zu schlucken hatte und bekam einen fröhlichen festen Händedruck des Arztes. Dann saßen wir auch schon im Auto und fuhren Richtung Fathepur Sikri. Geheilt, wie ich annahm, und in guter Stimmung und bei gutem Allgemeinzustand.

Ich will jetzt nicht über die Schönheit Fathepur Sikri erzählen, obwohl es viel darüber zu berichten gäbe. Ich möchte nur erwähnen, dass es mir wirklich wieder gut ging und ich die Zeit genießen konnte.

Erst in der abendlichen Unterkunft, einem wunderbaren mittelalterlichen Palast, ging es mir wenige Zeit später wieder etwas schlechter.

Ich hatte angefangen mich von Bananen zu ernähren, während unterhalb unseres Palastes eine mehrtägige Hochzeit stattfand, deren Musik uns keine Ruhepause gönnte.

Das Wasser im sauberen Pool war uns zu kühl, da auch die Tagestemperaturen im November nicht unbedingt mit denen im Juni zu vergleichen waren. Entspannung bei einem Buch auf der Liege am Pool war ebenfalls suboptimal aufgrund der bereits erwähnten Dauerbeschallung durch indische Hochzeitsmusik.

Egal wie schön der alte Palast auch war, wir waren froh nach zwei Nächten dieser Feier zu entkommen und reisten, während sich mein Zustand zusehend verschlechterte, nach Delhi.

Das Hotel Metropol sollte wieder unsere Unterkunft sein, wie damals als mein Sohn und ich bei einem früheren Aufenthalt zufällig, wie das in einer Millionenstadt wie Delhi so üblich ist, Freunde aus meiner kleinen Heimatstadt trafen und mit ihnen in der Nähe auf ein Bier zusammensaßen.

Dieses Mal hatten wir ein Zimmer im zweiten Stock mit kleinem Balkon auf die geschäftige Straße hinaus, welcher sich im Laufe der Tage noch zu einem Glücksgriff entwickeln sollte.

Ich lag schon bald nach der Ankunft ziemlich entkräftet von der Anreise auf dem Bett und genoss, wieder amerikanische Filme auf Hindi mit englischen Untertiteln. Bananen waren meine bevorzugte, besser gesagt, meine einzige Nahrungsquelle.

Gegen Abend schaffte ich es, meine Frau in das schöne Dachrestaurant unseres Hotels zu begleiten und ihr beim Essen zuzusehen.

Am nächsten Tag ging es mir noch schlechter. An eine Weiterreise nach Rishikesh war laut meiner Frau nicht zu denken, wobei ich mir die Fahrt dahin weiterhin zugetraut hätte. Im Auto unseres Fahrers, der inzwischen Familienmitglied geworden war, fühlte ich mich eigentlich ganz wohl.

Nach einer Beratung am Morgen beschlossen wir, dass ich dem nächsten Arzt vorgestellt werden sollte. Nach einigen Telefonaten, nach Informationsaustausch mit dem Hotelchef und anderen honorigen Personen, fuhren wir irgendwohin. Die Gegend mit den schmutzigen kleinen Gässchen war sehr belebt und laut. Wir stoppten vor einem Gebäude, das seine beste Zeit im vorletzten Jahrhundert gesehen hatte.

Kein Vergleich zu meinem lächelnden Arzt in Agra.

Mithilfe unseres Fahrers meldete ich mich bei einer Dame an, die aus einem Fenster in einen großen Raum sah. Der Verputz bröckelte von den Wänden. Der Boden war dunkel und es roch nach altem, nach Lebendem und nach Krankheit.

Ich würde den Zustand des Gebäudes jetzt nicht mit einem meiner Lieblingsausdrücken beschreiben wollen, einen „morbiden Charme" hatte es so gesehen nicht, aber morbide, ja das kann man so stehen lassen, wenn man den Charme wegnimmt.

An der dunkel-schmutzigen Wand des großen Raums stand ein großer Schreibtisch, um den viele alte Plastikstühle unterschiedlichsten Aussehens platziert waren und die, wie ich noch erfuhr, der Reihe nach besetzt werden sollten. Ich setzte mich neben den bisher einzigen, von einem schmächtigen einarmigen Mann in mittleren Jahren besetzten Stuhl. Daraus folgerte ich, dass ich bei der Konsultation wohl der zweite an der Reihe sein würde.

Die Stühle füllten sich nach und nach mit großem Leid und vielen ersichtlichen Schmerzen.

Wahrscheinlich auch mit vielen Parasiten und Mikroben, die den menschlichen Körper als Wirt und nicht unbedingt als Freund ansahen.

Begleitpersonen der Stuhlkreis-Teilnehmer durften im hinteren Teil des Raumes Platz nehmen und wurden zu schemenhaften Umrissen, die wenig beleuchtet vom spärlichen Licht der nackten Glühbirne, mit dem Hintergrund verschmolzen

Nach mehr als einer Stunde Wartezeit erschien der Medikus.

Sich seiner Stellung bewusst zu sein schritt er zu seinen als Stuhl getarnten Thron und zählte ernst und schweigend, a priori, diverse Geldscheine in seiner Schreibtischschublade.

Seine Patienten und das Begleitvolk auf den hinteren Rängen hatte er noch keines Blickes gewürdigt.

Mir war es nur schlecht und mir war alles egal. Ich nahm alles, was um mich herum geschah, einfach nur zur Kenntnis.

Er beschäftigte sich weiter mit dem Inhalt der Schublade, schob dann Schreibunterlagen und Stifte auf dem Schreibtisch bedächtig und pedantisch umher, rückt seinen Stuhl noch einmal zurecht, und schien dann plötzlich bereit zu sein.

Er wand sich meinem einarmigen Nachbarn zur Linken zu und sprach einige Worte mit ihm.

Geld wechselte den Besitzer und verschwand sogleich nach genauer Prüfung in der dunklen Unendlichkeit der Schublade.

Der Mann musste aufstehen, der Arzt stellt sich neben ihn und öffnete den Verband, aus dem ein Oberarmstummel herausragte, der an den Nahtstellen entzündet und infiziert zu sein schien.

Der Arzt drückte auf verschiedene Stellen des Stumpfes und gelblich-grüner Eiter spritzte neben mir auf den Boden.

Der Mann stöhnte.

Die Anweisungen des Arztes verstand ich nicht, der Einarmige wurde wieder verbunden und entschlurfte mit schmerzhafter Miene meinen Gesichtsfeld. Über sein weiteres Schicksal ist mir nichts bekannt, da ich nun in den Focus des Doktors geriet.

Er wechselte die Sprache und fragte auf Englisch nach dem Grund meiner Anwesenheit.

Nachdem ich ihn best-möglichst aufgeklärt hatte, während er immerwährend den Kopf leicht hin und her bewegte, was in Indien

179

als Geste der Zustimmens oder Verstehens zu deuten ist, schrieb er mir einen Zettel, erklärte etwa von einer Spritze, dass ich nicht ganz verstand oder er nicht gut erklären konnte. Ich durfte deshalb unseren Fahrer als besseren Hindi Versteher hinzuziehen. Kurz darauf war ich auch schon fertig und unser Fahrer lotste mich zu dem Fenster mit der Dame, die gelangweilt durch den Raum sah. Dort durfte ich noch einen zweiten Obolus begleichen, nachdem ich dem Arzt zuvor schon Gelegenheit gegeben hatte seine Schublade zu füllen.

Zügig wurde ich in ein Zimmer im hinteren Teil des Gebäudes gebracht und bekam eine Glasspritze gezeigt.

Glasspritzen, die steril gereinigt werden müssten, und dieses Zimmer an dessen Wänden der Verputz abfiel und dessen Wände im feuchten, lebenden Grün zu glänzen schienen, passen eigentlich nicht zusammen. Aber was war die Alternative? Zumindest die Nadel schien neu zu sein.

Ich musste mich auf eine schmierige Liege legen, auf der möglicherweise der Einarmige mit seinem Eiterstumpen vor mir gelegen hatte und auf der möglicherweise halb Delhi bereits ein Stelldichein hatte, ohne dass diese Liege je gereinigt worden wäre. Ich fühlte mich übelst und schaute zur Wand. Erst jetzt erkannte ich, dass dieses dunkle Grün an den feuchten Wänden Schimmel war. Aber bevor ich weitere Schlussfolgerungen ziehen konnte, spürte ich die Kanüle in meinem Gluteus Maximus und wurde von jeglichen weiteren Schimmel und Eiter Gedanken abgelenkt.

Kurz danach war ich auch schon auf dem Weg nach Draußen, begleitet von meiner Frau und unserem Fahrer, der vom Arzt noch den Auftrag erhalten hatte, mich zum Röntgen in ein Krankenhaus zu bringen.

Was sein muss, musste sein sagte ich mir und ließ es über mich ergehen.

Nach kurzer Fahrt stiegen wir schon wieder aus. Wir waren in einem Viertel mit mittelgroßen Hochhäusern angekommen, die mittelmäßig breit und mittelmäßig sauber waren. Auf der breiten Straße staute sich der Verkehr, als wir ausstiegen.

Ich schleppte mich die Treppen empor und in den winzigen schmuddeligen Fahrstuhl, der uns zu einem höheren Stockwerk

brachte
Wir betraten einen sehr schmalen Gang, der mit Menschen fast
verstopft war und quetschten uns schlängelnd zu so etwas wie einer
Rezeption vor.
Unser Fahrer vermittelte wie immer, ich zahlte wieder Geld und
wurde zum Warten gebeten. Wir kämpften uns zu einen Klappstuhl
im Gang, der gerade frei wurde.
Wenigstens konnte ich sitzen in diesen mit stickiger, kranker Luft
angefüllten Räumlichkeiten, die sich deshalb wahrscheinlich
Krankenhaus nannten.
Emsiges Treiben herrschte überall. Patienten, Schwestern und Ärzte
waren irgendwie alle beschäftigt und schienen alle irgendwie
woanders hinzueilen. Die Assoziation eines engen Gangs im
Ameisenhaufen drängte sich auf. Es stank nach Mensch, Salbe,
Desinfektionsmittel, Ausdünstungen und Krankheit. Der Sauerstoff
fehlte.
Ob das die Vorhölle ist, fragte ich mich?
Zum Glück rettete mich meine krankheitsbedingte Lethargie und ein
inzwischen ausgeprägter Fatalismus, der mich nur noch zum
unbeteiligten Zuschauer degenerieren ließ.
Eine Schwester kam nach irgendeiner Zeit vorbei, die ich nicht mehr
bemessen kann, und forderte mich auf mitzukommen.
Ich kam in einen Raum, der so klein war, dass der Arzt und ich
Probleme gehabt hätten im gleichen Raum zu sein, wären da nicht
alle Türen offen gestanden.
Der Arzt schien zu verstehen was zu tun war und ich verstand, dass
ich mich auf die schmierige Liege im länglichen, ebenso winzigen
Nebenraum legen sollte. Der Oberkörper sollte frei gemacht werden.
Die Kleidung konnte ich nur auf den Boden werfen aufgrund
mangelnder anderer Optionen.
Ich bekam eine Ultraschalluntersuchung meines Magens und meines
Unterleibs.
Der Arzt erklärte mir, dass er nichts entdeckt habe, während ich mir
die Schmiere mit einem nicht gerade sauberen Handtuch entfernte.
Ich nahm in meinem Fatalismus seine Erklärung zur Kenntnis.
Nicht jeder kann Kolumbus sein und etwas entdecken. Vielleicht
auch gut so in diesem Fall. Eigentlich hatte ich auch nichts anderes

erwartet.

Ich schleppte mich zurück zum Fahrstuhl, fuhr mit meinen Begleitpersonen hinunter und stolperte hinaus aus diesem wuseligen Bienenstock. Ich wollte nur noch ins Hotelzimmer und mich hinlegen. Ich war sehr erschöpft und müde.

Den Rest des Tages erholte ich mich mit amerikanischen Filmen auf Hindi mit Untertitel und döse gelegentlich weg.

Der Balkon wurde zu Svenjas Lieblingsplatz und sie beobachtete von dort den täglichen Wahnsinn Delhis, der sich in all dem scheinbaren Chaos doch an eine strenge zeitliche Regel hielt. Abläufe wiederholten sich und wurden damit zum Alltag.

Ob es der Blumen- und Obstverkäufer war, der zu immer gleichen Zeit seinen Stand auf und abbaute und in regelmäßigen Abständen seine Auslagen, mit geschickten Bewegungen, mit Wasser erfrischte oder ob es der Schuhputzer war, der exakt zur identischen Zeit sein Geschäft schloss, um es an diesem und dann an jenem Ort wieder zu eröffnen.

Selbst seine Kunden schienen immer die gleichen zu sein.

Der Ohrputzer arbeitete an immer gleicher Stelle die Schlange seiner Kunden ab, akribisch, ohne jemals hektisch oder nachlässig zu werden.

Am Telefonladen sah man in regelmäßigen Intervallen den Angestellten, oder war es doch der Besitzer, zum Rauchen vor die Tür kommen, und die Zahl der Lassi Trinker am Lassi Stand ebbte niemals ab.

Mir war inzwischen so übel, dass ich auch die Bananen nicht mehr essen konnte und ich mich nur von Wasser aus überprüften Wasserflaschen ernährte.

Einen Besuch des Dachrestaurants am nächsten Abend stellte mich bereits vor Probleme. Die Stufen hinauf meisterte ich nur mit mehreren Pausen.

An zwei Abenden hintereinander fand auf der Straße Hochzeitsumzüge statt.

Zwei Bräutigame, als Maharadschas verkleidet, paradierten inmitten ihres lautstarken Gefolges und zahlreicher Bewunderer, auf einem Schimmel reitend (ich könnte schwören das es an beiden Tagen der gleiche Schimmel war) unter unserem Balkon vorbei,

Es war eine farbenfrohe, teilweise hüpfende Schar. Trommeln und Pauken waren laut, und alles und alle war voller Freude, während ich auf unserem Balkon langsam dieser Welt entschwand.

Mir wurde nun alles zu viel und nur einmal konnte ich mir ein Lächeln nicht verkneifen als ein paar Tage später, beim Einsteigen ins Taxi, mein guter alter Freund Mr. Ashok unerwartet und breit grinsend einem Auto entstieg und mir die Hände schüttelte.

Wir flogen Business-Klasse zurück, weil ich bei meinem inzwischen so geschwächten Zustand selbst beim Sitzen Probleme hatte und ich mich legen wollte.

Irgendwo über der arabischen Halbinsel wachte ich auf während Svenja gerade ihr Essen verspeiste. Der indische Rotwein sollte gut schmecken, meinte sie.

In dem sauberen klaren Glas glitzerte er verführerisch.

Er schmeckte wirklich und auch das Essen, das ich bei Svenja probierte, schmeckte.

Wollte Indien mich loshaben?

Die Gedanken bezüglich des Alters und der Art des Reisens kamen erst viel später.

Indien muss man einfach lieben und hassen zugleich.

Indien ist einzigartig und sonderbar.

Indien ist Leben und Tod in einem.

Wer die Welt bereisen will, muss zumindest einmal in Indien gewesen sein. Ansonsten fehlt das größte und wichtigste Puzzlestück des Reisens.

Ich bin schon wieder gespannt auf die nächste Reise nach Indien.

In den Straßen von San Francisco

24th Street, San Francisco, April 1989

Ich hole mir noch einen Kaffee bei Spinellis, sitze auf der Straße in der Sonne, und schaue mir das Straßentheater um mich herum an.
Eine blinde Frau mit Blumen in den Haaren und einem strahlenden Lächeln spielt Gitarre und singt Lieder von Joan Baez.
Menschen aller Hautfarben flanieren an mir vorbei.

Die Stimmung um mich herum ist heiter und gelöst.

Ich schwitze.

Niemand ist in Eile.

Die Bettler sind unaufdringlich, vielleicht ist es ihnen auch zu warm.
Der Nebel vom Meer hängt wie fest verankert, als dicke fette Watte,
über den Twin Peaks fest.

Ein Mann mit Walkman und Kopfhören über den Ohren und mit
dickem selbstgestricktem Pullover, schlendert der Welt entrückt
vorbei, gefolgt von einem jungen Mann mit kurzer Hose und freiem
Oberkörper.

Die blinde Joan Baez Sängerin zupft weiterhin ihre Gitarre mir
gegenüber, zwischen Baker of Paris und Herb`s Fine Foods, während
ein Polizist mit einem Tricycle einer der Spinelly Angestellten einen
Strafzettel für falsches Parken ausstellt. Beide lächeln sich an und
zucken die Schultern.

Eine junge Frau mit schwarzem BH und ebensolcher langen
Jogginghose ist auf dem Weg ins Spinelli Gebäude, um kurz darauf
wieder, mit Kaffee, an mir vorbeizukommen.

Nicht weit von mir entfernt sammeln ein Mexikaner und eine
Schwarze Unterschriften. „Raize the minimum Prices" lese ich auf
ihrem selbstgebastelten Plakat.

Eine schwarze Dame mit weißem Hut und schwarzem Jackett über
der weißen Bluse läuft die Straße entlang, gefolgt von zwei Chinesen,
einer schwangeren Frau im Hippie Outfit und einer rothaarigen Frau
in Lederjacke.

Ich sitze sehr oft hier, nicht weit entfernt von der Wohnung meines
Freundes Sunny, die über dem Wells Fargo ATM und neben dem
kleinen China Restaurant liegt.

Hier in der kleinen „Neighborhood" Noe Valley, zwischen dem
Schwulen-Viertel „The Castro" und dem hauptsächlich von
eingewanderten Mexikanern bewohntem Mission Distrikt, fühle ich
mich sehr wohl.

Da ich bei meinem guten Freund Sunny wohne, lerne ich viele
Menschen aus dem Viertel kennen. Es ist eine andere Art eine Stadt
zu erleben, als wenn ich Downtown in einem Hotel inmitten der
weltbekannten Sehenswürdigkeiten und Schnelllebigkeit
touristischer Geschäftigkeit residieren würde.

„Der kälteste Winter, den ich je erlebt habe, war ein Sommer in San Francisco" schreibt Mark Twain und natürlich hat der große Schriftsteller Recht.

Aber er war anscheinend nicht im Noe Valley, wo die kalten Winde des Pazifiks mit ihrem alles verhüllenden Nebel, bevor sie ins Valley heruntersinken können, von den Dolores Heights und den Twin Peaks gestoppt werden.

Manchmal bin ich nach dem Frühstück bei Spinelly im warmen, angenehm sonnigen Noe Valley aufgebrochen und stand wenige Kilometer entfernt in der Kälte der Pazifikwinde im Nebel. Und dass, obwohl der Sommer noch gar nicht Einzug gehalten hatte in „The city"

Eine meiner ersten Lektionen, die ich von meinen Freunden im Noe Valley bekam, war, wie man ihre Stadt richtig benennt.

Nur der durchreisende Tourist beleidigt die Stadt und ihre Bewohner mit der Abkürzung „Frisco".

Mit diesem Ausdruck macht man sich in San Francisco keine Freunde und stellt sich gleichzeitig als ahnungsloser Tourist bloß. Wer es richtig machen will, sagt San Francisco oder „The city". Alles andere ist verpönt.

Die Einwohner von San Francisco sind für solch eine Abkürzung einfach zu stolz auf ihre Stadt.

Nur den Namen einer hässlichen Stadt wie L.A. kann man abgekürzten, eine schöne Stadt beleidigt man damit, habe ich mehrmals zu hören bekommen.

Und das San Francisco schön ist habe ich bei nahezu allen (Ausnahmen bestätigen die Regel) meinen Unternehmungen erleben können.

Einer meinen ersten Erkundungen, die ich allein und zu Fuß unternahm (Sunny musste gelegentlich Geld verdienen) führten mich zu dem Ort, von dem ich schon immer geträumt hatte, zu zwei sich kreuzenden Straßenschildern mit zwei magischen Namen: Haight und Ashbury.

Als ich nach dem anstrengendem Fußmarsch (und San Francisco ist wie jeder weiß bekannt für seine steilen Straßen) unter diesen Schildern inmitten der nicht vergehen wollenden Vergangenheit stand, war ich überwältigt. Ich empfand eine Ruhe und die

Befriedigung meines Strebens nach etwas nicht Greifbarem, das ich in Gedanken und Träumen seit Jahren latent mit mir herumschleppte. Jetzt hier unter diesen Schildern hatte sich ein Kreis geschlossen. Ein Wunsch, der unausgesprochen in mir genagt hatte, war wahr geworden.

Ich stand im Zentrum der Hippie-Bewegung. Ich hatte mich zwar um zwei Jahrzehnte verspätet, aber ich war da.

Eine große Befriedigung erfüllte mich und ich schwebte durch Haight-Asbury.

Schallplattenläden, "Psychedelic" Shops, Cafés, Seond Hand Buchhandlungen, kleine Restaurants und Klammottenläden waren in den alten viktorianischen Häusern untergebracht.

Die Menschen im Viertel sahen aus wie damals und wäre sie nicht längst von uns gegangen hätte auch Janis Joplin aus einem der Hauseingänge treten können.

Aber je länger ich Haight-Asbury in mir aufnahm, umso klarer wurde, dass ich, was ich nicht leugnen konnte, einfach spät dran war. Bei genauerem Hinsehen konnte man den Wandel vom Hippie-Zentrum zum Touristen Hot Spot fühlen. Die Wandlung war noch nicht abgeschlossen, aber der Weg lag ausgebreitet vor mir und so wie sich Haight-Asbury wandelte, veränderten sich auf dem Weg hinunter zum Golden Gate Park auch meine Träume hin zur Realität.

Ich war deswegen nicht traurig oder sentimental. Alles war wie es war und es war gut so.

Mir gefiel die Stadt und mir gefiel der Park. San Francisco hatte mich schon lange verzaubert und jedes neue Puzzleteil verstärkte diese Verzauberung.

Es gab nach Haight-Asbury noch zwei weitere Orte, deren Existenz meine Vorstellung und Gedanken schon immer belebt hatten und die ich unbedingt aufsuchen wollte.

Im Viertel North Beach, dem „Little Italy" San Franciscos gab es das Vesuvio Café.

Für mich erfüllte sich ein weiterer Traum, als ich bei einem Kaffee die Atmosphäre dieses geschichtsträchtigen Lokals atmen durfte. Das Vesuvio war wunderschön, aber ich war wegen Jack Kerouac und seiner Freunde gekommen, deren Geist anscheinend auch etliche andere junge Menschen einzufangen versuchten. An vielen Tischen wurde geschrieben. Auf Papier zumeist, aber auch die eine oder andere alte Schreibmaschine stand vor einem angestrengt arbeitenden Nickelbrillen Träger.

Ob der Geist Kerouac`s einem der angehenden Schriftsteller geholfen hat, weiß ich nicht. Aber das ist auch nicht wichtig. Manchmal reicht es auch nur daran zu glauben, um sich einen Traum zu erfüllen.

Den Besuch im City Lights Bookstore gegenüber und den Kauf von „On the Road" als Souvenir konnte ich mir natürlich nach dem Aufenthalt im Vesuvio nicht verkneifen.

Den letzten Ort, den ich in San Francisco unbedingt sehen musste, den ich immer wieder sah, den ich mit Auto und Fahrrad überquerte, war die weltberühmte Golden Gate Bridge.

Im Laufe meiner Zeit in San Francisco habe ich sie am Morgen, am Abend, im Nebel und Sonnenschein, bei Wind und blauem Himmel, von unten schauend und von oben herabblickend gesehen. Sie war jedes Mal wieder wunderschön, begeisternd, atemberaubend und zurecht das Wahrzeichen dieser Stadt.

Manche Tage verbrachte ich mit Shiyan, der mir auch sein nagelneues unbenutztes Mountainbike für Exkursionen in der Stadt zur Verfügung gestellt hatte.

Ich glaube die Idee zum Angeln auf einen Pier zu gehen kam auch von ihm, da ich zu der Zeit von Angeln gar keine Ahnung hatte.

Aber trotzdem fand ich die Idee großartig.

Wir fuhren an einem schönen Sonnentag mit hellblauem Himmel und der typischen Kühle der Stadt zu einem Angelfachgeschäft. Ich staunte nicht schlecht, als sich Shiyan etwa dreißig Zentimeter lange tiefgefrorene Fische als Köder in die Kühlbox legte. Ich war zu dem Zeitpunkt noch der Meinung mein chinesisch-amerikanischer Freund weiß, was er tut.

Vielleicht hätte mich das nagelneue, noch eingepackte Angelzeug schon etwas stutzig machen sollen, aber trotz meines Wissens um das nagelneue Mountainbike, das er noch nie benutzt hatte, blieb ich naiv.

Nach einem Einkauf von ein paar Sixpacks Dosenbier machten wir uns auf den Weg zum Pier.

Erst als wir zwischen Möwen und deren Geschrei hoch über dem an brandenden Meer standen, wurde mir klar, dass Shiyan auch keine

Ahnung vom Angeln hatte.

Wir holten uns Rat bei einem etwas entfernt stehenden älteren Mann, den wir beide als einen erfahrenen Angler einschätzten.

Dadurch gelang es uns zumindest den gefrorenen Fisch an der Schnur zu befestigen und diesen Brocken in den flachen Wellen zu versenken.

Weil nun die Hauptarbeit des Angeln getan war, konnten wir uns dem restlichen Angelspaß widmen.

Wir genossen Sonne, Wind und Meer bei der einen und anderen Dose Bier, hörten den Rufen der Möwen zu und beobachteten mehr ihre Flugkünste als unseren Köder, der im Sand unter den Wellen hin und her geschleudert wurde.

Nach der zweiten Dose Bier holten wir unsere Schnur ein und probierten den nächsten gefrorenen Köder aus.

Ein Tag auf einem der alten, ins Meer hineinragenden, Piers konnte so erfrischend und wohltuend sein. Wir waren Angler, richtige Fischer mit Bierdosen in der Hand und einem Blick hinaus zum Horizont.

Als wir Hunger bekamen, fuhren wir zurück in den Mission Distrikt und aßen neben Tacos und Burritos auch Fisch, der allerdings bedeutend kleiner war als unsere inzwischen schon entsorgten Angelköder.

Danach, zurück im Noe Valley, verabschiedeten wir uns voneinander, nicht ohne den perfekten Angeltag in höchsten Tönen gelobt zu haben.

Da während meines Aufenthalts in San Francisco gerade die Universitätsmeisterschaft im Basketball ausgetragen wurde, konnte man die Spiele in fast jeder Bar der Stadt verfolgen.

Daraus entstand die Idee selbst etwas Basketball zu spielen.

Sunny und ich setzten diese Idee gleich am nächsten Tag im Olympic Club in die Tat um.

Nach ein paar mehr oder weniger misslungenen Dribblings und Würfen nahmen wir an einem kleinen Spiel teil, das einige junge Männer im richtigen Sportdress veranstalteten. Sie waren sichtlich froh, als wir uns nach kurzer Zeit verabschiedeten um ein paar Bahnen im „Olympic club natatorium" zu schwimmen.

Erfrischt fuhren wir über die Golden Gate Bridge hinauf zur Drakes

Bay, wo wir nach einem Frühstück aus Pfannkuchen, Ahornsirup und Kaffee zum Strand fuhren um bei Sandwich und Dosenbier, hinter einer schützenden Düne, bei Sonnenschein über Amerika und den Rest der Welt zu diskutieren, allerdings nicht ohne Sunny zuvor aus dem „Quick Sand", dem Treibsand zu ziehen, in dem er zu versinken drohte. Die weißen Hai Warnschilder am Wind gepeitschten Stand interessierten uns wenig, weil wir heute schon gebadet hatten.

Beeindruckend waren für mich auch die riesigen Küstenmammutbäume im Muir Woods National Monument, zwischen denen wir am Tag darauf, nach einer erneuten Fahrt über die Golden Gate Bridge, etwa achtzig Meter nach oben blickend, entlang eines kleinen Bachlaufs spazieren gingen.

Zu mehr als diesen beiden kleinen Ausflügen in die Natur Kaliforniens konnte ich Sony trotz aller Anstrengungen in den gesamten fünf Wochen meines Aufenthaltes nicht überreden.

So machten wir stattdessen eine kulinarische Weltreise, die in San Francisco leicht möglich war.

„Hamburger Mary" und „We be Sushi" sind die beiden Namen von Lokalen, die ich behalten habe.

Wie das afghanische Lokal, das indische, der Chinese in New Chinatown oder der andere Japaner in Japantown und viele andere hießen, ist mir entfallen.

Auch der Name des Lokals, in dem wir beim Frühstück den Künstler trafen, der das bekannte Cover mit der weißen Taube der Santana LP entworfen hatte, ist mir entfallen.

Die Fahrten mit den Cable Cars waren tagelang immer wieder ein riesiger Spaß, der Besuch des Basketballspiels der Golden State Warriors gegen die Milwaukee Bucks eine einzigartige Erfahrung, und die Bootsfahrt und der Besuch von Alcatraz mit einer Führung mithilfe von Walkman mit Kopfhörern erlebenswert.

Ich lernte den netten Johann „John" kennen, der nicht weit von Sunny entfernt wohnte. Ein deutscher Emigrant vom Balkan, der mit siebzehn Jahren zur Waffen-SS gezwungen wurde und mir stolz bei einem Besuch in seinem Haus eine AK 47, eine Uzi und zwei weitere, gefährlich aussehende Waffen zeigte und mich auf den Schießstand einlud.

In einem alten Holzhaus half ich dem jungen amerikanischen Paar aus Wisconsin beim Umbau und wurde zum Grillen und Eisessen am Abend eingeladen.

Ein paar Tage jobbte ich illegal als Tellerwäscher im „Rat and Raven" und schaute mir am Wochenende Lou Reed im Warfield Theater an. Die begeisternde Atmosphäre erinnert wieder an das Haight-Asbury der 60ziger Jahre.

Sunny parkt im zehnten Stock eines Parkhauses in Downtown. Die finstere Gegend mit schmuddeligen Bars ließ unsere Schritte schneller werden als wir, kurz nach Mitternacht, zurück zum hölzernen Autofahrstuhl des Parkhauses liefen.

Direkt an der Bucht mit Blick auf die Brücke besuchte ich auch den San Francisco Maritime National Historical Park und versetzte mich auf der Eureka und Balcluta in das San Francisco zu Zeiten Jack Londons.

In einem kleinen Roadhouse bei Half Moon Bay, etwas südlich von San Francisco, erlebte ich Neil Young, wechselte sogar ein paar Worte mit ihm, als er sich ein Bier an der Bar holte. Aber das ist dann schon wieder eine andere Geschichte.

Ich bin auch heute noch sehr froh, dass ich San Francisco auf meine Weise und in dieser langen Zeit kennenlernen durfte. Mein Blick auf die Stadt und seine Bewohner wurde dadurch schon etwas intensiver, als wenn ich nur zwei bis drei Tagen Sehenswürdigkeiten abgehakt hätte.

San Francisco soll die schönste Stadt der Welt sein. Damals stimmte diese Aussage für mich. Ich konnte mir keine schönere Stadt vorstellen.

Der weiße Hai

Südafrika, November 2017

Wir dümpelten bei schönstem Sonnenschein in der Dünung zwischen Dyer Island und Geyser Rock in der „Shark Alley". Möwen schrien, die unser Boot umkreisten.
Sie lauerten auf ein paar Brocken vom gammligen Tunfisch, den

unsere Bootsleute als Köder für die Haie durch das Wasser zogen.

Ein kühler Wind ließ die Taucher, die gerade aus dem Hai Käfig gestiegen waren, trotz Neopren Anzügen, frösteln.

Das Wasser war kühl, als ich im Käfig stand. Andere behaupteten es wäre eisig gewesen.

Jeder empfindet anders.

Ein paar Tage vorher standen wir hier im Ölzeug und der Regen ließ uns die nahe Insel nur erahnen.

Wären wir an der Nordsee gewesen hätte man das „Schietwetter" genannt

Der triste, graue Himmel passte zu den sich der Vomitation hingebenden Hai-Fans an Bord, die ihre Probleme mit dem immerfort schaukelnden Schiff hatten.

Ich kann mich diesbezüglich nicht beschweren. Im Gegenteil.

Aufgrund geringer Nachfrage ist Auswahl und Quantität des Mittagsessen für den nicht in Mitleidenschaft der Seekrankheit gezogenen Teil der Schiffsbesatzung umso besser.

Weil wir an diesem Tag keinen weißen Hai gesehen hatten, durften wir das Versprechen des Veranstalters in Anspruch nehmen und einen kostenlosen zweiten Versuch unternehmen, um das Objekt unserer Begierde zu sehen.

Deshalb stieg ich also erneut, dieses Mal einige Tage später, bei schönstem Wetter, in den Hai Käfig und ließ mir wieder halb verrottete Thunfischbrocken über den Kopf ziehen.

Wie jeder andere Tour waren wir am frühen Morgen zwar nicht in Gansbaai gestartet, das sich selbst als Shark Town bezeichnet, sondern im angrenzenden Kleinbaai, da von dort die Strecke bis zur Shark Alley nur 8 km betrug und damit einige Kilometer bei der Anfahrt gespart werden konnten.

Gaansbai war unbestreitbar die Welthauptstadt des weißen Hais, wie sie sich selbst nannten, zumindest bis zu dem Tag im Januar 2016 an dem „Port" und „Starboard" begannen Panik und Chaos in der „Shark Alley" zu verbreiten.

Zuvor konnte man nahezu sicher sein, einen der großen weißen Haie bei fast jeder Tour in der Shark Alley anzutreffen, die dort auf der Jagd nach den 60000 Kap-Seehunden, vor der Kolonie auf Geyser Rock patrouillierten.

Die meisten Menschen in Gaansbai lebten von den Touren zu den Weißen Haien. Eine ganze Region war abhängig von diesen Tieren, die ihnen Arbeit und Wohlstand brachten.

Hotels, Buchungsagenturen, Pensionen, Restaurants, Andenkenläden, Taxis und andere waren zu einem gewissen Grad dazu gekommen, sich direkt oder indirekt auf ihre Freunde aus dem Meer zu verlassen.

Selbst auf der anderen Seite der Walker Bay profitierten in der weltberühmten Walbeobachtungsstadt Hermanus lokale Unternehmen von der nahe gelegenen Käfigtauchindustrie.

Jeder der den Film: „Der weiße Hai (Jaws)" kennt, weiß das dieser Hai durch sein Auftauchen die fiktive Neu England Stadt Amity in Angst und Schrecken versetzte und ihre Arbeitsplätze sowie Geldeinnahmen gefährdete.

In der Realität der südafrikanischen Städtchen Gansbaai und Kleinbaai geschieht genau das Gegenteil. Das Verschwinden des weißen Hais bringt hier Angst und Schrecken, gefährdet Arbeitsplätze und Wohlstand.

Von der Walkers Bay kommend schwammen die beiden Orcas entlang der Südost Küste Südafrikas Richtung Danger Point und veränderten das Leben der Menschen und Haie in unvorstellbaren Ausmaß.

Port und Starboard (Steuerbord und Backbord, Rechts und Links) bekamen ihren Namen aufgrund ihrer nach rechts und links hängenden Rückenflossen, die sie sich durch menschlichen Einfluss (Verletzungen durch Fangnetze) zugezogen hatten und unverwechselbar machten.

Ihr Jagdgebiet wurde die Shark Alley mit ihren Haien. Die beiden äußerst intelligenten Tiere veränderten ihr Verhalten darin, dass sie nicht wie gewohnt auf Jagd nach den Kap Robben gingen.

Sie begannen die Haie zu jagen.

Immer wieder wurden nach der Ankunft der beiden Killerwale tote Haie am Stand angespült, die alle eine bestimmte Besonderheit auszeichnete: Sie waren getötet worden und ihre Leber fehlte.

Gleichzeitig nahm die Anzahl der Haie, die bei den Tauchtouren mit den Hai Käfigen beobachtet wurden, immer mehr ab, bis schließlich keine weißen Haie mehr zu sehen waren.

Es dauerte eine Zeit, bis Forscher den Zusammenhang herstellen konnten und die beiden Orcas als die Ursache des Haisterbens ausgemacht hatten.

Von nun an war Gansbaai und die Shark Alley nicht mehr so wie es einmal war.

Von nun an fuhren die Boote zur Haibeobachtung immer öfters hinaus und kamen mit enttäuschten Besuchern zurück.

Bei unserer ersten Tour im Regen hatten wir leider auch keinen weißen Hai gesehen, genau so wenig wie alle anderen Touristenboote seit mehreren Wochen. Die Verlagerung des Ankerplatzes näher an Dyer Island zu den Bronzehaien, die sich im Gegenteil zu ihren berühmteren Verwanden sehen ließen, konnte das Fehlen des großen weißen Hais nicht kompensieren.

Fast alle Kunden an Bord waren enttäuscht.

Zu dieser Zeit boten die Tauchunternehmen noch an, dass man jederzeit eine weitere kostenlose Tour machen könne, um doch noch den weißen Hai zu sehen.

Weil wir uns eine lange Zeit an der Walker Bay aufhielten um auch die Southern Right Wales (Südkaper) zu beobachten, konnten wir diese zweite Chance ein paar Tage später wahrnehmen.

Und so zog nun der Bootsmann den Thunfischköder durch das Wasser und gelegentlich über meinen Kopf.

Ein weißer Hai ließ sich nicht sehen.

Wir erwarteten auch diesbezüglich nichts. Hatte doch der Tour Veranstalter mir auf der Fahrt zum Ankerplatz enttäuscht zugeflüstert, dass auch in den letzten Tagen kein einziges Tier, von keinem der Boote, die draußen waren, gesichtet wurde.

Nach einiger Zeit kletterte ich wieder aus dem Käfig und genoss die Tour, den blauen Himmel, die Möwen und die Wellen, als der Ruf erschallte: „Shark, Shark, Great white Shark"

Und da war er, folgte dem Thunfischbrocken, der nun hektisch Richtung Käfig gezogen wurde.

Ein großer weißer Hai folgte ihm.

Auf dem Schiff brach Jubel und Begeisterung aus. Unser Guide schlug mir auf die Schulter, seine Begeisterung und unglaublichen Erleichterung steckte alle an. Die Anspannung auf dem Schiff hatte sich in einer Sekunde gelöst und war Freudentaumel gewichen. Der weiße Hai war wieder da.

Ich kletterte auch wieder in den Käfig und konnte ihn, nachdem ich das Tier vom Deck des Schiffes schon bestaunen konnte, nun auch unter Wasser hautnah erleben.

Diese Hai Art hatte mir bei meinen Hai-Sichtungen noch gefehlt und natürlich ist der weiße Hai, allein schon seit dem gleichnamigen Film etwas ganz Besonderes.

In den nächsten Tagen gab es immer wieder Weiße Hai-Sichtungen, wie ich erfahren konnte.

Die Haie waren wieder zurück.

Aber seit dieser Zeit an konnte man sich nicht mehr darauf verlassen, dass bei einer Tour zur Shark Alley auch wirklich weiße Haie gesehen werden konnten.

Von nun an waren sie manchmal da und manchmal auch nicht.

Den Grund dafür erfuhr ich erst im Februar des nächsten Jahres.

Als wir mit Heiko und seinem Katamaran nach Halifax Island hinausfuhren, erzählte er, dass eine Woche vorher zwei Orcas hier in der Lüderitz-Bucht gesichtet wurden.

Ihre Rückenflossen fielen nach links und nach rechts.

Sundowner mit Haien

Koh Phi Phi, Südthailand 1984

Ich bin oft mit Haien getaucht.

Kein Fisch dieser Welt ist anmutiger und schöner als dieses außergewöhnliche Geschöpf, das schon seit Urzeiten die Meere der Erde bevölkert.

Gleichzeitig sorgt aber auch kein Fisch der Meere bei einer Begegnung für mehr Adrenalinausschüttung. Er, lässt dem Taucher einen Schauer über den Rücken jagen und würde Haare zu Berge stehen lassen, wenn dies im Wasser möglich wäre.

Meinem ersten Hai begegnete ich in der Nähe von Elephant Head Rock im Similan Nationalpark von Südthailand.

Nach meiner Tauchausbildung in der Patong Bucht von Phuket war dies mein allererster Tauchgang.

Wir waren durch die Nacht nach Similan gesegelt, hatten am frühen Morgen bei Sonnenaufgang Besuch einer Delfinschule erhalten, die uns eine lange Zeit begleitete und waren wenige Stunden später schon in Poseidons Reich unterwegs. Wir ließen uns auf ein Plateau auf fünfundzwanzig Meter Tiefe hinuntersinken, um von dort unseren Tauchgang fortzusetzen.

Als wir an der Kante des Plateaus entlang tauchten schwamm unter uns eine große Muräne entlang, kurz darauf flog ein riesige Rochen, den man mit einem Flugsaurier der Urzeit verwechseln konnte, über uns hinweg und war nahe daran mir den Atem zu rauben.

Welch ein Tauchgang! War meine Begeisterung für das Tauchen nicht schon vor dieser Tour nach Similan grenzenlos, so wäre sie es spätestens nach diesem Tauchgang gewesen.

Wir tauchten weiter an der Kante des Plateaus entlang. Während auf dem Plateau Korallen und Felsen den Blick gefangen nahmen, auf dem verschiedenste Fische schwammen, breitete sich auf der rechten Seite eine allumfassende Unendlichkeit aus, einer Aneinanderreihung von tiefer werdenden Blautönen, ein ungreifbarer, unfassbarer fluvialer Zustand, der ehrfürchtig das Auge darin verharren ließ.

Ich starrte hinaus in diese Weite aus Blau, als ein dunkler Schatten zu einem torpedoförmigen Körper mit starren Augen wurde der sich langsam gleitend mit unfassbarer Schönheit aus diesem Zustand, diesem Fluid der Ewigkeit heraus und auf mich zu bewegte.

Ich habe erst später auf dem Schiff erzählt bekommen, was dann geschah.

Ich selbst war gefangengenommen vom Augenblick, von der Faszination, dass dieses Tier in diesem Moment auf mich ausgeübt hatte.

Ich schwamm auf den Hai zu, nur dunkel kann ich mich daran erinnern, genau weiß ich nur, dass ich keinen Blick von ihm lassen konnte.

Mein Buddy, der Tauchlehrer, zog mich am Fuß zurück und sein tippen mit dem Zeigefinger an seine Stirn konnte nicht fehlgedeutet werden.

Der Hai, ein großer Tigerhai, hatte derweil abgedreht und verschwand wieder in dem blauesten Blau der Unendlichkeit des indischen Ozeans.

Noch heute habe ich diese Szene immer noch vor Augen. Es scheint als hätte sie sich in mein Gedächtnis eingebrannt.

Ich habe danach gelegentlich für das Tauchunternehmen gearbeitet, wenn denn eine helfende Hand gebraucht wurde. Im Gegenzug kam ich dadurch zu kostenlosen Tauchtrips entlang der Küste Phukets, nach Similan oder Koh Phi Phi.

Das Zusammentreffen mit einem Tigerhai war einmalig und sollte sich nicht wiederholen. Ich habe nie wieder einen Tigerhai gesehen. Dafür aber sehr viele andere Haie.

Es waren so viele, dass mir einer der Eigentümer der Tauch Company den Spitznamen „Sharkman" verpasste.

Wenn ich bei einer Tour dabei war und ein Kunde unbedingt Haie sehen wollte, wurde ich ihm als Buddy zugeordnet.

Wir entdeckten zumindest Graue Riff Haie oder Schwarzspitzenhaie. Um die Phi Phi Inseln herum streichelten wir gelegentlich Leopardenhaie, die schlafend im Sand lagen. Ein Versuch sich an deren Rückenflosse durch das Wasser ziehen zu lassen missglückte.

Weißspitzenhaie trafen wir immer wieder bei den Similan Inseln und vier Bullenhaie entdeckte ich auf der anderen Seite eines Riffs, als ich durch ein Felsentor tauchte.

Unvergesslich bleibt ein Tauchgang an einem Riff vor Phi Phi Leh bei dem ich am späten Nachmittag einen schwedischen Unterwasserfotografen begleitete.

Während wir am langgestreckten Riff entlang tauchten, erschienen immer mehr Haie aus den Tiefen des Ozeans und gingen auf die Jagd. Ich zählte mehr als hundert Tiere, bevor ich das Zählen einstellte.

Dass der Fotograf zu viel Atemluft verbrauchte und letztendlich, am Schluss dieses fantastischen Tauchgangs, hunderte von Metern mit Schnorchel an der Wasseroberfläche entlang schwamm, während die inzwischen ungezählte Meute an Haien unter ihm jagte, machte diesen Tauchgang nicht weniger aufregend.

Sicherlich hatte ich Respekt vor Haien, erschreckt haben mich die Bullenhaie, begeistert der Tigerhai, aber richtig Angst und Unbehagen hatte ich nur einmal.

Wir waren Anfang der 1980er Jahre wieder einmal auf Tauchtour bei den Similan Inseln. Zu der Zeit gab es nur wenige Tauchboote, Ausflugstourismus noch gar nicht.

Wie immer waren wir mit einem Segelboot unterwegs. Die Bandanera ankerte in einer Bucht, von der wir mit einem Schlauchboot zum Tauchspot fuhren.

Luigi entließ uns ins Wasser und fuhr Roberto zu einem Riff, dessen Felsen weit aus dem Meer ragten.

Dort wollte er für das Abendessen noch ein paar Fische harpunieren. Bei diesem Tauchgang entdeckten wir, dass Fischer zuvor mit Dynamit gefischt hatten. Dynamitfischen war zwar verboten, explizit im Nationalpark, aber hier draußen gab es keinen Kläger und keinen Richter.

Das Dynamitfischen hinterlässt eine Spur der Verwüstung. Korallen brechen und werden zerstört und ein großer Teil der Fische, die durch die Druckwelle getötet oder schwer verletzt werden, sinken auf den Boden, da meist auch ihre Schwimmblase in Mitleidenschaft gezogen wird.

Diese toten und verletzte Fische ziehen Jäger an, darunter natürlich auch eine stattliche Zahl an Haien.

Es wimmelte nur so von Haien, die über den zerstörten Korallen, den Felsen und Fischen nach Beute suchten.

Welch beeindruckendes Bild hatte ich da vor mir. Ich hatte diese wunderschönen Geschöpfe so nahe vor Augen. Jede ihrer Bewegungen ist immer wieder unnachahmlich mühelos und elegant. Voller Leichtigkeit schweben sie durch ihr Element, immer bereit mit einer leichten Bewegung blitzschnell zu agieren, während sie ihr gesamtes Umfeld im Blick haben.

Ich erkannte viele graue Riff Haie, einige kleinere Weißspitzen-Riff Haie und Schwarzspitzen-Riff Haie, aber auch einen Weißspitzenhochseehai, dessen Brustflossen ihn unverwechselbar machen.

Es gibt wenige Tiere auf der Welt die so schön sind. Haie sind Wunderwerke der Natur und es ist ein Privileg mit ihnen zu tauchen.

Der Tauchgang war faszinierend, aber nach knapp einer Stunde mussten wir wieder auftauchen.

In der Ferne sahen wir Roberto mit dem Schlauchboot und machten uns bemerkbar. Roberto winkte zurück, hatte uns gesehen, machte aber keine Anstalten zu uns herüberzukommen.

Er schien etwas zu suchen.

Also dümpelten wir im Wasser, sahen die Sonne langsam untergehen und warteten auf Roberto.

Die Insel wurde zu einem schwarzen Scherenschnitt inmitten eines roten Himmels, während sich die Sonne auf das Meer setzte, wie der Sonnenuntergang auf Thai wörtlich übersetzt heißt.

Das Bild mit dem roten Himmel, der Sonne auf dem Meer und den schwarzen Scherenschnitten war überwältigend schön. Unsere, und damit auch meine, Situation dagegen nicht.

Wir kamen gerade von einem Tauchgang bei dem wir viele jagende Haie, und wenn ich hier viele Haie schreibe, meine ich auch sehr viele Haie, gesehen hatten.

Und jetzt trieben wir wie Köder an der Angelschnur über den Jägern. Hinuntersehen konnten wir nicht, dazu war es schon zu dunkel im Wasser.

Mir und meinen Schicksalskollegen blieb nur die Fantasie

Diese Fantasie kann verstörend sein.

Ich sah die Haie immer näherkommen, ich erinnerte mich an Berichte von Schiffsunglücken, bei denen die Unglücklichen im Wasser treibend nach und nach von Haien angegriffen und gefressen wurden. In Gedanken sah ich schon den einen oder anderen von der Wasseroberfläche verschwinden, ich sah ihn blutend mit einem letzten Schrei noch einmal wie einen Korken emporschießen, bevor ihn ein Maul voller scharfer Zähne wieder in die Tiefe des dunklen Meeres riss.

Ich spürte eine Berührung am Bein, ich spürte eine Bewegung im Wasser.

Einbildung oder Realität?

Ich musste langsamer atmen, musste mich treiben lassen und versuchen zu entspannen.

Manches ist leichter gedacht als getan.

Immer wieder erschienen mir die Haie in meinen Gedanken. Haie, die sich mir näherten, Haie die gleich zuschlagen würden.

Mich fröstelte und ich hatte eine Angst aus der Tiefe der Gedanken heraus, die ich kaum abstellen konnte.

Als Roberto endlich näherkam, konnte es nicht schnell genug gehen. Am liebsten wäre ich an Bord gesprungen.

Das Gefühl der Erleichterung ist kaum zu beschreiben, als diese Angst abfiel, als in Sekunden die Beklemmung verschwand und die Schönheit der Umgebung wieder die Oberhand gewann.

Nicht die Haie waren das Problem gewesen, die Angst entstand in meiner Vorstellungskraft, in meinem Geist, in der Fantasie des Möglichen und durch die Bilder, die Filme und Bücher in uns entstehen lassen.

Und natürlich bestand auch die geringe Chance, dass die Bilder in meinem Kopf zur Realität werden konnten.

Aber zurück an Bord blieb die irreale Angst, die sich in den Gedanken gebildet, ausgebreitet und festgesetzt hatte, im dunklen Wasser zurück.

Der Himmel war blutrot und die Hügel der Inseln lagen schwarz in der Ferne, während Möwen schrien und gelegentlich ein Fisch aus dem Meer sprang. Der Fahrtwind wehte mir ins Gesicht, während wir langsam zur Bandanera, deren Schiffsrumpf und Mast als Scherenschnitt in diesen magischen blutroten Himmel ragte, zurückfuhren.

Die Augen erblickten Bilder aus einer Unterwasserwelt, die sich vor uns ausbreitete und ganz tief im Kopf schwebten diese eleganten Jäger der Meere unter uns, unter den Wellen, die ans Boot schlugen, und die meine Gedanken nie wieder verlassen würden.

Auf dem Titelblatt der Thai Zeitung

Phuket und Bangkok, 1984

Der Strand, das Meer vor, und die Palmen hinter uns, waren in goldenes Licht getaucht, unsere Körper schimmerten in diesem Licht der Sonne, die sich gerade auf das Meer gesetzt hatte, um hinter einem fernen Horizont zu verschwinden.

In Thailand nennt man den Sonnenuntergang „hatit tok nam", die Sonne setzt sich auf das Wasser.

Der erste längere thailändische Satz, den ich bei meinen Freunden

Thong und seiner Frau Lek während meiner Thai Lektionen lernte, hieß:

„Tschan tscha bai du hatit tok nam", weil ich jeden Abend zum Strand hinunter ging, um dort im Sand sitzend, dem Schauspiel des Sonnenunterganges zusah.

„Ich gehe, um den Sonnenuntergang zu sehen" bedeutete dieser Satz, den ich täglich anwenden konnte.

Und alle meine Freunde lachten und lächelten, wenn sie mich am Abend auf dem Weg zum Strand sahen und immer wieder zu Übungszwecken fragten: „Bai nai Peter?" „Wohin gehst du?", obwohl sie die Antwort doch längst auswendig kannten.

An diesem Abend saß ich mit Sunny aus San Francisco und Anton vom Bodensee im Sand am Strand von Kata Noi Beach und nahm Abschied von Phuket.

Morgen um diese Zeit würden Anton und ich in einem Überlandbus sitzen und Bangkok entgegenfahren.

Ich wollte nach Burma, Anton musste zurück nach Deutschland und Sony würde ich nach meiner Reise ins burmesische Märchenland im Meermaids Rest in der Sukhumvit Soi 8 wiedersehen.

Wir genossen ein letztes Mal dieses unbeschreiblich Gefühl des Miteinanders an einem der für uns schönsten Plätze dieser Welt.

Flugreisen waren extrem teuer und dadurch wurde der Überlandbus die favorisierte Option, um nach Bangkok zu reisen.

Die Fahrt war in den letzten Jahren sicherer geworden. Ein paar Jahre zuvor waren Überfälle von Banditen entlang der burmesischen Grenze so häufig geworden, dass die Busse nur noch im Konvoi und begleitet von Soldaten, mit Maschinenpistolen bewaffnet, die lange Strecke durch die Nacht wagen konnten.

Schüsse auf die Busse waren auch zu dieser Zeit noch keine Seltenheit und der Platz am Fenster weniger begehrt als ein Platz am Gang.

Immer wieder sah man Einschusslöcher an den Bussen, schlimmstenfalls durfte man die Schusswechsel selbst miterleben. Überhaupt waren Überfälle und Raub im Süden Thailands nicht unbekannt.

Es war gefährlich in der Dunkelheit, im Licht der Sterne, am Stand entlangzuspazieren.

Auch Freunde von mir durften dies erfahren, als sie sich trotz Warnungen zu einem Sparziergang, weit weg von den Lichtern der kleinen Restaurants am Strandende, entfernten. Fast folgerichtig wechselte der Besitz einer Umhängetasche zu einer Gruppe Gauner, die darauf im dunklen Reisfeld verschwanden.

Mein Freund Tom wiederum wurde mit vorgehaltener Pistole auf dem Pass, der Phuket Town und Kata trennt und an dem die Geschwindigkeit der Fahrzeuge aufgrund der Steigung extrem langsam wurde, angehalten und um sein Bargeld erleichtert.

Danach fuhr auch er diese Strecke nicht mehr allein durch die Nacht. Besuche in der Stadt führten wir deshalb normalerweise auch nur zusammen mit mehreren Motorrädern durch.

Mit einer Ausnahme, als wir für das neueröffnete Café unseres Freundes Chin Nachschub an Foremost Eis in der Stadt holen mussten. Es war kein angenehmes Gefühl mit etlichen Eiskartons in den Händen, auf dem Rücksitz von Toms Motorrad, gegen Mitternacht den steilen Anstieg zum Pass hinaufzukriechen und im Hinterkopf das Wissen über die Überfälle zu haben.

Die Busse von und nach Bangkok fuhren immer noch im Konvoi. Die Überfälle waren dadurch sehr selten geworden.

Als wir am nächsten Nachmittag am Busbahnhof in den Bus einstiegen, verschwendeten wir keine Gedanken an irgendwelche Gefahren.

Unsere Rucksäcke verschwanden im Bauch des Busses und unsere Taschen mit den Wertsachen verstauten wir im Gepäckfach über unseren Köpfen, damit wir sie immer im Blick hatten.

Wir waren traurig wie jedes Mal, wenn wir abreisen mussten, dass unsere Zeit im Paradies wieder einmal für eine lange Zeit zu Ende war.

Ich mochte diese Fahrten im engen Bus nicht. Sie waren ein notwendiges Übel, um von Bangkok nach Phuket und zurückzukommen.

Im Gegensatz zu Surat Thani, dem Hafen von Koh Samui, existierte leider keine Eisenbahnlinie von Thailands Hauptstadt nach Phuket. Ein Umstand den ich sehr bedauerte, weil ich die Eisenbahnfahrten in Thailand liebte.

Anton hatte den Fensterplatz. Er war sich sicher, dass nichts passieren würde.

Wir redeten noch eine Weile, bis die Müdigkeit uns immer mehr vor uns hindämmern ließ. Ein richtiger tiefer Schlaf wollte sich, so war ich es gewohnt im engen Bus, allerdings nicht einstellen.

Es war noch lange vor Mitternacht, als wir vom Highway abbogen, um den gegen diese Zeit obligatorischen Pausenstopp einzulegen.

Der Bus wurde betankt, wir konnten nach Lust und Laune in einem der Restaurants am Platze essen und trinken oder ein" hong nam", ein Wasserzimmer, also die Toilette aufsuchen.

Anton und ich hatten beide keine Lust auf ein großes spätes Essen. Wir besorgten uns einen kleinen Snack und freuten uns über die Kekse, die wir kurz vor dem Einsteigen zur Weiterfahrt von einem netten Thai angeboten bekamen.

Anton fand den Keks so gut, dass er auch einen zweiten Angebotenen nicht ausschlug und ihn sich einverleibte.

Mir reichte der eine und trotz mehrmaliger Nachfrage, ob ich nicht doch noch einen haben wollte, lehnte ich höflich, aber bestimmt ab.

Kurz darauf setzten wir unsere Reise fort.

Das nächste an was ich mich erinnere, war dass ich neben einem total weggetretenen Anton in irgendeinem Gebäude saß und selbst nichts richtig mitbekam.

Thais sprachen auf uns, eher eigentlich auf mich, ein, und fragten Dinge, die ich nicht verstand.

Ich habe bis heute keine Ahnung um was es genau ging, und was genau passierte.

Ich weiß nur, dass mich eine Thai-Frau befragte, wer wir wären, woher wir kommen würden und einiges mehr.

Einer der Polizeibeamten um uns herum erzählte mir etwas, ich verstand, dass ich oder besser wir, uns auf der Polizeiwache melden sollten, um ein Protokoll aufzunehmen.

Ich erklärte, dass ich noch heute nach Burma fliegen würde und der Polizist meinte, es wäre okay, wenn ich danach dort aufschlagen würde.

Erst langsam wurde mir klar, dass wir bestohlen wurden, dass wir mit den Keksen betäubt wurden, dass unsere Taschen mit unseren Wertsachen über uns durchsucht und wir um unser Geld erleichtert wurden.

Seltsamerweise wurde meine Kamera nicht gestohlen, ebenso wenig wie Antons Euroschecks.

Bei mir fehlte das wenige Bargeld und meine Traveller Checks.

Der Verlust unseres Bargelds war überschaubar und zu verschmerzen.

Der Vorteil der Traveller Checks war, dass diese gegen Diebstahl versichert waren und ich bei einem Nachweis des Diebstahls durch einen Bericht der Polizei, neue Checks zurückbekam.

Mein Kopf war zwar immer noch weich und unklar, ich hatte weder Orientierung noch konnte ich alles zu dieser Zeit verstehen, aber ich wusste, dass ich in Kürze einen Flug nach Rangoon hatte und kein Geld.

Irgendwann realisierte ich in der Kühle des frühen Bangkok-morgens, dass wir Bangkok erreicht und am Busbahnhof angekommen waren.

Irgendwann ließ das Interesse der Menschen an uns nach und alle Thais, die uns umgeben hatten, verschwanden nach und nach.

Irgendwie, man frage mich nicht wie ich das gemanagt hatte, schleppte ich unser Gepäck und einen nicht wirklich gehfähigen Anton in ein Taxi und wir fuhren zur Sukhumvit Road.

Anton bevorzugte damals das Präsident Hotel, in der Soi 11, wie er mir am Vorabend glücklicherweise noch erzählt hatte, und nicht unseren normalen Treffpunkt das Meermaids Rest (manchmal war er da etwas eigen). Ich ließ das Taxi zunächst aber an der Thai Farmers Bank halten, der einzigen Bank die Euroschecks annahm und schleppte wiederum Anton samt unser beider Gepäck in die Bank.

Wie und mit was ich den Taxifahrer entlohnte, bleibt mir selbst bis heute ein Geheimnis und wird wohl niemals mehr gelöst werden, wie so einiges, was an diesem Tag geschah.

Mein nächstes Problem war nun einen Euro Check von Anton zu bekommen damit er mir 400 DM leihen konnte (der Höchstbetrag eines Eurochecks).

Anton war mir keine große Hilfe bei der Suche nach seinen Checks, eigentlich gar keine. Ein paar unverständlich gestammelten Worten versuchte ich zu entnehmen, wo sie sich befanden.

Anton reagierte nicht langsam wie Zombies in den einschlägigen Filmen, Anton reagierte eigentlich gar nicht. Antons Augen blieben fast immer geschlossen und wenn er sie öffnete, sah ich seinen leeren, nicht verstehenden Blick, der in ein fernes Land zu blicken schien.

Der zweite Keks war einfach zu-viel gewesen (aber das realisierte ich auch erst viel später).

Irgendwann hatte ich die Checks gefunden, während die Blicke der Bank Mitarbeiter immer irritierter wurden.

Ich füllte den Check aus und brauchte nun Antons Unterschrift unter den Check.

Ein Drama begann, das ich in verkürzter Version zum Besten gebe, da ich, was man nicht vergessen sollte, selbst nicht komplett Herr meiner Sinne war.

„Anton, Anton, bitte unterschreibe."

Keine wahrnehmbare Reaktion seinerseits.

Ich schüttelte ihn und er schlug kurz die Augen auf, um mich mit glasigen in die Ferne blickenden Augen anzusehen. Zu kurz allerdings, und wieder versank er in seiner Traumwelt.

„Anton bitte, Anton unterschreibe"

Anton schien etwas vernommen zu haben da er sich etwas bewegte.

„Jaja" kam aus seinem Mund und weg war er wieder.

Anton ist der Name den wahrscheinlich bis heute jeden der anwesenden Menschen in der Bank verfolgt.

Irgendwann half ich ihm den Kugelschreiber zu halten, als er einen gewellten Strich unter den Check setzte.

Der Bankbeamte am Schalter akzeptierte den Check mit dieser unkenntlichen Unterschrift und ich bekam den Gegenwert von 400 DM in thailändischen Bath ausgezahlt.

Die ganze Aktion hatte so lange gedauert, dass ich Anton nun nicht mehr in sein Hotel bringen konnte.

Ich musste schnellstens zum Don Muang Airport, um meinen Flug mit Thai International nach Rangoon zu bekommen.

Ich wollte und konnte Anton nun aber auch nicht seinem Schicksal überlassen.

Zwar war es nicht allzu weit bis zu Antons Hotel, aber er war absolut nicht in der Lage diese Strecke zu Fuß zu bewältigen oder auch ein Taxi zu managen.

Also organisierte ich noch schnell ein Taxi, bugsierte Anton mitsamt seines Gepäcks hinein, machte dem Fahrer klar, dass er Anton helfen sollte in das Federal Hotel zu kommen, da er, wie er wohl offensichtlich sehe, Probleme habe, zahlte ihm dafür ein generöses Fahrgeld und verschwand selbst mit einem anderen Taxi Richtung Flughafen.

Weil ich das Ticket für den Flug schon hatte und es mir auch nicht gestohlen wurde, konnte ich es trotz Erinnerungslücken schaffen nach Burma zu fliegen.

Was dort geschah ist nun nicht Thema dieser Geschichte.

Stattdessen machen wir einen Sprung von acht Tagen.

Ich landete in Bangkok und fuhr gutgelaunt zu unserem „Home away from home", dem Meermaids Rest, wo mich Sunny, der inzwischen aus Phuket eingetroffen war, bereits erwartete.

Noch bevor ich ihm von meinen Erlebnissen im burmesischen Zauberland erzählen konnte, hielt er mir grinsend eine in thailändischer Schrift verfasste Zeitung, eine Zeitung, die jeder Thai ließ, ähnlich unserer Bild Zeitung, unter die Nase.

„Ihr seid berühmt" lachte er.

„Schau Dir das Titelblatt einmal genau an. Nur Verbrecher und ihr," lachte er

Inzwischen hatte sich schon einige Angestellte des Meermaids dazu gesellt und lächelten mich an.

Ich musste mich erst einmal setzen.

Dann bekam ich von Sunny die ganze Geschichte erzählt.

„Am Kata hat die Zeitung eingeschlagen wie eine Bombe. Im Lauffeuer hat sich die Nachricht verbreitet, dass ihr im Bus unter Drogen gesetzt und beraubt wurdet.

Jeder hatte diese Zeitung, absolut jeder hat sie sich gekauft.

Darin steht, dass ihr mithilfe einer ganz neuen Masche beraubt wurdet. Noch niemals zuvor hat man Drogen in Kekse gemischt und Leute im Bus ausgeknockt."

Erst jetzt wurde mir einiges klar. Antons zweites Keks hatte ihn so viel schlimmer leiden lassen als mich.

„In Kata seid ihr in aller Munde. Ich habe für jeden von euch einige Zeitungen gekauft und habe natürlich erzählt, dass ich euch kenne."

Sunny lachte.

„Das hat mich immer wieder zum Mittelpunkt jeder Unterhaltung auch hier in Bangkok werden lassen."

Das Puzzle dieser ganzen Aktion setzte sich nun zumindest etwas mehr zusammen. Ich verstand die Zusammenhänge des Geschehens.

Nach einem Bad im Pool und einiger Berichte über unserer beider letzten acht Tage machte ich mich auf, zur Polizeiwache zu fahren, um mein Protokoll über den Raub im Bus zu protokollieren, um dort eine Bescheinigung für American Express zu bekommen, damit ich neue Traveller Checks ausgestellt bekam.

Um mich besser ausweisen zu können, nahm ich eine von Sunny geschenkten Zeitungen mit.

Ich traf zur Mittagszeit beim Office der Tourist Police ein.

Das Englisch der Tourist Polizei war zu jener Zeit noch ausbaufähig und ich versuchte mein Begehr auf Thai zu übermitteln, was mir erst richtig gelang, als ich meine Zeitung präsentierte und das gesamte Revier zusammenlief.

Wir konnten uns darüber verständigen, dass der einzige gut englischsprechende Mitarbeiter, der solche Protokolle ausstellte, wie ich eines brauchte, gerade abwesend sei, womöglich beim Mittagessen.

Das konnte dauern. Man bot mir aber an hier zu warten.

Was blieb mir anderes übrig.

Als kurz darauf das Telefon klingelte, wurde ich zum Ort des Geschehens gerufen, da niemand die schnell sprechende Norwegerin verstand, die ein Visum Problem hatte.

Ich löste ihr Problem zügig und anscheinend zur Zufriedenheit der Polizisten vor Ort, so dass ich den Platz des abwesenden, englischsprechenden Kollegen einnehmen musste und sozusagen Tourist-Police-Mann auf Zeit wurde.

Man brachte mir etwas "Streetfood" und etwas zu trinken, während ich meinem neuen Job nachging.

Ich glaube immer noch, dass ein gewisser Vertrauensvorschuss aufgrund meiner Berühmtheit auf Zeit in der Thai Zeitung bestand Auch die nächsten beiden Anrufer konnte ich zufrieden stellen.

Dann rief eine junge Frau an, deren englisch nicht englisch klang. An ihrem Akzent erkannte ich, dass es sich um eine Landsmännin handelte.

Ich schwenke in die Muttersprache um und konnte sie ausgiebig und, auch wenn ich mich da selbst lobe, perfekt beraten.

Die junge Frau war diesbezüglich hoch begeistert, vor allem, weil sie es nie für möglich gehalten hatte, nach allem, was sie so gehört hatte, dass die thailändische Polizei so multilingual aufgestellt war, auch die doch nicht so geläufige deutsche Sprache perfekt zu beherrschen. Sie gratulierte mir, weil ich diese Sprache fast wie ein Deutscher beherrschen würde.

Nicht nur meine Kunden, auch meine Polizei Kollegen waren begeistert von mir.

Der Job machte mir Spaß, ich hatte einen riesigen Schreibtisch und den Respekt meiner neuen temporären Kollegen.

Deshalb war ich inzwischen auch gar nicht mehr begeistert als der Polizist, als dessen Stellvertreter ich fungiert hatte, wieder erschien. Ohne Probleme, mit meiner Zeitung auf dem Schreibtisch, bekam ich mein Dokument ausgehändigt.

Unter Beifall und „Viel Glück weiterhin"-Rufen verließ ich das Office.

Mein nächster Weg führte mich zur Bangkok Zentrale von American Express.

Etliche Bestohlene und noch viel mehr Betrüger trafen täglich dort ein.

Um manche klamme Reisekasse wieder aufzufüllen, verfielen manche Zeitgenossen darauf die Checks als gestohlen zu melden, nachdem man sie zuvor an jemanden verkauft hatte und dann neue zu bekommen. Entsprechend kühl war auch der Empfang.

Das änderte sich schlagartig.

Das Zauberwort hieß Zeitung.

Ich zeigte meine Zeitung, übergab auch das Protokoll der Tourist Police (das niemand mehr interessierte) und war der Star des Tages. Sämtliche Mitarbeiter und Mitarbeiterinnen versammelten sich um mich um meine Geschichte zu hören, während aus der Zeitung laut rezitiert wurde.

Bei dieser Gelegenheit bekam ich erst so richtig mit, dass ich damals auf dem Busbahnhof in Bangkok anscheinend jemanden von der Zeitung ein Interview gegeben hatte

Währenddessen wurden, während ich mit Begeisterung einen Kaffee kredenzt bekam, meine neuen Checks ausgestellt und danach wurde ich unter großer Teilnahme entlassen.

Viele andere Anwärter, die auf die Ausstellung neue Traveller Checks warteten, beobachteten das Geschehen mit staunenden Mündern und großen Augen.

Mir ging das Prozedere, sowohl bei der Polizei als auch bei American Express, runter wie Öl.

Ich schwebte mit einem Dauergrinsen auf Wolke Sieben.

Wie sich so ein Diebstahl im Bus doch noch zum Guten wenden konnte. Ich war begeistert.

Ich hatte bei diesen beiden Aktionen gelernt, dass ich die Zeitung und meine momentane thailändische Berühmtheit mithilfe der Zeitung leicht ausnützen konnte.

Als ich danach mit Sunny am Abend um die Häuser zog, hatte ich meine Zeitung stets dabei.

Beginnend mit kostenlosen Drinks, bis hin zum Menschenauflauf, genoss ich meine einmalige Berühmtheit ausgiebig.

Sunny fand die ganze Aktion unglaublich witzig und noch Jahre später, als ich bei ihm in San Francisco wohnte, war diese Geschichte immer wieder Gesprächsthema.

Anton und ich hatten es, und das finde ich heute noch bemerkenswert, als Nicht-Verbrecher auf die Titelseite der wichtigsten Zeitung für die einheimische Bevölkerung Thailands geschafft. Wer kann das schon von sich sagen? (und damals wurden sehr viele Verbrecher auf der Titelseite präsentiert)

Etliche Jahre lang, beginnend mit unserem Keks-induzierten Knockout, war diese Masche immer wieder gebräuchlich. Leicht modifiziert wurden ganze Busse, durch Drogen in Drinks und Snacks, ausgeraubt.

Anton und ich hatten einen Trend gesetzt. Wir waren die ersten! Nach uns schaffte es aber keines der Opfer mehr auf die Titelseite der Thai Zeitung.

Opium

Nordthailand, Goldenes Dreieck 1983

Wir waren schon ein paar Tage unterwegs.

Es war anstrengend durch Thailands Berge im Norden zu trekken.

Tagsüber war es heiß und nachts in den Hütten der Lisu und Lahu sehr kalt.

Das Feuer im Raum, in dem wir auf Matten schliefen, wärmte. Aber nachdem alle schlafen gegangen waren und das Feuer in der Hütte nicht mehr unterhalten wurde, kam die Kälte.

Die Temperaturschwankungen in fast 2000 Meter Höhe waren beachtlich.

Ich war oft in den Monsunwäldern des Himalaya im Norden Thailands unterwegs.

Auf dem dritthöchsten Berg des Landes hatte ich gefroren und morgens, beim Aufgang der Sonne, mit ein paar Lisu zusammen in ein unglaubliches Nebelmeer unter uns in den Tälern, geblickt.

Ich war begeistert beim Volk der Akha zu übernachten. Über deren Sitten und Gebräuche ich eigentlich eine eigene Geschichte erzählen müsste

Mehrmals gab es selbst gebrannten Schnaps bei den Lahu und einmal war ich dabei als ein Schwein geschlachtet wurde, das wir dann am Feuer in der Nacht gegessen haben. In einem Lisu Dorf, als abends am Feuer getanzt wurde, habe ich mich mit Männern aus dem Volk der Yao (Mien) unterhalten.

Ich genoss es, mich bei versprengten Kuomintang Truppen, an einem kühlenden Fluss, in einem weltabgeschiedenen Tal zu erholen und im kühlenden, schnell fliesenden, Wasser liegen zu dürfen.

Bei jedem Trek in den achtziger Jahren passierten wir auch Opiumfelder.

Wir mussten uns schon von weither mit Rufen bemerkbar machen.

Die Mohnfelder wurden bewacht. Von aufmerksamen Wächtern mit russischen AK 47 oder gelegentlich auch mit uralten Vorderladern.

Nach dem Grün des Dschungels, dem Laufen zwischen riesigen Bäumen und dem meterhohem Elefantengras, war ein Mohnfeld eine Oase mit bunten Blüten und offenem Terrain.

An jedem dieser Felder gab es eine Hütte in der Wächter lebten.

Wir aßen im Schatten der Wächterhütte und oft auch darin, Mohnblumenblätter mit Klebereis, der in Bambusstücken gekocht wurde, während die Mittagssonne erbarmungslos den lila weißen

Farben der Mohnblüten, konturlos, in der Hitze, jeglichen Zauber beraubte.

Eigentlich war der Anbau von Opium verboten, aber irgendwie auch nicht wirklich.

Manchmal sahen wir kleine Maultier Karawanen von Khun Sas "Free Shan Army", die im Grenzgebiet zu Burma agierten und Opium abholten. Gleichzeitig erinnere ich mich an einen Galgen in einem kleinen Ort im Goldenen Dreieck, der wahrscheinlich zur Abschreckung, eher aber noch zur Zurschaustellung einer Anti Opium Politik diente, die es allerdings gar nicht gab. Khun Sa (chinesischer Name Chang Shi-Fu), der „Opium König", den die Amerikaner als den „schlimmsten Feind der Welt" titulierten, arbeitete oftmals erfolgreich mit der burmesischen als auch thailändischen Regierung zusammen. Aber zu Khun Sa kann ich ein anderes Mal eine eigene Geschichte erzählen.

Ich sah immer wieder wie anderen aus meiner Gruppe Opium in den Hütten der Bergvölker rauchten.

Ich hatte Angst davor und trank, zusammen mit unserem thailändischen Guide Noi, den selbstgebrauten Schnaps der Lahu.

Es war immer sehr kalt in der Nacht und der Schnaps wärmte.

Bei meiner zweiten Tour war es ähnlich. Auch dieses Mal lehnte ich das Opium dankend ab, das überall angeboten wurde.

Beim dritten Treck durch die Berge kamen wir gegen Mittag in ein Dorf der Lisu.

Die Hitze war außergewöhnlich und in der Hütte, die auf einer Anhöhe mit einem weiten Blick hinüber in den grünen undurchdringlichen Dschungel nach Burma, lag, war es angenehm kühl

Draußen auf der Veranda gackerten Hühner, Schweine grunzten unter der Hütte und ein Hahn krähte.

Drinnen wurde mir und einem Freund Opium angeboten.

Wir waren erschöpft nach mehreren Tagen Marsch durch den Monsunwald der Berge in den Ausläufern des Himalaya. Wir waren vorbei an Wasserfällen, durch dichtes Elefantengras und immer wieder, bergauf und bergab, durch Bambuswälder gelaufen

Wir waren hungrig und durstig. In der Sonne auf der Veranda war es sehr warm.

Im Innern der Hütte war es dagegen angenehm kühl.
Ein alter Mann mit wenigen, schwarzen Zahnstummeln lächelte
milde und hielt die Opium pfeife in der Hand.
Ich war schon so oft in den Bergen und hatte immer Nein gesagt.
Ich war müde, aber es gefiel mir hier in der Hütte zu sein.
Der alte Mann schaute mich an und ich nickte.
Er zeigte mit seiner Hand auf eine Matte.
Ich legte mich auf die Bastmatte.
Sie erschien mir kühl und angenehm.
Er schob eine hölzerne Kopfstütze unter meinen Kopf und lächelte.
Dann begann er die Pfeife mit klebrigen Opium zu stopfen.
Ohne Worte verstand ich, dass hier ein Experte am Werk war.
Der Mann war die Ruhe selbst.
Die Prozedur des Pfeife Stopfens war reine Meditation.
Langsam und bewusst führte der alte Mann jeden Handgriff aus.
Ich bekam die Pfeife gereicht. Ich nahm sie in den Mund.
Der alte Mann erklärte wortlos was zu tun war mit wenigen Gesten.
Er zündete die Pfeife an, während ich liegend daran zog.
Sonnenbahnen fanden ihren Weg durch die Hütte, während feiner
Staub langsam durch diese Bahnen tanzte.
Das machte den Raum angenehm ruhig, und entzog ihn der Realität
der Hitze, die draußen jegliche Fantasie töten würde.
Als die Pfeife ausgeraucht war, fragten die Augen des alten Lisu
Mannes.
Ich nickte und die Prozedur des Befüllens der Pfeife wiederholte sich.
Der Hahn krähte, die Welt wurde weicher und angenehmer.
Der Rauch schmeckte süß.
Das Opium hüllte mich in ein schützendes Gewand, ließ mich abseits
der realen Welt liegen und entfernte jeglichen körperlichen und
seelischen Schmerz.
Meine Gedanken reduzierten sich auf das Jetzt und ich wurde zum
Beobachter einer Welt, die mir egal wurde.
Gedanken hießen Sonnenbahnen durch geflochtene Hüttenwände, in
denen der Staub tanzte. Befreit von der Komplexität des Denkens
erinnere ich mich an das leise, mir zwar unverständliche, aber
angenehme Reden des Lisu Mannes, an die Wärme in mir und an
dieses unbeschreibliche Gefühl von Gelassenheit und Glück.

Die nächste und übernächste Pfeife verstärkte dieses Wohlsein.
Ich wollte mich nicht erheben.
Gerne noch eine Pfeife mehr.
Ich möchte hierbleiben, ich habe meinen Frieden gefunden.
Zeit spielt keine Rolle mehr.
Wir laufen weiter durch die Sonne bergauf zur Straße, die uns
zurück in die Zivilisation bring.
Nichts tut weh, der Bambus wächst, alles ist gut.
Ich bin noch auf einer Reise, während ich auf einer Reise in den
Bergen Nordthailands bin.
Die Sonne scheint.

Erta Ale, Einblick in das Erdinnere

Äthiopien 2021

Am späten Nachmittag waren wir am Basiscamp angekommen. Die
Fahrt durch die Wüste an einem der heißesten Orte dieser Erde war
anstrengend. Trotzdem hatte ich unterwegs selbst die zeitweilige
Eintönigkeit, auf der langen Fahrt, bei der Musik der Afar genossen.
Mithilfe der Musik konnte ich richtig in das Land um mich herum
eintauchen und versinken.
Ich empfand es als Privileg inmitten der Danakil Senke, einer
geologisch faszinierenden Tiefebene im Osten Äthiopiens unterwegs
sein zu dürfen.
Wir waren noch am Vormittag, nach einem Besuch der
beeindruckenden, farbenfrohen, Einzigartigkeit der „colorful area",
aufgebrochen und fuhren Erta Ale entgegen
In einem kleinen Dorf wurden abermals unsere "Permits" und Pässe
überprüft und vorbei an Kamelen und Eseln führte unsere Reise
weiter durch das Afar-Dreieck. Wir befanden uns in der bereits
erwähnten Danakil Senke, in der drei aktive Grabenbrüche, von
denen der ostafrikanische Grabenbruch der bekannteste sein dürfte,
aufeinandertreffen, was die geologischen Besonderheit und die
Konzentration vulkanischer Aktivität erklären.
Wir befanden uns hier teilweise schon 125 Meter unter dem

Meeresspiegel und die Absenkung (Depression) der Danakil Senke nimmt immer weiter zu.

Grund sind die Erdplatten, die sich an den Grabenbrüchen immer weiter voneinander bewegen. Final wird hier einst das Rote Meer einströmen und einen Teil Afrikas vom jetzigen Kontinent abtrennen.

Wir fuhren bis zum Fuße des Schildvulkans Erta Ale an der Grenze zu Eritrea, den wir am späten Nachmittag erreichten.

Erta Ale ist ein Afar Wort und bedeutet fast schon logischerweise „Berg, der raucht"

Einige Schakale, die Hüter der Unterwelt, begrüßten uns, passend zwischen bizarren, schwarzem Magma, dem vom Vulkan ausgestoßenem Inneren der Erde, auf den letzten Kilometern unseres Reiseziels.

Das Basiscamp war so trostlos wie die Umgebung selbst. Zwei kleine Hütten aus Stroh, die als Küchen genutzt wurden und dahinter, zwischen Steinen Lagerplätze zum Ausruhen und Schlafen ohne jeglichen Komfort.

Toiletten gab es ebenso wenige, wie an unserem Lagerplatz in der Nähe des Schwefelfelds des Dallol Vulkans in der Nacht zuvor, also keine.

Wir saßen erschöpft nach der langen Fahrt in der Hitze neben unseren schattenspendenden Toyotas, tranken aus unseren warmen Plastikwasserflaschen, um nicht zu dehydrieren, und dämmerten dem Abendessen entgegen.

Was der Mensch in dieser Umgebung braucht, ist Schatten und Wasser. Eine Sitzgelegenheit rundet den gebotenen Komfort ab. Bei über fünfundvierzig Grad im meist nicht vorhandenen Schatten, in einer Wüste deren Schönheit schwer zu verstehen und deshalb für Viele kaum sichtbar ist, reduziert sich Alles, ähnlich der Landschaft, die wir heute durchfahren hatten.

Die Musik der Afar, gespielt von einer CD im Autoradio, schien dieser kargen Wildheit der Wüste entsprungen. Sie klang eher arabisch als afrikanisch, wirkte eher direkt und aggressiv, als verspielt und friedlich, wie Musik aus Botswana oder Uganda. Deshalb gefiel sie mir hier auch so sehr, da sie die Landschaft, die Menschen und mein gesamte Umfeld mit ihren Klängen abbildete.

Die einfache, aber köstliche Mahlzeit auf bunten Plastiktellern, ebenso wie der Tee und Kaffee aus bunten Plastikbechern war eine Wohltat an diesem unwirtlichem Ort, während sich langsam die Nacht über uns senkte und einem sternenübersäten Himmel wich, der von nun an unser Begleiter sein würde.

Während der Tagen in dieser Wüste empfand ich jede Mahlzeit und jedes Getränk als immensen Luxus und ich sah um mich herum, dass ich nicht der Einzige war, der penibel auch das letzte Reiskorn, den letzten Krümel Nahrung bedächtig und fast schon ehrfürchtig zu sich nahm, wohl wissend, dass hier in dieser lebensfeindlichen Umgebung auch nur das zu bekommen war, dass wir mitgenommen hatten.

Kaum war die Sonne verschwunden fühlte man ein Aufatmen, das zwar nicht körperlich, aber trotzdem gedanklich stattfand und dem Wegfall dieser versengenden Hitze zu verdanken war.

Die Luft war noch immer heiß, nur roch sie nun noch intensiver nach den Ausdünstungen der Dromedare, die mit Matratzen, Schlafsäcken und mit großen Packen Wasserflaschen beladen wurden.

Da die schmerzhafte Hitze der Sonne verschwunden war, konnten wir nun den Aufstieg zum Vulkan beginnen.

Als unsere Afar Begleiter ihre Maschinengewehre schulterten, war dies das Zeichen zum Aufbruch.

Während des Tages wäre dieses Unterfangen aufgrund der Hitze lebensgefährlich gewesen.

Ich wusste nicht wirklich, was mich da oben erwarten würde. Natürlich rechnete ich mit dem Gestank von Schwefel. Diesen Geruch hatte ich vor vielen Jahren in der Nähe des Tobasees, auf Sumatra, schon intensiv erfahren können.

Unangenehm und übel riechend war er da aus der Erde gestiegen und hatte ein großes, schwefelgelbes Gebiet, aus dem heißes Wasser hervor blubberte, mit seinem Gestank überzogen.

Strenger noch als an der „colorful area „die wir erst vor Stunden besucht hatten.

Überall schwankten und hüpften nun Stirn und Taschenlampen durch die schwarze Nacht.

Zwischen Kamelen stieg ich konzentriert nach oben. Immer den Untergrund im Blick, weil das scharfkantige Lavagestein Verletzungen geradezu herausforderte.

Ein leiser Zug von Pilgern auf dem Weg zum Höllenschlund. Die Stille des Laufens wurde nur unterbrochen durch die von den Kamelen verursachten Geräusche und gelegentliches leises Fluchen, wenn ein Fuß an einem Stein anstieß.

Mit der Zeit kamen Geräusche des schweren Atmens hinzu, die anfängliche Nachtwanderung war zum schweißtreibenden anstrengendem Anstieg bei über 30 Grad geworden.

Ich ging langsam, genau abwägend wo ich meinen Fuß beim nächsten Schritt aufsetzen konnte. Und dann atmete der Vulkan das erste Mal ganz kräftig und schickte uns Grüße aus dem Höllenschlund entgegen.

Erst kam der Gestank den Berg herunter, dann die Hitze mit diese Intensität, die das Atmen verhinderte und an ein nahes Ersticken denken ließ. Es war ein Gestank aus der Tiefe der Erde der mich vergiften und die Lungen verbrennen wollte.

Schon breitete sich bei mir eine Art Panik aus. Ich dachte an mein Asthma und einen Erstickungstod am Berg, doch dann war dieser Atemzug aus der Hölle an mir vorbei, den Berg hinuntergezogen und nur ein ekliger Nachgeschmack blieb in Mund und Nase zurück.

Jetzt schwitzte ich stark und mir tropfte der Schweiß auf die schwarzen Lavasteine, bis wir dort ankamen, wo die Kamele ihre Last abluden, wo wir uns mithilfe einer Matratze ein Lager zwischen aufgetürmter Magma herrichteten, und kurz ausruhten.

Wir waren etwa vier Stunden in stockdunkler Nacht, bei über dreißig Grad, über spitze und scharfkantige Lava hinaufgestiegen.

Wer wollte, konnte auch in aus Lavabrocken errichteten Steinunterkünften schlafen, eine Option, die aber nicht genutzt wurde.

Wir saßen nur kurz, um einige Schlucke Wasser zu uns zu nehmen, als es schon weiter ging.

Wir stiegen noch ein paar Meter weiter empor und erreichten den fast senkrecht abfallenden Rand einer Caldera, in die wir jetzt hinunterkletterten.

Hier war es heller als beim Aufstieg zum Rande der Caldera, denn hier leuchtete ein rötliches Licht aus einem Krater, weiter vor uns, über der Wolken Nebel oder Qualm hingen.

Mich ergriff eine eigenartige Spannung, gemischt mit einer diffusen Furcht vor dem was vor mir lag.

Über brüchige Lavaplatten, ähnlich großen Schieferplatten, gingen wir zu diesem Krater, um hineinzusehen.

Bei einigen Schritten hörte man das Krachen der Lavaplatten und dann rülpste die Hölle ein zweites Mal.

Heißer Schwefelgestank quoll aus dem Krater und schien mich diesmal wirklich zu ersticken. Die Luft brannte und Atmen tat weh in der Luftröhre und Lunge. Der ätzende Schwefelgestank setzte sich im Mund fest und wir rannten weg vom Krater, bis wir uns auf die Erde in kleine Mulden fallen ließen, wo die Luft kühler und der Schwefel nicht so intensiv war.

Es dauerte eine Weile, bis wir uns wieder nach vorne zum Kraterrand wagten.

Auf brüchigen Lavascheiben stehend, schaute ich nun in die Tiefe, wo es brodelte und zischte. Niemals zuvor habe ich solche Geräusche gehört, niemals zuvor solch ein Inferno gesehen und mitten daringestanden.

Als begeisterter Leser von „Herr der Ringe" hege ich keinen Zweifel, dass ich hier und jetzt am Schicksalsberg in Mordor stand.

Ich stand am Tor zur Hölle, an der Tür zum Erdinneren, das seine rote alles verbrennende Lava hier heraus auf die Welt da oben schleuderte.

Welch eine archaisch Szene durchlebte ich in diesem Augenblick Unter mir zischte und grummelte es. Rotglühende Lava spritzte empor, der Gestank von Schwefel waberte über die Abbruchkante und Rauchwolken wurden vom Wind herausgetrieben. Sie flogen aus diesem Höllenschlund und über mich hinweg.

Ein Moment für die Ewigkeit. So hat es auf unserer Erde ausgesehen als noch kein Leben existierte.

Eine Momentaufnahme aus Zeiten, die Angst schürte und die Naturgewalten in ihrer ganzen brachialen Gewalt und unmenschlicher Kraft und Rohheit zeigte.

Dieses Zischen der Lava wurde leiser, als wir wieder hinaufstiegen zu unserem Schlafplatz.

Drei oder vier Stunden Schlaf zwischen Kamelen im schwarzen Lavagestein waren uns nun gegönnt. Wir trinken warmes Wasser aus

Plastikflaschen.

Eigentlich mochte ich noch viel dieser unwirklichen Atmosphäre hier oben, inmitten der schwarzen Lava und den Kamelen in mich einsaugen, aber der Schlaf kam schneller als erwartet und endete schneller als gedacht.

Wie schnell können drei Stunden vergehen.

Aber ich war trotzdem nicht richtig müde, das konnte ich hier gar nicht sein,

Ich schnappte mir meine Stirnlampe und trat zusammen mit den anderen den bereits bekannten Weg zum Kraterrand und dann den steilen Weg hinunter in die Caldera an.

Der Wind hatte sich gedreht als wir eine andere Stelle als beim ersten Besuch erreichten.

„Take care" meint einer der Afar Führer, als wir an verschiedenen Stellen das brüchige Lava betraten und in die Tiefe des zischenden Ungetüms sahen. Der Rauch war jetzt auf der anderen Seite des Vulkans und die Sicht nach unten war ungetrübt.

Die Faszination dieses Tores zur Unterwelt war unglaublich. Ich konnte nicht aufhören zu staunen und der sich bewegenden Masse zuzusehen, gelb und rot glühend, sich aufbäumend und fließend, emporschnellend und in Teilen zurückfallend.

Ich konnte den Blick nicht abwenden. Es war wie ein Zauber, der meine Blicke zum Schauen zwang.

Als ich erstmals wieder aufblickte, hatte sich der Himmel etwas erhellt. In der Ferne sah ich andere Vulkane mit ihren gelb und rotglühender Lava.

In meiner Nähe standen Menschen wie Scherenschnitte am Abgrund und blickten ebenso gebannt in ein rötliches Licht unter ihnen.

Das Eruptivgestein des letzten größeren Ausbruchs hatte meine Umgebung schwarz gefärbt.

Nicht einmal ein kleiner Grashalm wuchs hier in diesem Lava-Meer.

Auf einem Hügel erwarteten wir die Sonne.

Eine Frau mit gelber Bluse ging gedankenversunken, bedächtig und verloren durch diese dunkle Lava-Wellen-Welt, wie in einem surrealen Traum, dessen schwarze Farbe sich zu grau verfärbte und nach und nach mehr Konturen, Schärfen und Details, von einer roten aufgehenden Sonne weit hinter den Bergen im Osten, bekam.

Höher kletternd, schweigsam, die Stille beherrschend, beendete sie mit ihren gelber werdenden Strahlen diesen Wachtraum und entließ mich in eine karge Landschaft, die von leeren Plastikflaschen bedeckt war.

Erste Begegnung mit Amsterdam

Niederlande 1973

Ein mächtiges, bleiernes Grau legte sich über ein helleres Grau des Meeres und schmolz es am Horizont zu einer undurchsichtigen ätherischen Geisterwelt zusammen, aus der jeden Moment das Geisterschiff des Fliegenden Holländers durchbrechen konnte. Es war einer jener Tage, an dem ein eiskalter Regen, vom Wind zerzaust und zerspielt, diese von mir so verhasste, nasskalte Stimmung in Kleidung und Gedanken trieb.

Auf dem Weg nach Zandvoort versuchte der Wind nass-grüne Gräser in die Waagerechte zu legen und kleine Wellen auf den endlosen Wasserläufen zu erzeugen, die in ihrem schnurgeraden Lauf Grasflächen zerteilten.

Gelegentliche rückten kleine Häuser in mein Blickfeld, reetgedeckt, mit ihren vorherrschenden Farben Weiß, Rot und Schwarz, gestützt durch braunschwarz gestrichenen Fachwerkbalken, die dem Regen trotzten und eine Ahnung von Wärme und Gemütlichkeit in ihrem Inneren aufkommen ließen. Sie erzählten eine Ahnung von Feuer am Kamin mit durch das Haus riechbaren Geruch des verbrennenden Holzes.

Die Vorstellung lässt mich im bequemen Ohrensessel bei einem Glas Jenever aus dem Kreuzsprossenfenster in die scheinbare Unendlichkeit dieser waagrechten Landschaft blicken, anstatt eingezwängt im Golf, den Blick auf Wassertropfen am Seitenfenster zu richten, die immer wieder vom Fahrtwind zu Wasserstreifen zerflossen werden.

Ein Tag zuvor

Auf einem Autobahnparkplatz kurz vor der holländischen Grenze, auf dem wir nach langer Fahrt erstmals wieder das Auto verließen, erreichte uns die erste Überraschung dieses spontanen Kurztrips, als wir feststellen mussten, dass die heimatlichen Temperaturen in der Vergangenheit lagen und uns ein kalter Wind unter Wolkenbewegtem Himmel die nähere Zukunft andeutete.

Diese Erkenntnis manifestierte sich als Stillleben mit dem Titel: Vier zu leicht bekleidete, frierende Hollandfahrer mit rotem Auto auf Autobahnparkplatz.

Die zweite Überraschung bekamen wir bei der Suche nach einem Übernachtungsplatz für die nächsten Tage serviert. Unbedarft und ahnungslos irrten wir in der Innenstadt Amsterdams von Herberge zu Herberge und mussten feststellen, dass niemand an Ostern auf uns gewartet hatte. Entweder waren Hotels belegt oder sie waren so teuer, dass wir nicht einmal daran denken konnten, darin Quartier zu nehmen.

Ein Hostel hatte noch vier Schlafbetten frei. Der Preis wäre annehmbar gewesen, aber Werner befand den Gestank in dem Kellerraum mit den dicht an dicht stehenden Etagenbetten als unerträglich.

Es erinnere ihn hier an ein Soho aus dem 19.Jahrhundert, als Jack the Ripper nächtens sein Unwesen treiben konnte und das so vergammelt wäre wie seine temporären Bewohner, die allen Anschein nicht mehr Herr ihrer Sinne waren, was auch der, den Ausdünstungen der Gäste überdeckende, süßliche Geruch von Haschisch zu bekräftigen schien.

Als nächstes versuchten wir einen Schlafplatz im Vondelpark zu finden, der uns allen genehm war, was aber daran scheiterte, dass wir alle vier, je länger wir uns im Park aufhielten, zu der Überzeugung kamen, dass wir hier aus Sicherheitsgründen auf keinen Fall im Zelt schlafen könnten.

Manche der Hippies, die sich hier einen Schlafplatz hergerichtet hatten, schienen nicht nur Haschisch zu konsumieren. Bei dieser Einschätzung half uns auch der Rat einer netten Zufallsbekanntschaft, die uns zusätzlich zu unseren Bedenken von einem Schlafen im Vondelpark strikt abriet.

Der Tipp, den Campingplatz in Amsterdam-Noord als Schlafstätte zu wählen, war dann das Passendste für uns und wir schlugen dort unser Zelt auf, um uns danach in das Nachtleben der Niederländischen Hauptstadt zu stürzen, dass durch Rotlichtviertel und "Coffee Shops" berühmt berüchtigt war.

In den engen Straßen und entlang der Grachten, in denen sich nun die bunten Lichter von Laternen, Kneipen, Andenkenläden, "Coffee

Shops" und Bordellen spiegelten, drängten sich staunende Touristen mit und ohne Fremdenführer, selige Hippies, die lächelt, grinsend, irgendwie beseelt, durch die Kopfsteinpflaster-Straßen entlang des Wassers zu schweben schienen, ebenso wie beschäftigte Einheimische, die schnelleren zielstrebigeren Schrittes die Stadt durcheilten und viele Fahrradfahrer auf den sogenannten Hollandrädern, wie könnten sie auch anders heißen, die sich klingelnd Platz schafften.

Die Kolonialzeit der Niederländer schuf unzählige indonesische Spezialitätenrestaurants und kleine Imbisse. Ein wenig Jakarta vermischte sich mit Shanghai, ein Hauch von Indien, Ceylon und den Molukken verteilte sich zwischen den rot beleuchteten Fenstern, in denen mehr oder weniger junge Damen standen, die unserem Fahrer Werner, aufgrund seiner „Taxi Driver" Fantasien den Spitznamen Oscar de Niro angedeihen ließen.

Aus Türen und Fenstern waberten Musikfetzen hinaus in die kalte nächtliche Luft.

Farben und Gerüche ballten sich über dem Kopfsteinpflaster bis hinauf zu den Giebeln der hohen, alten, ehrwürdigen Bürgerhäuser des 17. Jahrhunderts, in denen gelegentlich ein nicht so ganz ehrwürdiges Etablissement seinen Platz gefunden hatte.

Wir ließen uns Stunden durch diesen Konglomerat aus den auf uns einprasselnden visuellen, olfaktorischen und auditiven Reize treiben, ohne eine Richtung zu präferieren und ohne ein Ziel anzustreben.

Heute Abend wollten wir Teil der Weltstadt Amsterdam sein, sie auf uns einwirken lassen und sie spüren.

Als wir leicht frierend auf den Campingplatz zurückkamen, stellten wir unisono fest, dass wir zu wenig warme Kleidung dabeihatten.

Der Mangel an Kleidung, besser gesagt an Wärme, behinderte das Einschlafen zwar erheblich, aber im Laufe der Nacht gelang es dann irgendwann doch mehr oder wenig.

Der Morgen brachte die nächste Überraschung. Es hatte geschneit.

Der Frühling mit den Tulpen aus Amsterdam hatte sich nun endgültig für die nächsten Tage verabschiedet und Schneeglöckchen waren über Nacht passender geworden, wobei auch Eisblumen als Option gelten könnten.

Wir froren in unserer zu dünnen Kleidung. Wir hatten

zugegebenermaßen auch schon die ganze Nacht im Zelt gefroren.
Aber jetzt hier draußen im Schnee stehend, froren wir noch mehr.
Mir klapperten die Zähne.

Ich weiß nicht mehr warum, aber wir entschieden uns zum
Hauptbahnhof zu fahren, der nicht sehr weit von unserem Zeltplatz
entfernt war.

Ein heißer Kaffee konnte so etwas wunderbares sein, besonders
wenn man fror wie wir.

Kalle kam auf die Idee den „Telegraaf" zu kaufen, nicht weil wir des
holländischen mächtig gewesen wären oder um unseren
Wissensdurst zu stillen. Der Grund war viel banaler. Die dicke,
seitenreiche Ausgabe des „Telegraaf", wollten wir uns in der
folgenden Nacht in unsere Kleidung stopfen, um mehrere Schichten
auf der Haut zu tragen und somit etwas mehr Wärme zu generieren.
Als "Anheizer" kauften wir dazu noch eine Flasche Genever. Wer die
Idee dazu hatte, verschwindet in der Vergesslichkeit eines
inzwischen alten Mannes.

Etwas aufgewärmt und scheinbar gut gerüstet für die folgenden
Nächte, machten wir uns nun auf Amsterdam am Tage zu erkunden.
Wir ließen uns durch die Stadt treiben, ohne auch nur eine
Touristenattraktion bewusst anzusteuern.

Der Wind durchdrang unsere dünnen T-Shirts und die kurzen
Cordjacken und ließ uns frieren.

Mit diesen Temperaturen hatten wir nicht gerechnet.

Wir nahmen Zuflucht in einem Lokal, das zufällig, rechter Hand, auf
unserem Weg aus dem grauen Wetter auftauchte.

Wir mussten uns unbedingt etwas aufwärmen und dem bissigen
Wind entkommen, der durch die schmutzigen Gassen pfiff und
Schneeflocken durch die eisige Luft wirbelte.

Die Gegend war nicht gerade das Vorzeigeviertel der Stadt, im
Gegenteil. Heute würde man das Chinatown der damaligen Zeit als
"No Go Areal bezeichnen, was wir damals natürlich nicht wussten.
Wir waren aber zu viert, als wir anfangs der 70ziger Jahre durch
Amsterdam streiften. Unser größter Trumpf aber war, wir hatten
keine Ahnung, wo wir uns genau herumtrieben.

Das wir ständig von Dealern angesprochen wurden nervte zwar
etwas, schien aber Amsterdam typisch zu sein, glaubten wir in

unserer damaligen Unwissenheit.

Wir befanden uns an der Grenze zwischen Chinatown, Rotlichtviertel und Zeedijk, als wir dieses holzvertäfelte Lokal betraten.

Das erste Wort, das mir einfiel, war das Wort Gemütlich, als wir in dem verrauchten, überladenen Raum standen und das Interieur bewunderten.

Aber da war auch noch etwas Anderes, etwas Aufregendes, dass ich zum damaligen Zeitpunkt einfach noch nicht richtig definieren konnte

Diese Kneipe schien schon ewig zu existieren. Wie nahe ich mit dieser Vermutung der Wirklichkeit kam, konnte ich damals nicht einmal erahnen.

Wir bestellten uns Kaffee und wärmten uns auf. Ich konnte mich nicht sattsehen, was diese Kneipe an visuellen Reizen zu bieten hatte. Dominiert von Affenfiguren jeglicher Art, war der dunkle, holzgetäfelte Raum, in dem sich der Rauch alter Zigarren mit unseren Zigaretten mischte, schwer zu beschreiben. Aus einer scheinbaren Sammelwut entstanden, standen unzählige Flaschen alkoholischer Getränke aller Farben aus aller Welt hinter dem Bar-Tresen.

Gemütlichkeit war die eine Seite der Medaille. Die andere Seite konnte ich damals noch nicht lesen. Sie beschäftigte mich, wollte sich aber einfach nicht zu erkennen geben.

Wenn ich all die Jahre zurückdenke, dann bleibt dieses Café als ein Höhepunkt dieser Reise in Erinnerung.

Ich habe danach unzählig Reisen, meist zu oder mit meinem Freund Frans aus Kwadijk, nach Holland unternommen und jede Reise war es wert unternommen worden zu sein, aber dieses „bruin Café" habe ich nie vergessen.

Ich habe dann irgendwann den Namen herausgefunden und mich etwas wissender gemacht.

Wir stolperten damals in das Café' In`t Aepjen, wie es auf Niederländisch heißt. Das alte Haus mit dem Café' „In den Affen", überstand den Brand von 1452 als eines von nur zwei Holzhäusern. Am alten Sea Dyke befindlich, wurde es jahrelang von Matrosen besucht, die oftmals nicht genug Geld hatten, um Essen, Trinken und

Schlafplatz zu bezahlen.

Der damalige Besitzer fand dafür eine für beide Seiten genehme Alternative.

Er ließ sich den Gegenwert für "Speis und Trank" in exotischen Tieren bezahlen, die viele Matrosen von ihren Fahrten mitgebracht hatten.

Und am liebsten waren ihm Affen.

Damals, bei unserem Besuch mit Hannes, Kalle und Werner, wusste ich das alles noch nicht, als wir zum ersten Mal in Amsterdam im Café' In`t Aepjen waren. Ich spürte nur dieses Etwas, das ich, wie schon gesagt, nicht fassen konnte.

Aber jetzt im Nachhinein passt das Lokal in dem damaligen Schmuddel Viertel in Amsterdam ganz gut zu meinem Reiseleben und ich kann dem Gefühl von Gemütlichkeit, den komplexen Rest an Empfindungen, die ich damals nicht identifizieren konnte, hinzugeben.

Matrosen aus fernen Ländern kommend, die auf hölzernen Schiffen durch Stürme und Abenteuer gesegelt waren, bevölkerten den Schankraum, Der Geist der Geschichte, als die Schiffe der Niederlande aus Batavia und Surinam, aus Indien und der Karibik zurück nach Amsterdam kamen und Seeleute nach Monaten auf See ihren ersten Genever, ihr erstes Bier tranken, schwebte schwer durch den Raum und den Rauch. Die Affen schienen alle zu grinsen, überall schwebten die Geister der alten Matrosen im Rauch und überall war in allen Exponaten im Raum der Geschmack nach Ferne, Abenteuer und Geschichte zu riechen und zu fühlen.

Hier in dem Schankraum begannen und hier endeten Reisen und inmitten seiner Gemütlichkeit war auch das Gefühl von Ferne und Aufbruch zu Gast. Diesen scheinbaren Widerspruch hatte ich möglicherweise gefühlt und lange nicht einordnen können.

Vielleicht bilde ich mir das heute aber auch nur ein, so genau weiß ich es halt auch nicht mehr. Es ist so verdammt lang her und könnte trotzdem passen.

Mit einem Schmunzeln denke ich an mein Glück, dass ich mein Getränk mit Gulden bezahlen konnte, denn einen Affen oder anderes exotisches Getier hatten weder meine Freunde noch ich damals dabei

Epilog

Zum Schluss möchte ich noch ein paar Worte zu den Menschen sagen, denen ich unterwegs begegnet bin, ein Thema, dass ich bisher noch nicht richtig gewürdigt habe.

Ich bin früher oft allein gereist und diese Reiseart hatte Vor- und auch Nachteile. Schöner ist es meistens aber mit jemand zusammen zu reisen. In dieser Beziehung habe ich nun schon seit langer Zeit den richtigen Reisepartner gefunden.

Auch sehr wichtig waren Reisegefährten, gerade wenn ich lange allein unterwegs war, die mich über kurz oder lange bei meinen Reisen begleitet haben.

Ob wir nur ein paar Stunden Zeit am Busbahnhof überbrückt haben, eine Zugreise als Platznachbarn zusammengesessen haben oder mehrere Tage zusammen gereist sind, sehr viele dieser Begegnungen bleiben mir als schöne und wichtige Erinnerungen im Gedächtnis haften. Aus einiger dieser Begegnungen wurden auch Freundschaften, die die Zeit überdauert haben.

Viele Plätze auf dieser Welt sind für mich ohne diese Freunde gar nicht vorstellbar. Manch Strand, Berg oder Bauwerk sind eng mit dem Reisegefährten oder Partner verknüpft.

Alle diese Begegnungen mit den Fremden aus allen möglichen Ländern der Erde waren eine Bereicherung, die ich nicht vermissen wollte und für die ich mich glücklich schätzen kann.

Am meisten aber blieben Begegnungen mit den Menschen vor Ort haften und prägten das Bild, dass ich mir von einem Ort machte und das bis heute nachhallt.

Exemplarisch möchte ich hier am Schluss des Buches von drei Begegnungen, die für so viele stellvertretend sind, berichten.

Wir waren auf dem Weg vom Lake Distrikt nach Kilembe, wo unser Ruwenzori Trekking startete.

Unterwegs, da wo wir von der A 108 Richtung Kilembe abbogen, liegt Kasese, eine größere Stadt, in der wir Geld wechseln und tanken wollten.

Noch während ich in der inzwischen dritten Bank war (Bargeld zu wechseln ist in Uganda oft nicht so einfach) wurde meine Frau von der Besitzerin einen kleinen Lebensmittel Ladens darauf aufmerksam gemacht, dass einer unserer Reifen am Toyota nahezu platt war. Sie kam dazu extra aus dem Laden zum Auto hin um uns diesen Umstand schüchtern vorzutragen.

Als ich mir den platten Reifen angeschaut hatte, fiel mir auf das ich entweder in der Bank oder auf der Straße unseren Autoschlüssel verloren hatte. Inzwischen hatte sich eine größer werdende Menschentraube am Auto gebildet hatte und ich wurde nach dem Grund unserer Unruhe befragt.

Während ich in der ersten Bank verschwand, um nach dem Schlüssel zu fragen, machten sich alle Umstehenden im Staub der Straße auf die Suche nach dem Schlüssel. Vom Ladenbesitzer, zufälligen Passanten bis hin zu kleinen Kindern, die eigentlich zum Betteln gekommen waren, suchten alle nach dem Schlüssel. Nachdem ich in der dritten Bank freudestrahlend meinen Schlüssel überreicht bekam, zeigte ich draußen glücklich und erleichtert das Ergebnis der Suche und um uns herum sah man große Freude, Erleichterung und strahlendes Lächeln. Die Menschen waren derart in unser Problem involviert, dass sie das gleiche Glück beim Finden des Schlüssels zeigten, als ob es ihr eigener gewesen wäre. Wir wurden dadurch zu einer Gemeinschaft, die zusammengehörte.

Nachdem wir uns bei allen herzlichst bedankt hatten, rollten wir winkend zur nächsten Tankstelle, um den platten Reifen reparieren zu lassen. Während wir auf dem Gelände der Tankstelle standen, ein junger Mann war mit dem Flicken aller vier Reifen beschäftigt, sprach mich ein älterer Mann an. Er stellte sich als Eric vor und war mit seinen vierundachtzig Jahren immer noch ein sehr rüstiger, stattlicher Mann. Immer lächelnd erzählte er das er als Ingenieur eine Zeit in Wuppertal verbracht hatte und hier am Bau des hiesigen Zementwerks beteiligt war. Wir führten eine anregende und interessant Unterhaltung, bis alle unsere Reifen geflickt waren. Dann verabschiedete sich Eric mit einem festen Händedruck von uns, nicht ohne uns alles Gute für unsere Zeit in seinem Heimatland gewünscht zu haben. Als wir danach noch getankt hatten und ich zum Bezahlen ging, kam mir ein fröhlicher junger Mann entgegen, der mich fragte, woher wir kämen. Auf die Antwort Deutschland lachte er und

meinte das wir da ja Freunde wären da die Flaggen unserer Länder
die gleichen Farben hätten. Wir klatschten uns ab und er tanzte
weiter seinem Ziel entgegen.
Als wir die kaputte Straße nach Kilembe hinauffuhren, lächelnden
wir immer noch.
Ein paar Jahre zuvor:
Wir waren in Namibia unterwegs und ich hatte aus Blödheit die
kleine Stahlleiter an unserem Leihfahrzeug abgerissen, als ich
Rückwärts fuhr und vergessen hatte die Leiter hochzuklappen.
Wir kamen in das Städtchen Marienthal und fanden eine kleine
Werkstatt. Ein junger Mann, der Chef der Werkstatt schaute sich den
Schaden an und kam zu dem Schluss das er schweißen müsste.
Während Werkzeug und Material heran geräumt wurden und er
danach seiner Arbeit nachging, fragte er interessiert, wo wir bisher
gewesen waren. Wir berichteten begeistert von unserer Reise durch
Namibia. Als er fertig war, fragte er lächelnd, ob uns sein Land
gefallen hätte. Eigentlich kannte er durch unsere begeisterte
Erzählung die Antwort bereits, Wir konnten das nur bejahen.
Als ich dann fragte, was wir zu zahlen hätten, lachte er und meinte,
dass er doch kein Geld nehmen würde von Leuten die so begeistert
von seinem Land wären. Er gab uns noch ein paar Tipps auf den
Weg und wünschte gute Fahrt. Das gesamte Werkstatt Team
verabschiedete uns winkend, als wir glücklich vom Hof der Garage
fuhren.
Zuletzt noch die älteste Geschichte.
Ich kam Anfang der 1980er Jahre allein mit dem Nachtbus von
Bangkok am Busbahnhof in Phuket an.
Als ich ausgestiegen war und wie gewöhnlich etliche Tuk-Tuk
Fahren auf mich einredeten und mich in ihre Tuk-Tuks oder
Kleinbusse zu lotsen, stellte sich ein Thai zwischen sie und mich und
sagte zu seinen Landsleuten: „Lasst ihn in Ruhe, der kommt mit mir.
Er ist einer von uns."
Er kannte mich von Kata und wusste, wer ich war (mir dagegen war
der Mann nicht einmal bekannt).
Ich fuhr dann mit anderen Thais, die er abgeholt hatte, auf der
Ladefläche seines Pickup nach Kata und wurde bei meinem Freund
Chin abgeliefert. Lächelnd verabschiedete der Mann sich und fuhr

weiter.

Für mich war dieses Erlebnis eine Bestätigung, beim Reisen anscheinend einiges richtig gemacht zu haben

Ich wurde weder als Besserwisser noch als Fremder gesehen. Ich hatte mit einer Familie in einem kleinen Haus gewohnt, hatte gegessen was immer es gab, ohne oft zu wissen, was es war, ich hatte auf den Reisfeldern und bei den Fischern mitgearbeitet, war bei Totenwachen dabei gewesen, hatte mich bemüht die Sprache meiner Gastgeber und Freunde zu lernen und hatte immer versucht zuzuhören. Das alles entsprang meiner Begeisterung für dieses Land und bereitete mir keine Mühe.

Für mich waren deshalb die Worte des Mannes die höchste Ehre, die man mir angedeihen lassen konnte.

Das Wichtigste beim Reisen war für mich das ich als ein Gleicher unter Gleichen in einer fremden Umgebung akzeptiert wurde.

Erst vor kurzem habe ich folgende Zeilen gelesen, die ich leider niemandem mehr zuordnen kann, die aber genau das ausdrücken, was ich meine:

„Worin liegt eigentlich die Kunst des guten Reisens?

In der Immersion. Also darin, dass ich mich in eine Umgebung, die ganz anders ist als meine gewohnte, so einbette, dass ich mich als Teil des Ortes empfinde."

Das war mir damals gelungen, besser noch:

Ich empfand mich nicht nur als Teil des Ortes, ich wurde auch als ein Teil des Ortes von den Menschen akzeptiert. Und so wurde durch diesen mir unbekannten Thailänder der Tag vor so langer Zeit, als ich über den kleinen Hügel zum Strand von Kata kam, noch einmal:
Der Tag, an dem ich mein Paradies fand.

Bisher sind folgende Bücher des Autors erschienen:

Unterwegs in Uganda
Peter Heinz

Mit einem Toyota RAV4 reist der Autor 2013 und 2014 auf eigene Faust durch Uganda.
Das Buch schildert seine Erlebnisse auf Straßen und in Nationalparks eines noch weniger bereisten Landes.

Von Ameisenhügeltigern und Elefantenspitzmäusen
Peter Heinz

Das Buch erzählt während eines dreiwöchigen Aufenthalts von der Geschichte und dem Tierleben des Kgalagadi Transfrontier Nationalparks, den sich Südafrika und Botswana teilen.
Insgesamt verbrachte der Autor mehr als ein halbes Jahr in diesem Nationalpark
Ein Buch für Kalahari Liebhaber und solche die es noch werden möchten.

Meine Reise mit dem Finger auf der Landkarte
Peter Heinz

Die Geschichte der afrikanischen Landkarten und Entdeckungsreisen bis zum Jahr 1700.
Aufgrund einer erworbenen Landkarte von Jodocus Hondius vertieft sich der Autor in die Entstehung afrikanischer Landkarten und verband die europäischen Entdeckungsfahrten mit der Weiterentwicklung der afrikanischen Kartografie.